명상

Meditation For The Love Of It

명상

나에게 이르는 길

샐리 켐튼 지음 — 윤구용 옮김

한문화

명상 수행으로 내면의 자아에 불을 지펴라.

—《슈베타슈바타라 우파니샤드》

일러두기

이 책에서는 혼란을 피하기 위해 '순수**각성**'이나 '절대**각성**'을 뜻하는 의식은 굵은 글씨로 처리한다. 가는 글씨로 처리한 '의식'은 보통의 대상을 인지하는 일반적이고 심리학적인 의식을 가리키거나 지각과 인지, 감지, 의사결정 등의 기능을 하는 인간 정신을 가리킨다. '각성'도 이와 같다.

고전적인 동양의 지혜를 친밀하고 이해하기 쉽게 풀어쓴 책이다. 영감으로 가득한 명상 분야의 권위 있는 책으로, 최고의 원리로 가장 효과적인 명상을 하고 싶게 만든다. - 앤드류 웨일Andrew Weil, 의학박사, 《Healing and Meditation for the Optimum Health》 저자

영감을 받아 저술한 아름다운 책으로, 현자의 가르침 같다. 최상의 진리를 진실로 사랑하고 추구하는 샐리 켐튼은 과학자, 구도자, 전통종교 권위자의 관점을 모두 종합하여 이 책을 썼다. 이는 아무나 할 수 있는 일이 아니다. 《명상》은 명상하는 '방법'과 명상의 궁극적 목적지를 실질적인 방법으로 가르친다. 뿐만 아니라 '삶은 진실로 신성하다'는 진리를 스스로 깨닫고 실천하라고 가르친다. 행복과 사랑으로 가득한 빛나는 삶을 원한다면 이 책이 전하는 치유의 지혜를 마시라고 권하고 싶다. 켐튼이 훌륭하게 디자인한 수련법을 생활 속에서 실천한다면 우리가 사는 세계는 두말할 나위 없이 더욱 밝아질 것이다.
- 로드 스트라이커Rod Stryker, 파라요가 설립자, 《The Four Desires》 저자

이 책을 사랑하라! 전통적 수행법을 현대적 감각으로 전하는 샐리 켐튼은, 이 책에서 그녀가 40여 년 동안 헌신적으로 탐색한 영성을 아낌없이 나눠준다. 깊은 체험과 자비심 넉넉한 켐튼은 마음을 고요하게 하는 수행의 의미를 확인하고, 인간 존재의 파동과 흐름 안에서 경이롭게 존재할 수 있는 의식세계에 눈뜨게 한다. 그녀의 시적인 글은 만물이 신성하고 존중받는 광활한 내면세계로 당신을 초대한다. '인간 영혼을 위한 입문서'를 내놓은 샐리 켐튼에게 감사한다. 그녀의 영감과 안내를 따라 더 깊은 명상을 체험할 수 있다는 사실에 가슴이 뛴다.
- 션 콘Seane corn, 국제 요가강사, 〈요가매트를 떠나 세상 속으로〉 공동설립자

사려 깊고 직관적인 보기 드문 수작이다. 명상의 길을 가는 모든 이들이 사랑할 만한 책이다. - 피터 매티슨Peter Matthiessen, 《신의 산으로 떠난 여행》 저자

샐리 켐튼은 명상의 길을 깨우친 훌륭한 스승이다. 그녀는 삶을 통합적으로 이해하여 명상과 삶을 하나로 아우른다. 그녀는 우리 시대의 진정한 안내자다.
- 켄 윌버Ken Wilber, 《모든 것의 역사》 저자

지금까지 나온 명상 관련 서적 중 가장 실용적이고 명료하며 흥미진진한 안내서다. 이 책이 당신의 인생과 명상수행을 송두리째 바꿔놓을 것이다!
- 존 프렌드John Friend, 아누사라 요가 설립자

샐리 켐튼은 매력적이고 자연스러우며 실용적인 문체로 명상의 지혜를 전달한다. 의식의 흐름과 더불어 생동하는 그녀의 가르침은 내면으로부터 명상을 일깨운다. 이 책은 영성 체험의 수준이 각기 다르더라도 모두에게 공감을 불러일으킬 것이다.
- 쉬바 레아Shiva Rea, 요가 수행자, 〈Yoga Shakti〉 〈Inner Flow Yoga〉 DVD 제작자

《명상》에 깊이 감사한다. 따뜻하고 부드러우며 현실에서 직접 활용할 수 있는 이 책이 많은 이들에게 길을 안내하고, 그들의 마음을 어루만져줄 것이다.
- 로버트 A. 존슨Robert A. Johnson, 《We, Inner work》 《Balancing Heaven and Earth》 저자

샐리 켐튼은 신성한 삶의 길과 그 일체성을 안내하는 지혜를 잘 갖추었다. 나는 종종 제자들에게 깨달은 명상 안내자로 샐리 켐튼을 추천한다. '3주 명상 프로그

램'을 설명하는 장 하나만으로도 이 책은 충분히 가치가 있지만, 진정한 기쁨은 탁월한 요가 수행자인 샐리 켐튼을 속 깊이 알아가는 데서 시작한다. 살아가는 동안 켐튼을 만나고 그녀의 가르침을 배울 수 있음은 모두에게 축복이다.

– 라마 수리아 다스Lama Surya Das, 《Natural Radiance》《Awakening the Buddha Within》 저자

《명상》은 세상 모두에게 주는 선물, 즉 내면세계에 보내는 키스다.

– 마리아나 캐플런Mariana Caplan, 《Halfway up the Mountain》《Eyes Wide Open》 저자

샐리 켐튼은 우리를 깜짝 놀라고 기쁘게 하는 가르침으로 가슴을 일깨우고 마음을 고요하게 한다. 나에게 명상 안내서를 하나만 추천하라면 바로 이 책이다.

– 마크 가프니Marc Gafni, 《Soul Prints》 저자, 〈통합적 영성체험〉〈세계영성센터〉 공동 설립자

'명상은 좋은 거야'라는 생각으로 명상하지 마라. 그건 시간 낭비다. 그 대신 영혼의 본질인 사랑을 열망하는 마음으로 명상하라. 명상의 자리에 앉아 내면의 연인을 만나라. 명상은 당신 인생에서 더없이 충만한 연애가 될 것이다. 이 연애는 하룻밤의 관계를 넘어선 사랑이다. 진실하고 영원하며 무한하고 환희에 넘치는 사랑이다. 그 방법을 안내하는 이 책을 펴고 '사랑'하기 위해 '지금 당장' 명상을 시작하라. – 섀런 개넌Sharon Gannon, 《Jivamukti Yoga : Practice for Liberating Body and Soul》 저자

삶이라는
여행을 위한
가이드

나와 명상에 대해 말하자면, 나는 거의 항상 명상을 한다. 명상이 마음을 한 점에 모으거나 한 생각이나 감정에 집중하며 헌신하는 것이라면 …… 음, 나는 진짜 환상적으로 잘한다. 오늘 아침에 개를 데리고 아름다운 여름 숲을 거닐며 내가 무슨 명상을 했는지 알고 싶지 않은가? 나는 최근에 친구와 다툰 적이 있는데 그 친구가 얼마나 나쁘게 굴었는지에 대해 명상했다. 온 마음을 한데 모아 그 마음을 한 단어로 압축했는데, 그 말이 머릿속에서 끊임없이 맴돌았다. '나빴어, 나빴어, 나빴어, 나빴어, 나빴어 …….' 그렇게 몇 시간 동안 마음을 한데 모으고 명상을 하면 다행히 마음이 밝아졌다.

그것만이 전부가 아니다! 때로 '피곤해, 피곤해, 피곤해, 피곤해, 피곤해 ……'라고 되뇌며 오랫동안 해온 명상 속에 깊이 잠기기도 한다. 어느 날에는 '스트레스, 스트레스, 스트레스, 스트레스, 스트레스 ……'라고 명상한다. 때로는 '배고파, 배고파, 배고파, 배고파, 배고파 ……'라며 명상한다.

물론 이런 명상을 해도 높이 고양되는 느낌이 없지 않으나, 시간이 지나면 마음이 더 좋아지는 방법은 없을까 생각하게 된다. '끊임없이 단조롭게 이어지는 기도처럼 불평, 욕망, 분노, 좌절, 피로 따위를 늘어놓는 마음이 나의 전부일까'라고 생각되는 것이다. 하나밖에 없는 소중한 인생을 이렇게 보낼 수밖에 없는 걸까? 끊임없이 이러쿵저러쿵 떠들어대는 마음의 감옥 안에서?

물론 나는 아니다. 여러 해 동안 이런 의문 때문에 '우발적 명상'을 '의도적 명상'으로 바꾸려고 애썼다. 다시 말해 세속적으로 소란스러운 마음을 평정과 경이로 가득 찬 마음으로 바꾸는 법을 배우고자 애썼다. 내가 진정으로 원하는 것(아마도 우리 모두가 마음속으로 깊이 원하는 것)은 고삐 풀린 머릿속에서 때로는 흐느끼고, 때로는 화내고, 때로는 무기력해 하며 원숭이 우리처럼 늘 소란스러운 마음으로 살기보다는 생각이나 감정을 스스로 선택하는 삶을 사는 것이다.

나의 구도 여정은 10여 년 전에 시작됐다. 당시 몸이 아파서 하타 요가를 시작했는데 수련 때마다 안내해주는 대로 짧은(그러나 강력한) 명상을 하면 신기하게도 마음이 충만해졌다. 명상을 하면 곧바로 달려오는 평화로움과 충만함이 내게는 너무나 낯설었다. 이 느낌이 뭘까 하는 호기심으로 수련을 제대로 해보고자 선생님을 찾았다. 열심히 찾은 끝에 운 좋게도 샐리 켐튼을 만났고, 그녀가 명상에 대해 쓴 글들이 삶에 허우적대는 나를 구해줬다.

켐튼은 근사한 성품을 지녔다. 그녀에게는 조금의 가식도 찾아볼 수 없다. 세계 최고의 명상 지도자이지만 일반인들과 어울리는 데 주저함이 없다. 대담하게 우주의 신비를 탐험하면서도 동시에 이웃에 사는 다정한 친구처럼 따뜻한 목소리를 잃지 않는다. 무엇보다 켐튼은 자신의 단점에 대해 솔직하다. 명상의 기쁨이 모두 사라지거나 명상이 잘 되지 않거나 건조해지거나 습관처럼 할 때 찾아오는 실망이나 좌절을 서슴없이 주변 사람에게 이야기한다. 실망이나 좌절에 주저앉지 않고, 아름다운 근원을 향해 터벅터벅 나아가 어떻게 명상의 맛을 되찾았는가를 이야기한다. 그리고 우리가 근원에 이를 수 있도록 길을 안내한다.

켐튼은 가까이 다가가기가 어렵지 않다. 명상 지도자의 위치에 오르기만 하면 고압적인 자세로 모호한 신비세계를 주절대는 사람도 많은데 그녀는 그렇지 않다. 훌륭한 성품이다. 한마디로, 잘난 체하는 완벽주의자는 우리가 뼈를 깎는 수행을 지속하는 데 필요하지 않다. 인간이면 누구에게나 있을 법한 인간적인 결함을 가지고 상대를 깎아내리는 사람은 필요 없다. 그 대신에 따뜻함과 자비심, 인내와 공감능력을 지닌 사람이 필요하다. 켐튼에게는 이 모든 성품이 다 있다.

켐튼은 지혜의 백과사전과 같다. 《명상》은 노련하고 경험 많은 순례자가 따뜻한 마음으로 건네주는 소중한 지도와 같다. 이 책을 가장 중요한 삶의 여행 가이드로 삼아라. 이 책은 당신이 맞닥뜨리게 될 모든 나쁜 것들을 제압하고, 교묘하고 까다로운 삶의 문턱들을 낱낱이 살펴보고, **의식** 세계에 묻힌 신비한 영역을 들춰내며 길을 안내할 것이다.

켐튼의 말에 귀를 기울여라. 그녀의 위로를 기꺼이 받아라. 소소한 조언마저도 받아들여라. 모두 당신의 여정에 필요한 것들이다. 무엇보다도, '명상은 단순히 구원이나 생명줄에 그치는 게 아니라 일종의 모험이요, 큰 기쁨이요, 스릴 넘치는 자기 혁명이어야 한다는' 샐리 켐튼의 정신을 한껏 들이마셔라. 끝으로, 짧지만 경이로운 인생에서 자신의 세포 하나하나까지도 순수한 사랑의 체험으로 탈바꿈시키는 것보다 더 중요한 일이 있을까?

그녀의 가르침을 껴안아라. 마음에 어떤 변화가 일어나는지, 그래서 삶이 어떻게 변하는지 들여다보라.

켐튼의 멋진 표현대로, "내면의 춤을 맘껏 펼쳐라. 지금 당장 시작하라!"

엘리자베스 길버트
《먹고, 기도하고, 사랑하라》 저자

차례

명상은
사랑과 앎을
통합한다

나는 샥티shakti, 즉 신성한 기운을 진리의 실체로 숭배하는 인도 스승에게서 명상을 배웠다. 그분은 무시무시한 계율을 바탕으로 철두철미하게 수행을 완성한 요가 수행자로 **의식**이나 **각성**, 신 등의 추상적인 낱말로 생명의 신비를 표현하곤 했다. 내가 참으로 소중히 여기는 가르침 중 하나는 삶을 맛깔스럽게 하는 기운과 어우러지면서 동시에 현상의 배후에서 초연히 관조하는 현존現存(본질적 존재에 대립하는 구체적·개별적 존재)을 알아차리는 것이었다. 스승과 함께 있을 때에도, 그리고 스승을 떠나서도 스승을 거울삼아서 사랑과 앎을 통합하는 데 심혈을 기울였다. 여기서 사랑은 가슴이 열리면서 감미롭게 녹아드는 헌신적이고 정서적인 마음이요, 앎은 드넓은 각성으로 모든 체험을 아우르는 알아차림이다. 나는 이런 앎과 사랑의 통합을 종교적이고 명상적인 '탄트라tantra'라고 부른다. 내가 명상을 계속할 수 있도록 영감을 준 것은 탄트라다. 내가 이 책에서 전달하려는 것도 바로 탄트라다.

이런 식으로 명상하는 것은 세계와 우리를 하나의 지적知的인 기운으로 짜인 직물로 본다는 점에서 탄트라적이다. 우리와 세계를 향해 사랑과 관심을 키워나간다는 점에서 종교적이고, 초월적 순수각성으로 자아를 알고 내면세계로 들어가 안식한다는 점에서 명상적이다.

이 책에 자주 등장할 '탄트라'가 무엇을 뜻하는지 살펴보자. 탄트라는 인도의 전통사상으로 산스크리트로 '지식을 넓힌다'라는 뜻이다. 탄트라에는 여러 학파가 있지만 내가 따르는 탄트라의 전통은 본질적으로 방법론이면서 사물의 중심에서 빛나는 에너지와 우리를 연결하는 요가 수행법이다. 뛰어난 수행자는 신성神性과 합일하는 데 모든 기회—어떤 순간, 어떤 느낌, 어떤 체험 등—를 이용한다. 이것이 탄트라의 기본 전제다.

탄트라의 핵심 전략은 긍정적인 기운은 물론 분열하거나 방해하는 기운을 포함해 우리의 모든 기운을 억압하거나 제거하기보다는 적극적으로 활성화해 이용하는 것이다. 그렇게 하면 생각이나 감정, 기분, 나아가 분노나 공포, 욕망 등의 강렬한 감정에 들어 있는 기운이 확장되어 만물의 바탕을 이루는 토대—의식 자체에 있는 순수하고 창조적인 잠재성—를 드러낸다. 탄트라에서는 이를 '창조적이고 잠재적인 샥티 shakti'라고 한다.

샥티는 이른바 신성한 실재實在의 여성적 측면(힌두교에서는 여신으로 인성을 부여)이며 모든 체험에 스며든 창조력의 파동이다. 보통의 경우 샥티는 대단히 미묘하고 숨겨져 있어서 샥티와 조우하는 순간 감각을 둘러싸고 있던 베일이 벗겨지는 것처럼 느낀다. 영화 〈오즈의 마법사〉에서 흑백화면이 총천연색으로 뒤바뀌는 것처럼 선명하게 빛나는 느낌을 받는다. 샥티는 무언가를 사색하거나 호흡 속에서 고동치는 생명력을 인지할 때, 또는 몸에 흐르는 기운을 감지할 때 알아차릴 수 있다. 요가에서는 샥티를 '쿤달리니kundalini'라고 한다. 쿤달리니는 문자 그대로 말하면 '영적 진화를 추진하는 힘'이다. 쿤달리니에는 수많은 면이 있는데 이를 간단히 체험해볼 수 있는 방법으로는 명상할 때 의식을 내부로 끌어당기는 미묘한 인력—명상 흐름(meditation current)—을 느끼는 방법이 있다. 이 책에 나오는 많은 수련들은 우리 몸과 마음에 현존하는 쿤달리니 기운에 초점을 맞춘 것이다.

이 책에서 다양한 수련법과 기도 방법을 만나게 될 것이다. 이 수련법과 기도가 내 가슴을 일깨우고 생명의 정수인 사랑에 눈뜨게 해주었다. 그래서 이것을 여러분과 나누고 싶다.

명상에 눈뜨기까지

어느 여름날 오후, 나는 명상 수련회에 참여하고 있었다. 명상을 하던 중, 문득 온 우주가 내 안에 있음을 깨달았다. 그 깨달음은 예고도 없이 한순간에 물밀듯이 밀려왔다. 나는 수백 명의 다른 참가자들과 함께 조용한 방에 눈을 감고 앉아 있었다. 내 몸에서 일어나는 온갖 감각과 주위의 부스럭거리는 소리, 기침 소리 등을 민감하게 알아차리고 있었다. 그러다가 갑자기 내면에서 뭔가 폭발이 일어났다. 온갖 감각과 소리로 가득했던 공간은 외부가 아닌 나의 내면에 있었다. 이러한 자각이 서서히 확장되더니 지구와 하늘, 은하계마저도 내 안에서 느낄 수 있었다. 바로 그 순간, 우주에는 오직 하나가 있는데 그 하나가 **각성**(Awareness)이며 그 **각성**이 곧 '나'라는 사실을 깨달았다. 겁이 나는 한편 환희와 흥분이 밀려들었다. 놀라운 체험은 한 시간이 지나자 서서히 사라졌다. 하지만 그때의 깨달음은 지금도 생생하게 남아 있다.

　당시 나는 몇 년째 구불구불 굽이진 구도의 길을 걷고 있었다. 다른 사람들처럼 나 역시 거창한 깨달음을 얻기 위해서가 아니라 중년의 위기에서 벗어나기 위해 명상을 시작했다. 명상으로 내 삶이 더 나아지기를 희망했다. 그때 나는 뉴욕에 살면서 〈에스콰이어Esquire〉〈뉴욕 매거진New York Magazine〉〈빌리지 보이스Village Voice〉 등의 잡지에 글을 기고했다. 좌익 성향의 휴머니스트 환경에서 성장한 나는 진보적인 생활방식을 따르며 남보다 앞서가는 삶에 자부심을 느끼고 있었다. 겉으로는 좋아 보였다. 대형 출판사에서 계약금을 받았고, 새 남자친구는 내 인생의 연인임이 확실했으며, 꽤 괜찮은 아파트에서 살았다. 하지만 한편으로는 만성적인 불안과 절망 속에서 그 시절을 보내고 있었다. 감정적인 상처를 치유할 생각은 하지 않고 결혼도 해보고, 정치활동도 해보고, 연애도 해봤다. 심리치료도 받아보고, 돈도 마구 써봤다. 그러던 중에 명상을 만났다. 명상을 하면 내 자신의 근원을 찾을 수 있을 것 같았다. 당시에 명상은 성자나 히피, 혹은 기인이나 하는 것으로 여겨졌지만 명상이 마음을 가라앉히는 데는 뛰어난 방법이라는 인식도 있었다.

우연하게도 새로 사귄 남자친구는 정신세계를 탐구해본 경험이 많았다. 남자친구가 볼리비아 선생이 삼 개월 간 진행하는 영성 훈련에 참가해보라고 권했다. 깨달음을 보장하는 훈련이라고 했지만, 내게는 아무 일도 일어나지 않았다. 그 대신, 외면하고자 무진장 애썼던 내 안의 사악한 면과 마주해야 했다. 힘들었지만 그래도 나는 영성 훈련을 통해 정신세계를 정화하는 힘과 요가의 지혜에 흠뻑 빠졌다. 내가 느꼈던 불안이나 절망이 에고의 장난이라는 것을 알게 되면서부터는 내면의 체험을 갈망하기 시작했다.

그리고 여름 명상 수련회에 참여해 '이번 명상을 통해 나를 완전하게 바꿔보자'고 각오를 다졌다. 나는 정말 변화를 체험하고자 명상 수련회에 왔다. 이 수련회는 사람들을 심오한 명상의 세계로 이끌기로 유명한 인도 스승이 진행했다.

나는 각성이 확장되는 명상 체험을 한 뒤 나 자신과 내면세계를 완전히 새로운 눈으로 바라보게 되었다. 사랑과 가치 있는 의미로 눈부시게 빛나는 세계에 눈을 떴다. 인생에서 찾고자 했던 답들을 모두 찾았다고 생각했다. 각성이 확장되는 황홀경이 오래가지는 않았지만 그 체험은 내 인생을 송두리째 바꿔놓았다. 그 체험은 명상 수련회를 인도한 스승이 함께 한 속에서 일어났고, 그 스승은 나의 구루guru(영적 스승)가 되었으며, 나는 이후 몇 년간 그분의 가르침에 따라 수행을 했다. 이제 명상은 나의 길이 되었다.

쿤달리니가 깨어나다

그날 오후에 내게 일어난 일은 쿤달리니 샥티의 각성이었다. 쿤달리니 샥티는 인간의 내부에 있는 에너지로, 거의 모든 신비주의 전통에서는 영적인 변화를 이끄는 힘으로 본다. 쿤달리니kundalini는 '감겨 있는 기운'이라는 뜻으로, 실제 쿤달리니는 깨어나지 않은 상태에서는 똬리를 튼 모양으로 존재한다. 이 쿤달리니는 여러 가지 방법으로 각성시킬 수 있다. 요가 자세나 깊은 명상으로도 각성되고, 내 경우처럼 쿤달리니를 일깨운 스승이 전해주는 기운을 받고 일어나기도 한다. 쿤달리니의 각성은 상당히 미묘하고 극적이기도 하지만 일단 각성되면 영혼의 에너지가 삶의 전면으로 나선다. 그래서 삶의 우선순위가 바뀌고, 내면에서 잠자고 있던 사랑과 이해, 통찰의 근원이 깨어난다.

쿤달리니의 힘은 명상을 할 때 드러난다. 쿤달리니 기운이 깨어나고, 우리의 몸과 마음이 새로운 차원의 의식(신비와 각성)에 파장을 맞추며 명상 상태로 들어가면, 내면세계가 보이기 시작한다. 시간이 지남에 따라 쿤달리니는 우리의 시각을 변화시켜 세상을 있는 그대로 볼 수 있게 한다. 힘들고 고달픈 영원한 '타자他者'가 아닌 사랑의 에너지로 충만한 세상을 말이다. 이 사랑의 에너지로 우리는 다른 사람과 연결되어 있고, 또 세상과 이어져 있다.

이런 각성은 다양하고 광범위하게 내 인생에 영향을 미쳤다. 무엇보다 존재에 대한 시각부터 바꿔 놓았다. 일단 광대한 세계에 눈뜨자, 생각이나 감정이나 어떤 문제에 사로잡혀 있어도 이 모든 것을 넘어선 실체가 내 안에 있으며 '내'가 곧 광대한 **의식**이라는 사실을 나의 일부는 언제나 일깨워주었다. 시간이 흐르면서, 나는 최초의 통찰에서 얼마나 벗어나지 않았는가, 즉 얼마나 일상의 내가 아닌 깨어난 의식으로 나 자신을 생각하는가를 놓고 나의 영적인 성장을 가늠하곤 했다.

영성의 길에는 수많은 샛길과 급커브가 있지만 조금씩 나의 통찰과 일치하기 시작했다. 내가 40여 년 가까이 매일 명상을 해오면서 깨달은 점은 명상은 한 번에 완성되지 않는다는 것이다. 그렇더라도 나는 매일 적어도 잠시 동안은 확장된 의식의 공간에 들어설 수 있었다. 명상을 해오면서 나는 그동안 살아온 내력과 외모, 지성, 사상, 감정 따위로 정의되는 물리적인 인간이 아님을 조금씩 알게 되었다. 나는 참자아의 정묘한 부분임을, 생각 너머에 존재하는 드넓은 공간임을, 심장에 흐르는 부드러운 기운임을—처음에는 믿을 수 없었지만 나중에는 확고히—알게 되었다. 그리고 생각이 사라질 때 떠오르는 순수하고 거대한 파동이 곧 나 자신임을 알게 되었고, 결국 내가 사랑임을 깨달았다.

수행을 시작할 때부터, 나는 명상이 순수한 존재와 섬세하게 만나는 가장 좋은 길임을 알았다. 명상과의 연애는 다른 남녀관계와 비슷했다. 감정이 오르락내리락 했고, 풍요로운 계절이 있는가 하면 메마른 계절도 있었다. 어쨌든 명상의 상태는 자연스럽고 편안하게 내게 다가왔다.

때가 되자 마치 선물처럼 쿤달리니가 깨어났다. 나는 길을 걷거나 글을 쓰거나 사람을 만날 때도 자연스럽게 명상의 세계로 들어갈 수 있었다. 그러다가 몇 주 동안 명상의 맛을 보지 못하기도 했다. 명상은 불현듯 찾아왔고, 억지로 한다고 되는 것도 아니었다.

그렇다고 수동적인 자세로 임해서는 안 된다. 명상가에게 필요한 노력은 대단히 미묘한 문제로, 조율과 각성을 어떻게 하느냐로 모아진다. 우리는 차츰 조율하는 법을 배울 것이며, 실제로 명상을 해보면서 터득하게 될 것이다. 다행히 우리가 배워서 터득한 것은 대부분 다른 사람들과 나눌 수 있다. 나 역시 여러 해 동안 학생들을 가르치고 명상 클래스나 수련회를 지도하면서 내게 도움이 되었던 자세나 수행이 다른 사람들에게도 유용하다는 사실을 확인했다. 이 책을 통해 나는 열정적으로 명상을 하는 사람들에게 도움을 주고 싶다. 그리고 나에게 도움이 되었던 명상 원리와 방법을 명상의 세계를 경험하고자 하는 독자들과 나누고 싶다.

명상을 이해하는 데 가장 중요한 원리는 '우리는 자신을 알기 위해 명상한다'는 것이다. 우리는 보통 명상을 수련이나 과정으로 생각한다. 명상은 과정이면서 관계이기도 하다. 명상이 과정이라면 그것은 우리 자신의 의식과 **사랑**하는 과정이다. 힌두교 경전인 《바가바드 기타Bhagavad Gita》에서 크리슈나는 제자인 아르주나에게 '명상에서 참자아(우리의 본성인 순수**각성**)를 본다'라고 명상을 정의했다. 단순하게 들리지만, 실제로 명상을 해보면 참자아를 알아차리는 일이 그리 단순하지 않다는 것을 깨닫게 된다. 우리가 명상하면서 만나게 되는 '참자아'란 무엇일까? 보다 큰 자아요, 아트만atman이요, 산란한 마음 너머에서 빛나는 **의식**이다. 명상의 길을 가다 보면, 존재의 본질을 체험하는 데 방해가 되는 부분들을 비롯해 자아의 다양한 모습을 만나게 된다. 또한 명상에 온전히 몰입하면, 더 나아가 '가슴과 사랑'으로 체험하는 법을 배우게 된다. 매일 내면세계로 뛰어드는 연습을 하다 보면 뿔뿔이 흩어진 자아의 조각들이 모여 하나로 통합된다. 그리고 우리 개개인들의 부족한 점들이 각성에 녹아들어, 마침내 우리는 하나의 전체가 된다.

영혼은 너무 가까이 있어 보이지 않는다!
하지만 손길을 뻗으면……
밤새도록 말을 타며 자기 아래에 있는 말을
보지 못하는 사람이 되지 마라.
— 루미Rumi

물론 이런 변화는 하룻밤 사이에 일어나지 않는다. 그런데 우리는 종종 착각한다. 대부분은 순진하게 각자의 기대와 생각을 가지고 나름의 추측을 하며 명상에 뛰어든다. 이를테면 '명상이란 더없는 행복을 느끼며 평화롭게 호숫가를 거니는 허니문 같은 것'이라고 상상하는 것이다. 그래서 내면세계와의 관계가 귀찮고 지루하거나 기대보다 깊어지면 우리는 좌절하고 실망하며 심지어 부끄러워하기도 한다. 그러면서 '나는 명상에 소질이 없나봐'라고 스스로를 단정해버린다. 그리고 스스로 명상을 포기한다.

명상은 보통의 친밀한 관계와 비슷하다. 이 사실만 깨달아도 마음이 훨씬 편해질 것이다. 우선 명상을 하려면 인내와 헌신, 넓은 아량이 필요하다. 타인과의 만남이 흥미로우면서도 당혹스럽고, 두렵고, 조마조마한 것처럼 자아와의 만남도 비슷한 순간들이 있다. 일상의 관계처럼 자아와의 관계도 시간이 흐르면서 변한다. 한 가지 더, 자아와 좋은 관계를 유지하는 데는 사랑이 최고다.

1

우리는 왜
명상을 하는가?

Meditation For The Love Of It

명상은 수학적 재능이나 예술적 소질처럼
특별한 재능이 필요 없다. 깊은 명상 속으로 들어가는 진짜 열쇠는 깊이
들어가고자 하는 간절한 마음이면 된다. 내면세계를 맛보고 싶은 열망
이 크면 클수록 명상은 더욱 쉬워진다. 그렇다고 처음부터 그 열망이 클
수는 없다. 시작은 관심의 불꽃이 한 번 켜지는 것만으로도 충분하다.
사실은 내면세계도 당신에게 문을 열어줄 때만을 기다리고 있기 때문
이다. 일단 명상의 기운이 깨어나기만 하면 그 기운은 몸속에서 끊임없
이 고동친다. 계속 신호를 보내면서 속삭인다. "내가 여기 있어! 나를
봐! 내가 너의 안내자라고! 너에 대해 보여줄 게 아주 많아!" 진실로 참
자아를 알고자 하는 순간, **각성**의 세계로 들어가고자 하는 순간, 내면세
계는 모습을 드러내기 시작한다. 당신에게 자신을 드러내기 위해 내면
세계는 존재한다.

문제는 우리가 명상에 별다른 관심을 두지 않는다는 데 있다. 명상을
하게 되더라도, 명상을 통해 얻고자 하는 이점 때문에 하는 경우가 대부
분이다. 아마도 자기 계발을 위한 전략이거나, 스트레스를 줄이기 위한
방법 정도일 것이다. 이 책을 구상한 지 얼마 되지 않았을 때, 한 친구가

자신이 하고 있는 명상수련에 대해 내게 불만을 털어 놓았다. 그녀는 명상을 해도 아무런 느낌이 없다고 했다. 명상 속으로 깊이 들어가지도 못하고, 즐기지도 못했다. 진지한 수행자로서 그 점을 부끄럽게 여기는 것 같았다. 내가 물었다. "명상을 하면 뭐가 가장 좋아?"

친구는 잠시 생각하더니 자신의 속마음을 털어놓았다. "나한테 명상은 치료법 같은 거야. 명상 자세로 앉아 있으면 요동치는 마음이나 걱정거리나 부정적인 생각들이 잠잠해져. 15분에서 20분 동안 만트라 mantra(명상이나 기도를 할 때 외는 짧은 말로 된 주문, 진언眞言)를 반복하고 나면 마음이 가라앉거든. 마음이 고요해지지. 이 마음으로 하루를 사는 거야." 그녀는 계속 말을 이었다. "나는 만트라를 매일 해야 한다는 걸 알아. 그러지 않으면 미쳐버릴 것 같거든."

친구는 명상을 통해 중요한 것을 얻고 있다. 명상이 주는 선물, 마음을 비우는 힘을 체험하고 있는 것이다. 하지만 그녀가 명상에서 원하는 것은 그뿐이었다. 마음이 편해지는 것이 전부이기 때문에 명상을 하다가 기분이 좋아지면 바로 자리에서 일어나는데, 진짜 명상은 그때부터다. 마음이 평정을 되찾는 순간 우리는 비로소 '나'라는 존재의 광대함과 그 안에 깃든 사랑을 알아차리기 시작한다. 그녀가 명상이 주는 치유효과에 그치지 않고 자신의 내면으로 들어가려는 노력을 기울였다면, 지금보다 더 길게 더 깊이 명상 상태에 머물 수 있었을 것이다.

명상에서 최대치를 끌어내는 사람들은 대개 명상 그 자체를 즐기는 사람들이다. 어떤 신비 체험을 해야만 제대로 명상을 하는 것은 아니다. 많은 사람들이 빛이나 환상을 본다거나 생각이 어떤 공간 속으로 녹아드는 것 같은 체험을 못 해봤다고 하지만, 체험담을 들어보면 사실 그들은 명상을 하면서 다채로운 체험을 하고 있다.

관심과 호기심을 갖고 명상을 하면, 앉아 있는 시간 그 자체만으로도 즐겁다. 만트라가 의식의 층 속으로 서서히 가라앉으면 숨소리는 부드러워지고 만트라의 진동을 느낄 수 있다. 밀려오는 고요함도, 내면세계를 떠다니는 영상도, 서서히 가라앉는 마음도 그대로 즐기면 된다. 극적이든 지루해 보이든 명상하는 순간순간이 매혹적일 수 있다. 명상하는 동안 당신은 자기 자신과 함께하고, 신과 함께한다. 그래서 명상은 마음의 동굴로, 영혼의 동굴로 들어가는 문이다.

반면 명상을 의무감으로 하거나, '이제는 체험을 하겠지' 하는 조급한 마음이나 맹목적인 기대감으로 하면 어떻게 될까? '왜 마음이 빨리 가라앉지 않냐'며 화를 내거나 싫증을 내기 쉽고, 명상과의 관계는 틀어지고 말 것이다. 명상이 기계적인 행위가 되는 것이다. 내면의 체험 따위는 지루하게 여기고, 기대만큼 체험하지 못하면 실망하고, 스스로에게 "나는 명상을 잘 못해"라고 말한다. 이 모두는 내면의 역동적인 에너지, 샥티를 거부하는 것이다. 애인에게 다가가지 못하고 주저하면 애인이 냉담해지는 것처럼, 명상을 역동적으로 만드는 샥티도 마찬가지다. 내가 관심을 주지 않으면 내면 깊은 곳으로 숨어들지만, 사랑과 관심을 보내면 샥티는 곧장 나에게 다가온다.

명상을 보다 깊이 있게 하는 비결은 명상 그 자체를 사랑하는 마음을 일깨워서, 체험이 미묘하고 지루해 보일 때도 사랑하는 마음을 잃지 않는 데 있다.

잠시 명상과의 관계가 어떠한지 살펴보자. 명상에 대해 어떻게 느끼는가? 명상을 즐기고 있는가? 기계적으로, 의무적으로 하고 있지는 않은가? 명상을 하면서 놀라운 체험을 한 적이 있는가? 명상 초보자라면, 명상을 어디서부터 시작해야 할지 도무지 모르겠는가? 지금 '제대로' 하고 있는지 궁금한가? 당신에게 명상은 어떤 의미가 있는가? 또는 명상에서 체험한 참자아가 어떻게 느껴지는가? 참자아와의 관계는 어떠한가?

놀이를 하듯 명상을 즐겨라

우리는 명상이 큰 기쁨이 되고 즐거움의 원천이 되기를 바란다. 명상이 기쁨이 되려면 우선 명상을 잘하려는 마음부터 내려놓아야 한다. 사실 명상은 잘한다, 못한다가 없다. 참자아와 연결이 되느냐, 내면에 잠들어 있는 의식이 깨어나느냐의 문제만 있을 뿐이다. '이번 명상을 망치면 어떡하지' '실수하면 어떡하지' '괜히 시간만 낭비하면 어떡하지' 등을 걱정할 필요가 없다. 그 대신 명상을 하나의 실험으로, 자기 자신과의 놀이나 탐험으로 바라볼 필요가 있다. 창의력을 발휘해볼 수도 있다. 이를테면 명상을 하면서 '우주가 나를 호흡하는 느낌으로 내가 호흡하면 어떻게 될까?'라는 물음을 던질 수 있다. 직접 수련해본 후 그 결과를 기록할 수도 있다. '이번 명상시간에는 내 생각을 들여다보면 어떻게 될까?'라는 궁금증으로 명상을 할 수도 있다. 고전적인 방법으로 '나는 누구인가?'라고 자문하고 나서 한 시간 동안 '참나'가 누구인지에 대해 명상할 수도 있다. 명상을 좀 더 경건하게 하고 싶다면, 마음의 제단에 꽃을 바치는 것처럼 마음속으로 경배하며 은혜와 사랑을 구할 수도 있다. '오늘은 은총을 기원하고 명상이 어디로 흘러가는지 보자'고 마음먹고 나서 어떤 체험이 오든 거기에 내맡길 수도 있다. 놀이를 즐기듯 가벼운 마음으로 명상을 할 수도 있다.

나는 놀이를 하듯 명상할 때 명상이 가장 풍요로워진다는 사실을, 오랫동안 명상을 하고 나서야 깨달았다. 내가 수련에 지칠 대로 지쳐 있을 때였다. 아이러니하게도 당시 나는 출가수행자요, 인도승려 종단의 강사였다. 다른 종교인들처럼 일과 봉사를 수행으로 여겼다. 인도에서는 이를 '카르마 요가karma yoga'라고 한다. 명상의 세계에 뛰어들고 나서 몇 년간, 치열하고 실험적으로 명상을 하며 다양한 방법을 시도해보았다. 하지만 어느 시점에 이르자 명상은 그저 기계적인 일과가 되어 있었다. 습관적으로 명상 자세를 취하고 앉아서 집중할 뿐, 그 이상으로 넘어갈 생각을 하지 않았다. 명상 체험을 돌이켜보거나 수련 방법을 점검해봐야겠다는 생각을 미처 하지 못했다. 그냥 오는 대로 받아들이고 참자아와 만나는 것을 즐겼다. 참자아를 만나지 못할 때는 평소처럼 명상 자세로 앉아서 쿤달리니가 나를 어디론가 데려가 주기를 바랐다. 사실 명상은 밥 먹고 잠자는 일상처럼, 나에게는 거의 무의식적으로 일어나는 행위였다.

참된 명상이란,
목이 마를 때 물을 들이키듯 앉아 있는 것이다.
−스즈키 순류Suzuki Shunryu

그러던 어느 날, 내 수행을 평가해 보고서야 나를 제대로 볼 수 있었다. 평가 결과는 놀라웠다. 명상을 시작한 지 어느덧 20년, 그동안 내 성격은 긍정적으로 변했고, 마음은 차분해졌으며, 생각은 예리하고, 머리는 명석해졌다. 제멋대로 굴던 감정도 차분해지면서 이전에 누려보지 못한 평정심도 찾았다. 분명히 전보다 행복했다. 하지만 깊은 명상으로 들어가기 시작한 지는 얼마 되지 않았다. 그전까지는 명상을 해도 생각이 없어지지 않고 땅 밑으로 낮게 흐르는 물처럼 계속 흘러갔다. 나의 의식도 표면에 머물렀다. 솔직히, 생각과 공상의 세계를 왔다 갔다 하는 시간이 많았다.

분명히 나의 명상을 되돌아볼 때였다. 그래서 나 자신에게 기본적인 것부터 묻기 시작했다.

- 명상을 왜 하는가?
- 명상의 진짜 목적은 무엇인가?
- 명상을 해서 좋은 점은 무엇인가?
- 개선하거나 변화하고 싶은 점은 무엇인가?
- 앞으로 10년 동안 현재의 명상 수준을 유지하고 싶은가?

내가 내놓은 답들은 당혹스러웠다. 명상을 하는 목적이 불분명해서 내 명상은 얕은 수준에 머물고 있었다. 내게 명상으로 무엇을 얻고 싶으냐고 묻는다면, 나는 입심 좋게 "참자아를 실현하려고요"라고 서슴없이 대답할 것이다. 하지만 나는 참자아 실현을 목적으로 살지 않았다. 그 대신에 영적 수련을 반창고나 강장제로 사용했다. 일을 보다 효율적으로 하는 데 필요한 테크닉으로 영적 수련을 이용했던 것이다.

명상에서 진실로 원하는 것은 무엇인가

내가 했던 것처럼, 이제 당신이 명상에서 진실로 원하는 것이 무엇인지 자신에게 묻는 일이 수련의 초석을 다지는 첫 번째 열쇠다. 내 경우, 자유를 원했다. 이 깨달음은 놀라운 힘을 발휘했다. 불필요한 고통을 자꾸만 끌어당기는 걱정, 갈망, 두려움을 끝내고 싶었다. 나의 내면을 괴롭히는 신경증, 집착, 신념, 두려움을 극복하고 싶었다. 내가 처음 명상을 체험했을 때처럼 명상이 역동적이고 매력적이기를 바랐다. 무슨 일이 일어나든 사랑과 흥분으로 다가가는 만남이기를 바랐다.

> 명상수련으로 내면의 참자아에 불을 지펴라.
> 신성한 사랑의 술에 취하라.
> 그리하면 완성에 이를지니.
> ─〈슈베타슈바타라 우파니샤드Shvetashvatara Upanishad〉

이 지점에서 '명상은 항상 재미있을 수 없다'는 점을 떠올렸다. 명상은 정화의 과정이기도 하다. 그래서 앉아 있는 시간이 지루하고 고통스럽고 발이 저리며, 생각을 좇다보면 시간이 길게 늘어나는 날도 있다. 명상은 언제나 재미있어야 한다는 생각을 고집했다면 나는 명상을 그리 오래 하지 못했을 것이다. 매일 아침 자세를 잡고 앉아서, 이리저리 헤매는 마음을 다잡으며 단순한 수련을 계속할 수 없었을 것이다.

"잠깐! 그렇게 고고한 체하지 마! 명상이 항상 재미있지는 않더라도 뭔가 나를 사로잡고, 흥미롭게 해서 다음 명상을 기대하게 하잖아. 그렇지 않다면 왜 내가 명상을 하겠어?" 나 자신을 향해 말했다. 보다 나은 사람이 되기 위해, 마음의 풍요를 얻어 자비롭게 살기 위해, 보다 나은 부모나 작가, 직장인이 되기 위해 명상을 한다고들 한다. 물론 명상하는 좋은 이유들이다. 그런데 나를 영성의 길로 인도한 라마크리슈나Ramakrishna, 라마나 마하리시Ramana Maharshi, 카비르Kabir, 묵타난다Muktananda 등의 성자들은 탐구하는 기쁨과 정신세계의 놀라움으로 나를 명상의 매력에 빠지게 했다. 사실 명상은 역동적이고, 그동안 보고 듣지 못했던 미지의 세계로 안내하며, 감각을 새로운 차원으로 확장하여 놀라움을 줄 것 같았다. 그랬다면 명상은 늘 즐거웠을 텐데. 아무튼 나는 진정으로 명상이 기쁨이기를 바랐다.

<blockquote>
신의 두 팔은 넓고 넓어서
자신을 향해 다가오는 모두를 품에 안는구나!
—단테 알리기에리Dante Alighieri
</blockquote>

이 점을 유념하며 나는 초심자로 돌아가 다시 명상을 시작하기로 했다. 실험적인 자세로 매일 수련했다. 특별한 결과를 바라지 않고 열린 자세로 명상에 임했다. 아무런 기대도 하지 않았다. 그저 명상 시간을 배움의 시간으로, 내 의식과 함께하는 시간으로, 내가 배운 근본 가르침과 함께하는 시간으로 여겼다. 나는 있는 그대로를 바라보았다. 명상을 즐거운 마음으로, 가볍고 자연스럽게 하고자 했다. 명상을 하나의 놀이로 생각했다. 명상을 할 때마다 의식적으로 "명상과 노는 것도 괜찮아"라고 나 자신에게 말했다.

실험하듯, 유희하듯 명상을 하는 두 가지 전략은 이후의 수련에 결정적인 역할을 했다. 무엇보다도 위에서 내려다보며 나 자신의 잘잘못을 심판하는 마음을 내려놓을 수 있었다. 실험적인 자세로 임하니 습관적으로 명상을 하지 않게 되었다. '명상을 잘못하고 있는 건 아닐까, 그저 시간만 낭비하는 건 아니겠지' 하는 불안한 마음이 들면, 좋은 안내자가 되어야 할 기법도 상상과 통찰을 방해하는 견고한 규칙으로 변해버렸다. 그런데 명상과 놀아도 된다는 사실을 깨닫자 긴장이 풀렸고, 두 눈을 감고 내면으로 주의를 기울이자 있는 그대로 보였다.

내가 유희하는 기분으로 명상하게 된 것은 라마나 마하리시의 첫 가르침 덕분이었다. 수행 초기에 내가 존경한 스승 중 한 명이었던 그는

"참자아를 모든 관심의 대상으로 삼고, 가슴에 있는 참자아를 예리하게 알아차려야 한다"고 했다. 참자아, 모든 경험의 이면에 숨어 있는 각성에 의식을 집중하라는 것이 가르침의 핵심이다. 나는 내면의 참자아를 당연히 '안다'고 생각했고, 내게는 가슴으로 들어가는 기본적인 비결이 있었다. 그러나 그 특별한 아침, 나는 의식의 초점을 내면으로 돌려야겠다고 마음먹었다. 특별한 비결을 쓰는 대신 그냥 앉아서 주의를 내면으로, 내면의 가슴으로 돌리고자 했다.

Practice	내면의 가슴 살펴보기

두 눈을 감는다. 심장 옆, 가슴 한복판 안쪽에 있는 내면의 중심으로 의식을 서서히 내린다. 목 아래쪽의 U자형 뼈에서 손가락 8개 너비만큼 아래에 있는 가슴뼈 안쪽에 의식을 모은다. 콧구멍 안쪽에서 가슴뼈 안쪽의 정중앙으로 추가 하나 매달려 있다고 상상한다. 그 지점에서 숨을 들이쉬고 내쉰다. 가슴뼈 안쪽, 몸 안쪽에 있는 그 부위의 기운을 감지하고 느껴본다. 분별하지 말고 이 가슴 센터에 전해지는 기운의 느낌에 집중하자. 그 느낌은 부드러울 수도 있고, 거칠 수도 있다. 마음을 녹일 수도 있고, 딱딱할 수도 있다. 이제 코로 숨을 들이쉬어 가슴 센터로 내려 보내고, 다시 가슴 센터에서부터 숨을 내쉬어 코로 내보낸다.

가슴의 장場 속으로

가슴 센터의 기운을 느낄 때 우리는 다양한 경험을 하게 된다. 특히 명상을 막 시작하는 단계에서는 사랑이나 슬픔, 분노 등의 감정이 올라오기도 한다. 이때, 감정의 사연이 아니라 감정의 느낌 자체에 집중하면 감정은 녹아들고, 우리는 기운의 느낌을 따라 내면으로 깊이 들어갈 수 있다. 때로는 색깔을 보기도 하고 왕성한 에너지를 느끼기도 한다.

그날 나는 '가슴의 장場'에 있는 기운의 느낌(감각기관에 의존하지 않고 직접 대상을 알아차리는 느낌)에 정신을 집중했다. 의식을 뒤쪽으로 가져간 다음, 가슴의 장으로 들어갔다. 있는 그대로, 그 기운과 하나가 되려고 노력했다. 그러자 내 의식이 마치 몸 밖에 있는 것처럼 기운의 장을 관찰하는 것이었다. 그러다가 기운의 장 안으로 들어가면 어떨까 궁금해졌다. 좀 더 깊이 내면세계로 들어가게 될까?

그 시점에서 내가 경험한 것들은 말로 전달하기가 쉽지 않다. 나는 기운의 장 속으로, 내면으로 들어갔다. 실제 가슴에 있는 공간 속으로 들어가는 것처럼, 가슴에 구멍이 나 있다고 상상하고 그곳에 의식을 집중했다. 그러자 가슴이 점점 확장되는 것처럼 느껴졌다. 그때 나는 가슴 뒤에 무한한 공간이 있음을 알아차렸다. 나는 그 공간을 횡단하기 시작했다. 당연히 몸이 아닌 의식을 집중해서 이동했다.

기운의 장을 둘러보면서 몇 분이 흘렀다. 그리고 더 깊은 내면으로 들어갔다. 나는 그 깊은 내면의 장을 '가슴 공간'이라고 부른다. 왜냐하면 그 공간 안에 있을 때 나는 온전히 내 자신에 뿌리를 내린 채, 고요하고 평안하고 감미로운 사랑으로 충만한 가운데, 가슴과 연결된 모든 감각을 느낄 수 있었기 때문이다. 정신은 또렷했고, 가끔 사념이나 의문이 올라오기도 했다. 그럼에도 '나'는 가슴 공간에 깊이 빠져 있었다.

가슴 공간을 탐색하며 그 질감과 미묘한 속성들을 느껴보았다. 미세하게 물결치는 움직임, 울림, 파동이 느껴졌다. 그 파동에 의식을 모으자 점점 더 가슴이 열리면서 나는 사랑의 느낌 속으로 더 깊이 들어갔다. 그곳에 빛나는 무언가가 있었다. 그것은 매끄럽고 투명하고 빛나는 수정 안에 있는 것 같았다.

그 후로 나는 명상을 할 때마다 가슴의 장을 탐색했다. 미묘한 감각과 사랑, 투명한 세계를 탐색했다. 가슴의 장으로 들어갈수록 그것은 더욱 정묘精妙(정밀하고 오묘함)해졌으며, 깊은 체험을 하고 싶을 때는 좀 더 깊이 가슴의 장 안으로 들어갔다.

가끔은 빛의 장에서 빛깔로 나타나거나 풍경으로 바뀌기도 했다. 하지만 대개는 역동적으로 움직이거나, 사랑의 에너지 속에서 감지할 듯 말 듯 오묘한 느낌을 받거나, 계속 이동하고 흘러가는 실재를 체험했다. 때로는 가볍고 오묘한 체험을, 어떤 날은 섬뜩할 정도로 강렬한 체험을 하기도 했다.

> 우리 안에는 내밀한 '하나'가 있고,
> 모든 은하의 행성들은
> 염주 알처럼 이 '하나'의 손 안에서 움직인다.
> ―카비르Kabir

내면의 연인과의 만남

이렇게 수련하면서 몇 개월이 지나자, 딱히 규정하기는 힘들지만 사랑스러운 현존現存을 내면에서 알아차리게 되었다. 이슬람 신비주의자인 수피 성자들이 대단히 매혹적으로 표현하는 내면의 연인, 즉 사랑하는 임을 만나는 것처럼 현존과의 만남은 대단히 사적이었다. 그(물론 현존에는 성性이 없지만 당시 나는 '그'라 칭했다)는 하루의 어느 특정 시간—주로 정오나 늦은 오후—에 나를 부르는 듯했다. 부름은 강렬하게 가슴을 누르는 느낌으로 찾아왔다. 내 의식을 안쪽에서 세게 끌어당기는 느낌이었기 때문에 저항하면 고통스러웠다. 회의를 하거나 산책 중에 이런 당기는 느낌이 찾아올 때면 어쩔 줄 몰라 쩔쩔맸다. 안에서 당기는 느낌에 저항하면 배고픔을 억지로 참거나 졸음과 싸울 때처럼 몹시 불편했기 때문이다. 그만큼 강렬했고 그만큼 생생했다. 책상 앞에 앉아 있을 때는 하던 일을 멈추고 눈을 감고 서둘러 현존을 향해 의식의 계단을 내려갈 수밖에 없었다.

오후 명상과 저녁 명상에서도 내면의 현존과 성공적으로 상봉했다. 언제나 손을 뻗으면 닿을락말락해서 만나기가 쉽지 않았지만, 일단 만나면 언제나 포근한 사랑으로 나를 감싸 안았다. 그 사랑은 어떤 날은 부드럽게, 어떤 날은 강렬하게 고동쳤다. 현존의 부름에 응하여 몸이 저절로 일어나질 때까지 앉아 있는 날에는 연인과의 조우가 대단히 고혹적이고 황홀하고 달콤해서 그 여운이 하루 종일 이어졌다. 마치 내면에 있는 연인의 눈으로 보는 것처럼 평소에 안 좋게 보던 사람의 숨겨진 아름다움과 다정함을 꿰뚫어볼 수 있었다. 말 그대로 사랑에 취해서 지내는 날들이었다.

그 후 몇 개월 동안, 시간적인 여유가 생겨 아침저녁으로 1시간씩 명상을 할 수 있었다. 그때 나는 명상을 생활의 영순위로 삼지 않으면 안된다는 사실을 깨달았다. 아직 명상이 몸에 배지 않아서 명상 대신에 책을 읽거나 산책을 하거나 다른 일을 하고 싶은 유혹이 방해했다. 명상은 꾸준히 해야 깊어졌다. 내면의 부름에 귀를 기울이지 않으면 금세 거리감이 생기고 기운의 장벽이 생겨 다음 명상 시간에 가슴의 공간으로 들어가기가 어려워졌다.

　내면의 연인과의 만남은 명상이 주는 더없이 매력적인 선물이다. 명상 중에 의식이 열리는 방식은 다양하다. 수행의 길을 걸으며 내가 깨달은 것은 우리의 내면세계에는 사랑의 현존이 충만하다는 사실이다. 당신도 수련의 길을 걸으며 **각성**의 정묘한 세계를 발견하리라 믿는다. 당신 안에서 사랑의 현존을 만나는 비법은 명상할 때 나타나는 기운에 애정을 갖고 지속적으로 부드럽게 주의를 기울이는 것이다. 이완되어 있지만, 의도적으로 마음을 내어 자기 자신에게 온전히 현존한다. 자신의 마음에 의식을 기울인다. 명상 중에 사념이나 영상, 감정(곤란하거나 고통스러운 감정까지)이 떠오르면 그것이 무엇이든 부드러운 마음으로 인지한다. 그 내용에 집중하지 말고 기운의 느낌과 함께한다. 현존은 느낌의 상태다. 현존은 신비의 세계로 가는 길을 느끼고 감지하려는 마음으로, 내면세계로 들어갈 때 드러난다.

명상의 열매

명상하는 자세를 점검하고, 즐겁게 명상하는 길을 실험하고, 명상을 의무로 생각하는 게 아니라 자아와 현존하는 길로 받아들이는 과정은 나의 명상 체험을 질적으로 바꿔놓았다. 당신도 마찬가지다. 그런 과정은 자기 자신과의 관계를 대단히 신비롭게 변화시킨다. 나 역시 그렇게 몇 달을 노력한 결과, 나에 대한 자신감이 더욱 확고해졌다. 내면도 확고하고 단단해졌음을 느낄 수 있었다. 이 점이 매우 새롭게 다가왔다. 내가 깨달은 진리와 통찰에 자신 없어 하거나 타인의 동의를 구할 필요가 없어진 것이다. 대신 내면세계의 체험, 직관적 느낌과 반응 등을 믿음직한 안내자로 신뢰하게 되었다. 친구들은 내 인간관계가 현실적이고 자연스러워졌다고 말했다. 수치심이나 쓸모없는 존재라는 생각으로 더 이상 나를 괴롭히지 않았다.

이 모두는 내 자신의 샥티, 내 안의 정묘한 기운과 직접적으로 관계를 맺은 결과였다. 앞으로도 나는 그 관계를 지속할 것이다. 인도의 요가 전통은 "우리의 두려움과 의심, 고통은 본성을 망각한 데서 오며, 참자아를 깨달으면 모두 사라진다"고 가르친다. 몇 년에 걸쳐 더 넓어진 내 마음에 한 시간씩 머물고, 생각의 흐름 속에서 더욱 깊어진 내 기운의 유희를 알아차리면서 내 행동과 관계가 어떻게 바뀌는지를 직접 체험할 수 있었다.

> **그대 자신의 빛을 통하여 빛의 근원으로 돌아가라.**
> **이 길은 '영원의 수행'이라 한다.**
> −노자

명상은 내면을 다지는 초석이다. 우리는 자신의 한계를 극복하려고 애를 쓴다. 온갖 지식을 동원하여 구체적이든 추상적이든 자신의 문제를 해결하려고 한다. 하지만 결국은 '내가 누구인지'를 깨닫고, 나라는 존재의 중심 안에 확고하게 설 수 있어야 한다. 그러려면 **각성**된 자신의 의식과 직접적으로 적나라하게 만나야 한다. 내가 아닌 누구도, 무엇도 대신해줄 수 없다. 오직 명상을 통해서만 할 수 있다.

이 책에 소개하는 방법과 원리를 터득하려고 처음부터 몇 시간씩 수련할 필요는 없다. 처음에는 하루에 15~20분이면 충분하다. 무엇보다 중요한 것은 쉬지 않고 꾸준히 하는 것이다. 내면의 존재를 밝히겠다는 명확한 의지로 매일 앉아 있는 것이 곧 명상의 시작이다. 내면에서 울리는 신호에 주의를 기울이면 언제부터 좀 더 길게 명상해도 되는지를 터득하게 된다. 모든 것은 당신의 의지와 목표의식에 달려 있다. 의지와 목표가 분명하다면 간단한 명상으로도 강력한 효과를 체험할 수 있고, 자신의 중심으로 들어갈 수 있다.

> 質질의 세계가 푸르게 되든 메마르게 되든
> 나는 세계의 본질인 그 '하나'를 명상한다.
> —카비르

책에 나오는 수련법들을 읽으면서 하나하나 직접 실천해보기 바란다. 한 장을 다 읽고 나서 수련법을 소개한 곳으로 되돌아가서 수련해볼 수도 있고, 수련법이 나오면 바로 실천해볼 수도 있다. 특히 초반부에 나오는 수련들은 명상의 기본 원리에 잘 적응할 수 있도록 구성했다. 이론은 수련을 실행할 때 살아나는 법이다. 이 책을 읽으면서 노트나 일지를 곁에 두고 수련 시 일어나는 내면의 변화나 통찰을 기록해도 좋다. 이런 식의 독서로 명상을 실험하고, 묵상하고, 내면세계를 탐험해볼 수도 있다. 이런 탐험을 통해 당신이 위대한 지혜와 환희의 세계로 들어가기를, 당신 안의 위대함과 자신의 깊은 내면을 향해 활짝 문을 열게 되기를 기대한다.

2

내면의 참자아는
어떻게 체험하는가?

많은 경우, 처음으로 명상수련이 한 단계 성장하는 지점은 명상의 목적을 깊이 생각할 때다. 그전까지는 명상의 체계가 서지 않는다. 두 눈을 감고 가르침대로 명상을 하면서 뭔가 일어나지 않을까 기대하지만, 자신이 명상을 바르게 하고 있는지 어떤지 잘 모른다. 바위에 붙어사는 삿갓조개처럼 집중하는 대상에 달라붙는 것이 명상일까? 집중하기만 하면 만족할 만한 결과를 얻을 수 있을까? 우리가 기대하는 체험이란 '일어나게' 되어 있는 것일까, 아니면 저절로 일어나는 것일까? 내가 아는 몇몇 열정적인 명상가들은 명상 상태가 일어나게 하기 위해 무엇을 찾아야 하는지, 무엇을 해야 하는지 고민하며 몇 개월, 혹은 몇 년을 허비하기도 했다. 우리가 진정 어디로 가는지 모르면 수행은 몽롱함이나 백일몽으로 끝나고 만다.

> **그대가 찾는 자 역시**
> **그대를 찾는다.**
> −아시시의 프란체스코Francis of Assisi

당신이 아무리 진지한 수행자라 할지라도 자신이 가고자 하는 방향이 명확하지 않다면 명상은 별 도움이 안 된다. 그러니 이제 막 명상여행을 시작한 당신에게도 목표를 명확히 하는 것은 더없이 중요하다.

명상의 궁극적인 목표는 순수**의식**, 빛과 사랑과 지혜로 가득한 자신의 내면을 온전히 체험하는 것이다. 인도 전통에서는 '내면의 자아', '참된 자아', **'마음'**이라고 한다. 이를 불교에서는 '불성'이나 '한마음'으로, 기독교에서는 '영혼'이라고 부를 것이다. 사실 우리는 그 경지 이상을 원한다. 우리는 '내가 바로 그것'임을 깨닫고 싶어 한다. 나는 단순한 몸뚱이나 한 인간이 아니라 순수**의식**이자 순수**각성**임을 깨닫고 싶어 한다. 이런 기준이라면 단 한순간일지라도 참자아 속으로 들어가는 것이 명상에 성공한 것이 아닐까? 참자아를 깨닫고 체험하려는 의지가 있을 때 순수**의식**으로 가는 방향을 찾을 수 있다. 마치 화살을 겨누는 것처럼, 우리가 참자아라는 과녁을 향해 화살을 겨눌 때는 '내가 곧 참자아'임을 기억해야 한다. 라마나 마하리시가 "참자아를 아는 것은 곧 참자아가 되는 것이다"라고 말한 것처럼 말이다. '참자아가 명상의 목적이요, 내가 곧 참자아'라는 사실을 잊어버리면 우리는 내면세계의 무수한 샛길에서 길을 잃는다.

가장 흔한 샛길은 생각과 영상의 미로에서 헤매는 몽상이다. 명상을 하려고 앉았는데 전혀 관련 없는 생각이 꼬리에 꼬리를 물고 이어진다. '저 가수가 누구더라? 바하마 출신의 맹인이었어. 이름은 존이었던 것 같은데. 아니야, 조셉이야. 조너선은 알고 있을 거야. 조너선의 아내가 레이첼이던가? 로베르타? 애들이 몇 명이었더라?'

생각 속에서 길을 잃는 것만이 옆길로 새는 것은 아니다. 명상 도중에 놀랍도록 휘황찬란한 경험을 한 사람들이 있다. 그들은 폭포수처럼 쏟아지는 빛이나 황홀한 영상을 보고, 눈부신 통찰의 순간과 마주하며, 마음이 절대 공간으로 확장되는 경험을 한다. 하지만 그들의 명상은 자기 자신과의 관계나 삶의 기반을 변화시키지 못한다. 명상을 쇼나 오락 정도로 인식하기 때문이다. 그들은 명상을 하면서 자신의 근원이나 참자아, 본질을 찾지 않는다. 그 때문에 놀라운 체험을 하면서도 자신의 명상이 깊어지지 않는다고 느낀다. 그들은 명상을 하면서 평화로움이나 만족감도 느끼지 못한다.

그러니 목적을 명확히 하고 명상을 시작하라. 당신의 본질을 찾고, 확인하고, 하나가 돼라.

> 신을 보는 나의 눈은 나를 보는 신의 눈과 같다.
> 나의 눈과 신의 눈은 하나의 눈이요, 하나의 봄이요,
> 하나의 앎이요, 하나의 사랑이다.
> ─마이스터 에크하르트Meister Eckhart

내면의 참자아를 만나다

참자아에 관한 비밀 중의 비밀은 '당신이 참자아'라는 것이다. 라마나 마하리시는 "있는 그대로 존재하라. 그대가 누구인지 보라. 참자아에 머물라"라고 말했다. 이는 모든 깨달은 스승들이 전하는 가르침이다. 참자아의 경지를 체험하려면 당신 내면에 있는 '보는 자'와 '아는 자'를 자각하기만 하면 된다. 내면의 아는 자를 만나는 것이 곧 자신의 본질을 만나는 것이기 때문이다.

이를 가장 쉽게 이해하는 방법은 나 자신에게 서로 다른 두 가지 측면—나이를 먹는 것처럼 변하는 부분과 변하지 않는 부분—이 있다고

생각하는 것이다. 내 몸과 마음과 성격은 변하는 부분이다. 지금의 나는 뉴저지 주 프린스턴에서 동네 꼬마들과 어울려 놀던 열두 살 된 여자애의 모습과 많이 다르다. 그 이후로 그 아이의 직업이나 취미는 완전히 달라졌다. 해를 거듭하면서 학생, 저널리스트, 구도자, 제자, 승려, 강사 등 다양한 역할을 했다. 내적으로도 많은 변화가 있었다. 겉으로 드러나든 드러나지 않든 변화를 거치는 동안, 때로는 연륜이 쌓여 지혜로워진 것도 같다가 때로는 충동적이고 미숙하고 어리석게도 보인다. 상황에 대처하는 태도도 각양각색이다. 시끌벅적하고 요란하게 감정이 요동칠 때도 의연함, 경박함, 심오함, 자비심, 이기심 등 여러 가지 태도를 보인다. 한마디로, 우리 의식에 자리 잡고 있는 내면의 성격들은 각지각색이고 각각마다 사고 패턴과 감정, 고유의 목소리가 있다.

> '나는 존재한다' '이것이 곧 나다'라고 말하는 사람의 생각은
> 어떤 것에도 기대지 않는 절대 '나'의 경지로 들어간다.
> '그것'을 명상할 때, 영원한 안식을 얻게 될 것이다.
> ─〈비기아나 바이라바Vijnana Bhairava〉

외적인 역할과 내적인 성격이 서로 다른 모습으로 갈등하는 와중에도 변하지 않는 것이 하나 있다. 그 하나가 바로 그 모든 것을 알아차리는 '각성覺醒'이다. 이 각성이야말로 변하지 않는 참자아의 부분이다. 당신이 두 살 때나 지금 이 순간이나 변함없는 것은 당신의 존재 안에 있는 각성이다. 존재의 각성은 전적으로 비인격적이다. 어떤 의도도 없고, 어느 인격을 다른 인격보다 선호하지도 않는다. 각기 다른 창문으로 들여다봐도 안에 보이는 것이 동일한 것과 같은 이치다. 각성은 결코 보이는 대상에 따라 왜곡되지 않는다. 각성을 우리의 생각과 행동을 초연하게

관찰하는 관조자로 경험한다. 때로는 존재 그 자체나 존재감을 느끼는 것으로 경험할 때도 있다. 14세기 기독교 문서에서는 이 각성을 '있는 그대로 존재하며 적나라하고 엄격하고 본질적인 각성'이라고 표현했고, 카슈미르 시바파(힌두 철학의 한 계파)에서는 나는 존재한다는 '순수각성'이나 육체로부터 자유로우며 죽은 뒤에도 존재하는 '참나'라고 한다.

그 각성에 집중하고 알아차릴 때, 더 깊은 내면에 존재하는 **각성, 의식**으로 향하는 문이 열린다.

> 마음이 분노나 사랑으로 가득할 때, 이를 아는 자는 누구인가?
> 우리가 잠자는 동안 깨어 있는 자는 누구인가?
> 잠자는 동안 '꿈을 꾸었다'고 알려주는 자는 누구인가?
> 이렇게 모든 것을 지켜보는 그 '하나'를 명상해야 한다.
> ―스와미 묵타난다Swami Muktananda

Practice	자신의 각성 알아차리기

편히 앉아 등의 힘을 뺀다. 상체를 바로 세우고 눈을 감는다. 잠시 방 안에서 들리는 소리에 귀를 기울인다. 이제 의식을 몸으로 가져간다. 지금 이 자세로 앉아 있는 느낌이 어떤지에 주목한다. 넓적다리가 바닥에 닿는 느낌이 어떤지, 피부에 와 닿는 느낌은 어떤지, 옷과 피부가 어떻게 만나는지, 몸은 따뜻한지 차가운지를 살핀다. 이제는 몸 안의 느낌에 집중한다. 장에서 꾸르륵거리는 소리가 나기도 하고, 근육이 수축되거나 이완되는 느낌도 있을 것이다.

이번에는 호흡에 집중한다. 숨이 코로 들어가는 느낌, 숨이 몸 안으로 들어올 때의 시원함, 밖으로 나갈 때의 따뜻함을 느낄 수도 있다.

이제 마음속에서 어떤 일들이 벌어지는지 바라본다. 내면의 스크린에 지나가는 생각이나 영상을 관찰한다. 느낌이나 감정, 마음의 잡음을 더 깊이 바라본다. 내면에서 일어나는 것들에 변화를 주려고 하지 말고, 그냥 각성 상태에서 지켜보기만 한다.

서서히 주의를 **각성** 그 자체로 돌린다. 당신 자신의 **각성**, 이 모든 것을 지각하는 앎을 알아차린다. 이 순간 당신이 경험하는 느낌이나 감각, 생각 등을 모두 아우르는 내면의 공간성을 알아차린다. 집중 그 자체에 주의를 기울이는 것처럼 당신 자신의 **각성**에 주의를 기울여라. 당신 스스로 **각성**이 돼라.

명상을 하며 **각성**에 주의를 기울이면 **각성**은 서서히 수면 위로 떠오르기 시작한다. 생각과 감각이 서서히 물러나고, 고요하게 물결치는 순수**의식**을 체험하기 시작한다. 처음에는 드문드문 미세하게 지각되던 **각성**이 나중에는 거대하게 확장된 존재로 그 모습을 드러낸다. 루미Rumi(이란의 신비주의 시인)는 "실재를 꿰뚫어보는 데는 말이 필요 없다. 그냥 존재하라. 그러면 **그것**이 한다"라고 했다.

> 우리의 마음을 초월한 것이 있다.
> 그것은 마음 안, 침묵 속에 존재한다.
> 생각을 초월한 지고의 신비다.
> 마음과 영혼이 그것에 안식하게 하라.
> 그 밖의 다른 것에는 안식하게 하지 마라.
> ―〈케나 우파니샤드Kena Upanishad〉

동양의 위대한 영적 전통에서는 우리 내면의 각성(기운)과 의식은 우주 만물을 창조하고 유지하고 떠받치는 **각성**(기운)의 축소판이라고 말한다.

이 **각성**을 《우파니샤드》에서는 브라흐만Brahman, 즉 광대성廣大性이라 한다. 카슈미르 시바파의 현자들은 '치티Chiti(우주의식)'라고 하고, 시바파의 한 철학자는 '한마음'이라고도 했다. 오늘날 물리학에서는 '양자장量子場', 불교에서는 '법신法身(진리의 몸)'이라고 한다. 물론 '신神'이라고 부르기도 한다.

이 **각성**은 광대하고 창조적인 지성이며, 본래의 확장된 형태로 만물을 아우르고 만물의 바탕을 이룬다. 일반적인 각성은 한 개인에게 사상과 지각, 감정 따위의 바탕을 이루는 정신의 질료(칫타chitta)다. 카슈미르 시바파에서는 창조적 지성이 물질화의 과정을 거쳐 하나의 틀을 갖추는 각각의 단계를 정교하게 설명한다. "궁극의 의식(chitti)은 완전한 자유와 권능의 차원에서 내려와 인간의 의식(chitta)이 되고 마침내는 지각의 대상으로 수축된다." 달리 말하면 우리가 생각이나 지각, 느낌 따위에 마음을 모으는 순간, 우리는 내면에 흐르는 광대한 **의식**과의 연결이 끊긴다. 매 순간 우리의 각성은 생각, 감정, 느낌으로 가득 하기 때문에 우리 안에 있는 드넓은 **의식**의 바다를 보지 못한다.

몇 년 전 교통사고를 당했던 내 친구의 얘기다. 사고 당시 그녀는 차 밖으로 튕겨져 나갔다. 바닥에 떨어졌을 때, 그녀는 미묘한 각성 상태에 있는 자신을 발견했다. 낯설면서도 희한하게도 친숙했다. 몸이 없어진 것 같았는데도 매우 안전하고 기쁘고 자유로운 느낌이었다. 긴 시간 동안 광대하게 확장된 사랑의 공간 안에서 휴식을 취한 것 같았다. 그러고 나서야 아주 느리게 그녀의 머릿속으로 단어들이 흘러들었다. '사람들은······이게······내······잘못이라고······생각할까?'

생각이 명료해진 그 순간 친구는 자신의 몸으로, 정상 상태로 돌아왔고 그제야 통증을 느꼈다고 했다. 친구는 어떻게 마음의 질료가 **각성**을 틀 지우는지를 생생하게 경험했던 것이다.

우리를 틀 지우는 것은 생각만이 아니다. 우리 안에서 꿈틀대는 욕망, 감정, 몽상, 공상뿐 아니라 사물을 분리된 대상으로 지각하는 행위도 **각성**을 수축시킨다. 마음의 미묘한 기운을 굳게 하거나 요동치게 만들어서 고요와 평정 상태를 깨트리는 것은 무엇이나 내면에 있는 **의식**의 빛을 가려서 보이지 않게 한다.

명상은 마음을 꼬드기고 방해하는 지각과 생각을 놓고, 있는 그대로의 마음을 드러내고 확장하는 것이다. 광대한 창조적 **각성**으로서 말이다. 그것은 순수한 빛이요, 황홀경이다. 평화와 권능의 바다요, 참자아다.

참자아란 무엇인가

'참자아'라는 말은 산스크리트의 '아트만atman'을 옮긴 것으로, '그것 자체'라고도 한다. 아트만은 말(言)도 형상도 없는 것, 무엇으로도 잡을 수 없는 것, 감각의 세계에서 지각할 수 없고 직접적인 체험으로만 알 수 있는 것을 표현하기에 적합한 단어다. 아트만은 형상도 없고 이름도 없다. 그래서 현자들은 '아트만(그 자체)'이나 '타트tat(그것)'라고 했다. 인도의 베다 시대 현자들—그들의 가르침은 《우파니샤드》로 편찬되어, 광대한 인도철학 체계의 바탕을 이루었다—은 순수한 존재의 체험을 암시할 수 있는 직유와 은유, 심상 등의 비유법으로 표현할 수 없는 것을 표현하려고 했다.

참깨 안의 기름처럼, 버터 안의 기름처럼 마음 안에 참자아가 있다.

참자아는 마음이 생각하도록 하지만, 마음은 생각으로 참자아를 알 수 없다. 모든 감각 속에서 빛을 발하면서, 감각 없이 존재하는 **그것**.

이러한 경지 중의 하나를 깊이 헤아려보면 참자아와 순수**각성**에 대해 감을 잡을 수 있을 것이다. 기름이 투박한 참깨와 버터에서 추출한 미묘한 요소인 것처럼, 순수**각성**과 참자아는 마음이라는 투박한 질료에서 찾을 수 있는 미묘한 본질이다. 참자아는 마음과 감각에 힘을 불어넣어 생각하고 지각하게 한다. 꼭두각시가 줄 당기는 사람을 인식할 수 없듯이, 보통의 마음은 참자아로 가는 길을 헤아릴 수 없다. 찾는 자가 바로 찾는 것(대상)이다. 선사들은 일상의 감각으로 참자아를 보려는 행위가 얼마나 무모한지를 흥미롭게 표현했다. 일본의 한 선사는 "그것은 눈(目)을 보는 눈(目)과 같다"고 했다.

참자아는 언어를 넘어서 있지만 현자들은 우리가 이해할 수 있도록 표현하는 방법을 찾아냈다. 현자들이 밝힌 사실 중에서 무엇보다 중요한 것은 '아트만, 즉 참자아는 우리가 일상에서 경험하는 개인의 에고가 아니라는 점'이다. 참자아는 육체나 인격과 동일시하고, 경계를 만들어 한계를 짓고, 나와 너를 구분 짓는 '내'가 아닌 것이다.

> 아니다, 내 영혼은 잠자지 않는다.
> 내 영혼은 깨어 있다. 활짝 깨어 있다.
> 내 영혼은 잠도 자지 않고 꿈도 꾸지 않으며
> 눈을 활짝 뜨고 멀리 떨어진 것을 지켜보고
> 거대한 침묵의 바닷가에서 소리를 듣는다.
> ─안토니오 마차도Antonio Machado

자신이 경험하는 것이 참자아가 아니라 에고라는 것을 알려면 '에고는 언제나 자신과 타인을 비교하여 경험한다'는 사실을 기억해야 한다. 에고는 자신과 타인을 동등하게 바라보지 않는다. 에고는 타인을 자신보다 높게 보거나 낮게 보고, 좋게 보거나 나쁘게 보고, 친밀하게 보거나 적으로 본다. 한편 참자아는 그냥 존재한다. 모든 사물과 사람을 자신과 동등하게 본다.

에고와 참자아의 관계는 마치 전구와 전기의 관계와 비슷하다. 전구는 혼자서 빛을 발하는 듯 보이지만 사실은 그렇지 않다. 전구는 일종의 용기일 뿐이다. 진정한 빛의 근원은 전구가 아니라 전구에 흐르는 전기다.

마찬가지로 에고에게 기운을 불어넣고, 에고가 설정한 한계가 진짜 자신이라고 생각하게 하는 것은 바로 참자아다. 에고는 유익한 도구다. 만약 에고가 없으면 우리는 자기 자신을 개별적 자아로 인식할 수 없다. 에고는 제한적이고 세속적인 관점에서 '나는 누구다'라고 말한다. 몸이 어디에서 왔는지, 몇 살인지, 무엇을 좋아하고 싫어하는지를 말한다. 그러므로 '에고는 항상 나쁘다거나 없애버려야 할 적'이라고 할 수는 없다. 에고는 틀 지워져 있으면서 스스로 틀을 짓기도 한다. 그런데 있는 그대로 참자아—만물과 연결되어 있으며 동시에 무한하고 드넓고 비인격적인 **의식**—를 체험하려면 에고의 틀을 넘어서야 한다. 일단 자신을 몸이나 마음, 감정 따위와 동일시하지 않으면 자연스럽게 자아를 광대한 존재, 순수한 존재, 기쁨, **각성**, 빛으로 체험하게 된다. 참자아가 스스로를 드러내는 방식 그대로 참자아를 체험한다. 베단타학파의 현자들은 참자아에 세 가지 기본 속성이 있다고 한다. 첫째는 사트sat, 영원히 존재하고 영구히 실재한다. 다음은 치트chit, 자신을 비롯한 만물을 자각한다. 마지막은 아난다ananda, 참된 이치를 깨닫고 황홀한 기쁨으로 넘쳐흐른다.

참자아는 현존한다

에고는 왔다가도 사라지고 다른 에고와의 관계에서 커지거나 작아지기도 하지만, 참자아는 어디로 가는 법이 없다. 참자아를 제외한 삶의 모든 것은 변하고 바뀐다. 인간의 육체는 자라서 늙는다. 몸무게가 늘기도 하고 줄기도 한다. 삶의 환경도 바뀌고 성격도 변한다. 하지만 이 모든 것의 밑바닥에 흐르는 참자아는 변하지 않는다. 꿈을 기억하는 **각성**처럼 참자아는 잠을 자고 꿈을 꾸는 동안에도, 더 깊은 수면에 들어가도 현존한다. 물론 명상이 어느 정도의 경지에 오르기 전까지는 알아차릴 수 없다. 참자아는 당신이 평소 깨어 있을 때 일상의 삶을 영위하는 각성으로 함께한다. 삶의 다양한 경험도, 생각과 경험과 지각을 하나의 구슬로 엮는 실도 참자아에서 나온다.

마음이 고요할 때 순수**의식**을 보다 쉽게 경험할 수 있겠지만, 마음이 생각으로 가득하다고 해서 참자아가 없어지는 것은 아니다. 진리의 차원에서 보면 참자아는 모든 생각의 근원이다. 모든 생각과 감정은 **의식**의 질료에서 나와서 다시 같은 **의식**의 질료로 돌아간다. 당신이 행복하건 슬프건, 짜증나건 편안하건 참자아는 내면의 **의식**과 **각성**으로 존재하며 모든 감정의 밑바탕을 이룬다.

이 말은 어떤 순간에도, 심지어 생각에 빠져 있을 때도 참자아 속으로 들어갈 수 있음을 뜻한다. 15세기 시인이자 현자였던 카비르는 "그대가 지금 있는 곳이 들어가는 자리다"라고 했다. 진실한 영적 전통들이 하나같이 전해주는 비밀이다. 명상으로 들어가는 방법은 많지만, '참자아는 일상에 현존하기에 숨과 숨 사이, 생각과 생각 사이에 의식을 모으면 참자아를 만날 수 있다'가 최후의 진실이다. 호흡이나 생각의 흐름 사이에 있는 작은 틈새에 광대한 **의식**으로 통하는 문이 있다. 산스크리트에서는 마디아madhya(중간 지점)라고 하는데, 우리는 이 마디아에서 전체와 하나가 되는 체험을 한다.

전통적으로 가슴에 있는 마디아의 세계에 들어가는 방법은 참자아를 실현한 영적인 스승의 인도와 가르침을 따르는 것이다. 그런 스승은 내면에 있는 마디아의 세계 속에서 살기 때문에 우리에게 그 길을 보여주는 것은 물론 마디아의 세계로 통하는 문을 열어줄 수 있다. 스승의 가르침을 따른다는 것은 대단히 혁명적이다. 스승의 가르침에는 영적인 결실로 이끄는 신비한 힘이 있기 때문이다.

한번은 나의 구루와 명상을 하고 있었다. 스승은, "너의 만트라가 떠오르고 가라앉는 공간에 대해 명상하라"고 했다. 묘한 호기심이 발동한 나는 말의 작은 틈새, 그러니까 앞 단어의 마지막 음절과 뒤 단어의 첫 음절 사이의 공간을 찾기 시작했다. 정말 만트라는 그 틈새에서 떠오르는 것일까? 내가 두 단어의 틈새를 찾고 집중하고 느끼려 하자 토끼 굴 속으로 떨어지는 이상한 나라의 앨리스처럼 거대한 공간으로 떨어졌다. 여전히 몸은 느껴졌지만 내가 몸 안에 있다는 느낌이 없었다. '나'는 몸 안이 아니라 몸 밖에 있었다. 생각이나 감정은 나의 **각성** 안에 있었다. 그 상태에서 속 좁은 마음을 갖거나 걱정을 한다는 것은 불가능했다. '이렇게 고요하고 드넓은 세계가 진짜 나'임이 틀림없었다.

이 상태가 며칠 동안 계속되었다. 내가 그 상태에 있는 동안 모든 것이 다르게 느껴졌다. 특히 다른 사람과 있을 때가 그랬다. 평소에 나는 인간관계에서 다소의 소외감과 불안감, 약간의 불편함을 느꼈다. 그런

데 이 상태에서는 그런 느낌들이 사라지고 없었다. 나는 내 안에서 편안하고 유연하고 부드럽고 안전하다고 느꼈다. 새로운 느낌이었다. 말 그대로 나는 나 자신의 중심 안에서 안식했다.

도대체 무슨 일이 일어난 것일까? 순수**의식**의 공간으로 들어가 참자아라는 근원을 경험했던 것이다. 스승의 가르침이 참자아로 통하는 문을 열었고, 그 가르침을 따르자 참자아의 세계로 빨려 들어갔던 것이다.

Practice　　　　　　　　생각과 생각 사이의 공간에 의식 모으기

이 수련은 일상적인 생각보다는 만트라처럼 거듭해서 되풀이하는 긍정적인 생각으로 하면 좋다. 여기서는 '나는 존재한다'는 만트라로 해보자. 당신이 생각하는 말이나 익숙한 만트라를 사용해도 좋다.

두 눈을 감고 호흡에 주의를 기울인다. 몇 분 동안 호흡을 따라가면서 마음을 가라앉힌다. 이제 '나는 존재한다'라는 말을 속으로 반복하기 시작한다. '나는 존재한다'에 자신의 이름이나 다른 어떤 것을 보태지 않는다. 몇 번을 반복하고 나서 '존재한다'는 말이 마음의 어느 공간으로 사라져 가는지를 살펴보고 그 지점에 의식을 집중한다. 아주 짧은 멈춤, 즉 그 틈새를 알아차려라. 다시 '나는 존재한다'는 말이 떠오를 때 그 지점에 부드럽게 주의를 기울인다. '나는 존재한다'는 말이 떠오르고 가라앉는 마음의 공간을 느껴본다. 말의 내용이 아니라 마음속의 공간에 초점을 맞춘다. 그러다 보면 마음이 멈춘다. 마음이 멈추면 그 지점에서 다시 깨어날 때까지 휴식한다.

참자아는 알아차린다

지금 당신이 앉아 있는 방에 빛이 있듯이, 참자아는 우리의 체험에 들어와 있다. 당신이 앉아 있는 방을 설명해보라면 어떻게 대답하겠는가? 아마 당신은 가구, 벽의 색깔, 책상 위의 물건, 전등 등이 있다고 말할 것이다. 그렇다면 방 안의 빛에 대해서는 뭐라고 설명하겠는가? 당신은 빛을 알아차리는가? 빛이 있기 때문에 당신은 방 안과 물건들을 볼 수 있다. 이처럼 참자아가 항상 현존하기 때문에 우리는 존재를 느끼며 모든 것을 경험한다. 참자아를 토대로 우리는 내면과 외면의 삶을 경험한다. 참자아를 통해 우리는 이 세계를 보고 알고 경험하는 것이다. 《케나 우파니샤드》에는 "참자아가 마음과 감각 속에서 빛을 발한다"고 꿰뚫어 보는데, 이는 우리의 마음과 감각이 기능할 수 있는 원천이 곧 참자아라는 것을 시적으로 표현한 것이다. 영원히 깨어 있는 참자아는 우리를 깨어 있게 한다. 본질적으로 참자아는 빛이다.

> 말로 형용할 수 없으나 혀로 말하게 하는 '그것'은
> 자신이 절대자임을 안다.
> 마음이 파악할 수는 없으나 마음이 알게 하는 '그것'은
> 자신이 절대자임을 안다.
> ―〈케나 우파니샤드〉

우리의 의식을 흐리게 하는 무의식의 층들을 맑아진 마음의 눈으로 꿰뚫어보면, 만물이 빛으로 이루어져 있음을 깨닫게 된다. 우리도 빛이요, 세계도 빛이며, 만물의 본질도 빛임을 깨닫는다. 참자아를 만났을 때 빛―환상과 내면의 광채, 심오하고 맑은 투명성―을 경험하는 사람이

그토록 많은 이유다.

참자아의 빛을 경험하는 데는 다른 방법도 있다. 참자아는 우리가 알고 자각하고 경험하는 능력으로 자신을 드러내기도 한다. 참자아가 어떻게 당신의 경험에 빛을 밝히는지를 알아보기 위해 내면의 빛을 보려고 할 필요는 없다. 그냥 사물을 아는 배후에 참자아가 있음을 알아차리기만 하면 된다. '앎'과 생각은 분리되어 있다. 당신이 경험하는 것을 알게 하는 것은 생각이 아니다. 생각은 보거나 아는 것의 일부분일 뿐이다. 당신이 어떤 대상을 안다면 그 주체는 당신이 아니다. 주체는 당신 밖에 있다. 당신이 손을 지켜보면 손이 당신이 아님을 안다. 이처럼 당신은 생각을 지켜본다. 참자아가 어디에 있는지를 알려면 자신의 경험을 관찰하는 자를 알아차려야 한다. 몸과 감정과 생각을 관찰하는 자를 알아차려야 한다.

이를 경험하기 위한 쉽고도 빠른 방법은 360도를 전부 볼 수 있는 눈으로 사방에서 자신의 몸을 지켜본다고 상상하는 것이다.

Practice   360도 알아차리기

눈을 감고 심호흡을 세 번 천천히 한다. 그런 다음 몸을 위아래, 앞뒤 어느 각도에서도 지켜볼 수 있도록 당신의 의식을 몸 뒤에 둔다. 자신의 시각이 어떻게 변하는지를 지켜본다. 사방에서 자신의 몸을 지켜보는 자신을 본다.

이제 자신에게 물어보라. "나의 몸을 지켜보는 자는 누구인가? 무엇인가? 나의 생각을 지켜보는 자는 누구인가? 무엇인가?"

이 질문에 소리 내어 답하지 않는다. 그 대신 질문에 대한 대답으로 떠오르는 느낌에 의식을 집중한다.

위의 수련이나 비슷한 수련을 하는 사람은 머리 뒤쪽이나 위쪽에서 현존을 느끼기도 한다. 관조하는 현존에 의식을 모았을 때, 바로 그 너머에 또 다른 현존이 관조하는 것을 느끼기도 한다. 관조자를 관조하고 또 그 관조자를 관조하는 식으로, 내면에 나타나는 것은 무엇이나 계속 관조한다. 그러면 당신은 보는 자를 찾는 게 아니라 자신이 곧 보는 자라는 느낌이 든다. 이렇게 계속 하다보면 내면의 상태가 뒤바뀌는 것을 알아차릴 수 있다. 생각이 뒤로 물러나고 **각성**이 전면에 나선다. 당신의 의식을 가두고 있던 틀이 벗겨져 나가면서 무한하고, 편안하고, 평화롭고, 고요하게 깨어 있는 드넓은 경지로 비약하는 것처럼 엄청난 자유를 경험하기도 한다. 그리고 변하지도 사라지지도 않는 순수**각성**, 즉 '절대 아는 자'의 세계 속으로 진입한다. 모든 것을 알 뿐 아니라 자기 자신까지 아는 **각성** 속으로 진입한다. 당신은 늘 당신을 명상하는 자를 명상하게 될 것이다. **의식**을 바라보는 의식, **각성**을 비추는 각성, '그것 자체를 경험하는 나'를 명상하게 될 것이다.

참자아는 환희심으로 넘친다

참자아의 세 번째 모습은 아난다ananda, 즉 기쁨이다. 사랑과 지복至福, 황홀경 등 다양한 체험이 있다. 아난다는 참된 창조성의 근원이기도 하다. 무언가를 만들고 무언가를 하려는 열망은 기쁨과 흥분과 환희에서 나온다. 카슈미르 시바파의 현자는 온 세상이 어떻게 신의 환희심에서 나왔는지를 설명하면서 신의 환희심을 '지복으로 용솟음치는 신의 기운'이라고 했다. 또 《타잇트리야 우파니샤드》에서는 아난다를 "만물은 지복에서 태어나 지복에서 살고 지복으로 사라진다"라고 표현했다.

물론 이는 인도의 지혜가 전하는 기본 가르침이다. 이런 인생관을 접하기 시작하면, "행복을 체험하는 것은 행복이 이미 안에 있기 때문에 가능하다"는 것을 책에서 읽거나 타인에게 듣기도 한다. 우리에게 기쁨을 주는 것은 타인이나 멋진 풍경, 재미있는 영화, 맛있는 요리가 아니다. 그러한 외부 조건이 촉매가 될 수는 있겠지만 참된 기쁨은 이미 우리 안에 내재해 있다. 사실 우리가 감각을 통해 느끼는 즐거움은 문자 그대로 우리 안에 있는 참된 기쁨의 그림자일 뿐이다.

지복이 넘치는 참자아가 가슴 속에 존재하지 않는다면
그 누가 생명을 유지하고 호흡을 할 수 있는가?
그대에게 기쁨을 주는 것은 '그것'이다.
– 《타잇트리야 우파니샤드Taittiriya Upanishad》

'참자아의 지복'이라는 심오한 기쁨과 일상의 즐거움은 표범과 고양이의 관계에 비할 수 있다. 참자아의 지복은 행복과 비슷한 면이 있지만 무한히 충만하고 강력하고 스릴 넘친다. 게다가 아난다의 체험은 마음을 흥분시키거나 더 많은 것을 갈망하게 하지 않으며 그 자체로 모자람이 없이 충만하다. 참자아의 아난다는 영원하다. 삶의 환경에 따라 있다가 없다가 하지 않는다. 그래서 우리 안에 있는 순수 지복을 부르는 법을 알면 감각의 자극에 기대지 않고서도 언제든 지복을 불러낼 수 있다. 아난다는 일이 잘 될 때도 거기 있고, 일이 잘 되지 않을 때도 거기 있기 때문이다.

성 요한은 아난다를 체험한 뒤, 발 뻗고 눕기도 힘든 감방 안에서 고결한 시집을 집필했다. 수피 신비가인 알할라즈 만수르al'Hallaj Mansur는 아난다를 체험하고서 처형을 당하면서도 웃을 수 있었다. 쿤달리니가 깨어날 때 순수 아난다를 체험하는 사람들이 많다. "아, 사람들이 말하는 지복의 의미를 이제야 알겠다!" 우리 내면에 흐르고 있는 행복을 처음으로 일견했을 때의 느낌을 이렇게 표현한다.

　명상수련을 할수록 아난다를 깊이 체험하는 것은 영적인 여행길에서 얻을 수 있는 최고의 선물이다. 서구에서는 기쁨을 경박한 것으로 불신하는 경향이 있는데, 기독교 신비가를 비롯해 이슬람 선지자나 인도의 신비주의 성자에게 내적인 체험의 최절정은 신성한 사랑에서 오는 기쁨이었다. 절대자는 사랑 그 자체이기 때문에 사랑이야말로 명상의 궁극적인 목적이다. 당신이 느끼는 사랑도, 그 어떤 사랑도 그 중심에서 보면 모두 신성한 사랑이다. 유신론자가 되고 싶다면 사랑이 곧 신의 느낌임을 알아야 한다. 사랑은 만물의 질료요 명상 체험의 바탕이다.

　궁극의 실재實在를 향해 길을 가다보면 결국에는 사랑에 이르게 된다. 종교마다 사랑을 부르는 이름이나 속성이 비록 다를지라도 궁극적 실재의 본질은 사랑이요 지복이란 점에는 이견이 없다.

　현자들은 기쁨과 사랑이 참자아에 내재해 있기 때문에 보통의 행복이나 애정의 문을 통해서도 참자아의 광대한 행복 속으로 들어갈 수 있다고 말한다. 우리는 모두 살아가면서 물 흐르듯이 오는 기쁨의 순간을 경험하는데, 이를 알아차리든 못 알아차리든, 우리는 그 순간에 심오한 진리를 일견한다. 외부 자극에서 오는 행복과 내면에서 솟아오르는 기쁨을 구별할 필요가 있다. 연인과 함께 있어서 행복하다면 당신은 행복해지고 싶은 기대감으로 연인을 찾아다닐 것이다. 물론 연인과 함께 있는 것이 늘 행복한 것만은 아니라는 사실을 잘 알면서 말이다. 하지만 기쁨이나 행복, 사랑을 느끼는 순간에도 그 느낌을 일으키는 사람이나 감각에 집착하지 않을 수만 있다면 느낌 자체가 확장되면서 당신은 참자아

속으로 들어갈 수 있다.

> 내가 그대를 그토록 자주 사랑하는 바탕은 나의 본성이다.
> 나는 사랑 그 자체이므로.
> 내가 그대를 그토록 열렬히 사랑하는 바탕은 나의 열망이다.
> 나는 가슴으로부터 사랑받기를 갈망하므로.
> 내가 그대를 그토록 오랫동안 사랑하는 바탕은 나의 영원이다.
> 나는 무한하므로.
>
> ─마그데부르크의 메히틸트Mechthild of Magdeburg

Practice　　　　　　　　　　　　　　　　　　　사랑에 의식을 모으기

눈을 감는다. 호흡에 의식을 모으고 잠시 동안 들고나는 숨을 따라가며 마음을 가라앉힌다. 그리고 지금 사랑하는 사람이나 과거에 사랑했던 사람을 한 명 떠올린다. 지금 그 사람과 함께 있다고 마음속으로 그려본다. 그가 앞에 있거나 곁에 있는 모습을 떠올려본다. 당신이 떠올린 기억을 보다 구체화하기 위해 주변 환경이 어떤지, 그가 무슨 옷을 입고 있는지 살펴본다. 그를 향한 사랑을 불러일으킨다. 그 느낌에 마음을 활짝 연다. 사랑의 느낌이 충분히 올라오면 그에 대한 생각은 내려놓는다. 이제 사랑의 느낌에만 초점을 맞춘다. 그 느낌 안에서 휴식을 취한다. 당신의 몸 안에서, 당신의 가슴 안에서 사랑의 기운을 느낀다.

이 수련이 익숙해질 때까지 여러 차례 반복한다. 사랑의 느낌을 일으켰던 사람에 대한 생각을 내려놓은 뒤에도 사랑과 행복의 느낌이 계속될 때, '사랑은 외부 대상에 의존하지 않는다'는 사실을 깨닫게 된다. 이런

통찰은 타인과의 관계뿐 아니라 자신과의 관계도 변화시킨다.

•••

참자아 체험에는 다음과 같은 특징이 있다. 첫째, 참자아 체험은 순수 존재의 체험이고, 알아차림—참자아는 자신을 안다—의 체험이다. 모든 대상은 물론 참자아까지도 관조하는 것이다. 둘째, 참자아 체험은 기쁨과 사랑이 넘쳐나는 지복의 체험이다. 하나의 성질이 유난히 강력하면 다른 성질들이 보이지 않을 때도 있다. 그러나 각각의 성질이 모두 드러나게 좀 더 깊이 체험하면 앞에서 언급한 성질들이 모두 참자아의 체험 속에 있음을 깨닫게 된다.

　문제는 우리가 참자아를 체험하고 있다는 사실을 어떻게 아느냐는 것이다. '참자아는 생각에 막힘이 없는 각성이다'라는 말처럼 간단한 것인가? 평소의 의식 상태에서 더 크고 넓고 깊은 차원으로 들어가서 만나는 공간성과 확장된 의식을 참자아라고 부르는 것이 정확한가? 순수한 기쁨을 체험할 때 우리는 참자아 안에 있는 것인가? 참자아의 기쁨은 너무나 커서 우리의 신체가 감당하기에 벅찬 사랑인가? 만물을 아우르는 거대한 사랑인가? 우리가 명상하는 중에 이따금 보는 작은 빛도 참자아인가? 바다 위로 달이 떠오르거나 첫눈이 올 때 벅차오르는 감격도 참자아라고 할 수 있는가? 아니면 이런 순간들보다 훨씬 더 크고 비범한 것을 일견한 것인가? 초개인적이고 확장된 **의식**의 경지에서만 가능한 체험을 일견한 것인가?

　참자아를 보는 방법이 하나 있다. 우리의 참자아 체험은 연속적이고, 참자아는 항상 현존하기 때문에 체험하는 각도와 방식도 다양하다. 참자아는 비범한 체험인 동시에 매우 가깝고 단순하며 친숙한 체험이다. 참자아는 빛이요, 지복이다. **각성**은 모두를 아우르기 때문에 참자아의 **각성** 안에 있으면 만물이 나의 일부처럼 여겨진다. 또한 참자아는 생각을 지켜보는 자와 동일시할 때 나타나는 평정이다. 미운 사람의 눈을 들여다보고 그 눈에서 보이는 **의식**이 곧 당신 안에서 체험하는 **의식**과 같음을 깨달을 때 당신은 참자아를 체험한다. 꽃 한 송이를 보며 그 빛깔과 향기, 꽃잎의 곡선으로 드러나는 창조력을 감지할 때 참자아를 체험한다. 또는 '흐름' 속으로 몰입할 때, 즉 내가 행위를 하고 있다는 생각조차도 없이 그 행위 속으로 몰입할 때 참자아를 체험하기도 한다. 혹은 삶의 흐름을 전적으로 신뢰하는 순간에 참자아를 체험하기도 한다. 쿤달리니가 각성되고 매일 꾸준히 명상수련을 하면 참자아를 수련 시간뿐 아니라 일상생활에서도 체험할 수 있다.

> 가슴의 바닥까지 내려가는 자는 자신의 본성을 안다.
> 그리고 자신의 본성을 아는 자는 하늘을 안다.
> -맹자

내 제자가 보낸 편지 속에 그런 순간이 표현되어 있다.

"어제 숲 속을 산책하다가 낙엽이 지는 걸 봤어요. 떨어지는 한 장의 이파리에서 나 자신을 봤어요. 침묵 속에서 의식이 각성으로 바뀌었어요. 온 세상에 나와 그 잎 하나만 존재하는 거예요. 떨어지는 나뭇잎을 바라보는데, 마치 거대한 공간에서 하염없이 떨어지는 것처럼 보이고 내 의식이 확장되어 그 공간이 되었어요."

명상 시간이 아닌 평소에도 눈을 뜨고 의식이 확장되는 큰 체험을 하는 경우도 많다. 의식이 확장되는 극적인 체험, 시각적으로 느끼는 강력한 변화 등은 분명 신의 선물이다. 인위적으로 체험이 일어나게 할 수는 없다. 《카타 우파니샤드Katha Upanishad》에서 "참자아는 저절로 스스로를 드러낸다"고 표현한 것처럼 참자아의 체험은 때가 되면 은총으로 내려오는 것이다. 어떤 기법이나 수행, 열망을 동원해서 참자아가 그 광대성을 드러내도록 강요할 수는 없는 법이다.

그런데 역설적인 면이 있다. 비록 우리가 체험을 억지로 일어나게 할 수는 없어도, 자연스럽게 체험이 일어나도록 기도할 수는 있다. 그래서 참자아와 명상수련, 내면의 샥티와 어떤 관계를 맺느냐가 관건이다. 명상수련을 고취하는 사랑의 힘을 존중하면 할수록 우리는 사랑의 힘을 더 많이 기억하고 기도하게 된다. 참자아를 사랑하는 법을 배우면 배울수록 우리는 참자아의 현존과 축복을 더 많이 체험하게 된다.

3

명상을 준비하는
마음가짐

몇 년 전 내가 개최한 워크숍에 참석한 학생 한 명이 재미있는 이야기를 들려주었다. 그는 70년대 초부터 구도여행을 시작해서 인도에서 일본까지 여러 나라를 찾아다녔고 숱한 스승들을 만났다. 당시 다른 구도자들처럼 그도 구체적으로 진리를 체험하고 싶었다. 합일이 무엇인지, 신이란 어떤 존재인지 진실로 알고 싶었다. 하지만 수년 동안 열심히 수행 생활을 해도 별다른 소득이 없었다. 그러자 그는 자신의 참자아에게 최후통첩을 하기로 결심했다. 어느 날 저녁, 명상 방석에 앉아 자신에게 선포했다. "내일 새벽까지 여기 앉아 있겠어. 만약 그때까지도 아무런 체험을 하지 못한다면 모든 걸 훌훌 털고 다시는 명상을 하지 않겠어." 하지만 아무런 일도 일어나지 않았다. 털끝만큼의 체험도. 자리에서 일어나 세상으로 나가면서 다시는 내면으로 들어가는 일은 하지 않겠다고 다짐했다.

그리고 10년이 지난 어느 날, 친구 하나가 그를 로스앤젤레스에 있는 명상센터로 데리고 갔다. 그는 컴컴한 명상 홀에 들어가 앉았다. 자리에 앉으면서 왠지 성스럽다는 느낌을 받았다. 잠시 후 명상 홀이 밝아지자 그곳에서 많은 사람들이 수행하고 있었다는 것을 알게 되었다. 이상하리만치 자신도 모르게 겸손해졌고, 수행자들의 진지함과 노력이 느껴지면서 존경하는 마음이 우러나왔다. 그동안 느껴보지 못한 색다른 경험이었다. 그러다가 아무런 예고도 없이 홀연 거대한 사랑의 느낌이 안에서 솟구치는 것이었다. 마치 내면의 창이 열리기라도 한 것처럼 평소의 자아에서 빠져나와 내면의 거대한 하늘로 솟아오른 것 같았다. 주위는 온통 무지갯빛으로 빛나고 엄청난 사랑으로 고동쳤다.

> 우리가 찬미하는 보이지 않는 존재가 함께하니
> 그가 은총을 내려준다.
> - 루미

'내면세계를 체험하게 해주세요'라고 우주에게 조르는 일은 도움이 되지 않았다. 그 대신에 사랑과 감사, 공경하는 마음이 우주로 향한 문을 열어주었다. 《카타 우파니샤드》에는 "참자아는 저절로 자신을 드러낸다"라고 했다. 내면세계는 억지로 열 수 없다. 제아무리 열심히 명상을 한다 해도 우리는 명상 체험을 억지로 일어나게 할 수 없다. 우리가 할 수 있는 것은 분위기를 조성하는 마음가짐이다. 루미가 "자신 안의 자신에게 길을 내주라"고 했던 것처럼 당신도 사랑으로 자신 안의 자신에게 길을 내주어야 한다.

다시 관계로 돌아가보자. 내면의 참자아와 **의식**은 '나'이고 '그대'이다. 신비주의자들은 '벗'이라고 했다. 참자아는 생생하고 역동적이고 사랑으로 가득한 지성이다. 보통의 친구관계에서처럼 신뢰와 존경이 쌓이면 참자아도 자신의 비밀을 밝힌다. 참자아는 사랑이다. 그래서 참자아는 사랑에 반응한다. 참자아는 정묘하다. 그래서 참자아는 정묘함에 이끌린다. 참자아는 부드럽다. 그래서 부드러움이 참자아를 불러낸다.

우리는 사랑스럽고 정묘하고 부드러우며 온유한 참자아를 닮을 때 참자아에게 다가갈 수 있다. 공경하는 마음으로 참자아에게 기도할 때, 자기 자신과 내면의 기운에게 온유한 마음으로 은총을 간절히 구할 때, 참자아는 우리에게 가까이 다가온다.

이번 장에서는 열린 마음으로 사랑하는 상황을 만들고, 내면의 벗에게 은총을 구하는 상황을 다양하게 살펴보자.

자신의 수련을 존중하라

명상 속으로 깊이 몰입하는 길은 자신의 수련을 존중하고 명상을 위해 마련한 시간을 성스럽게 여기며 명상에 들어가는 것이다. 존중하는 마음을 끌어내기 위해 신체적인 행위를 비롯해 간단한 의식을 행하는 것도 좋다.

가능하다면 규칙적으로 명상할 수 있는 공간을 마련하면 좋다. 그렇게 하면 그 공간에는 정묘한 기운이 쌓여 명상할 때 내면으로 들어가기가 더 쉬워질 것이다. 방 전체를 다 쓸 필요는 없다. 내가 아는 사람 중에는 다락을 명상실로 이용하는 경우도 있다. 방의 한쪽 구석에서 명상을 할 수도 있다. 이런 방법이 여의치 않다면 명상 방석이나 매트를 휴대해서 수련하고 싶은 자리에 놓고 명상을 할 수도 있다.

간단한 제단을 설치하면 명상 분위기를 떠올리는 데 도움이 된다. 제단은 종교성을 떠나 그 공간에 신성한 의미를 부여한다. 그래서 그 앞을 지날 때 명상의 고요한 느낌을 받을 수 있다. 전통적으로 제단은 좀 높은 곳에 배치한다. 나는 상자에 예쁜 천을 씌워 제단으로 사용하거나 제단을 책꽂이에 설치하기도 했다. 천을 가지고 다니면서 간이 제단을 만들 수도 있다.

제단에는 각성의 빛을 떠올릴 수 있도록 초나 작은 전등을 놓는다. 꽃, 사람이나 장소 등의 사진으로 성스러운 분위기를 자아내기도 한다. 자신의 특별한 물건이나 돌, 수정 등을 이용해도 좋다.

●●●

명상에 들어가기 전에 몸을 깨끗이 씻는다. 샤워를 하거나 세수를 하고 발을 씻을 때, 심신의 정화 과정을 정성스럽게 행한다. 그 옛날 성자들은 목욕할 때 만트라를 외웠다. 만트라까지는 못 해도, 몸 위로 흐르는 물이 마음의 때까지 씻어낸다는 기분으로 샤워나 목욕을 한다. 여유가 있다면 명상복을 따로 마련하는 것도 좋다. 명상복을 입고 명상을 하면 시간이 지남에 따라 명상복에 기운이 쌓여 명상에 들어가기가 한결 더 쉬워진다. 자리에 앉기 전에 초를 켜거나 향을 피울 수도 있다. 그러고 나서 절을 하기도 한다.

절은 에고의 두려움과 자만심, 산만함 등을 떨쳐낼 수 있는 좋은 방법이다. 전통적으로 인도의 요가 수행자들은 명상에 들어가기 전에 사방에 절하며 신성이 도처에 널리 존재한다는 것을 기억했다. 그런 다음 명상 자리를 향해서도 절했다. 당신도 이렇게 수련을 해보면 여기에 심상치 않은 뜻이 담겨 있음을 알게 될 것이다. 명상의 자리를 존중하는 일은 명상 방석에 쌓인 명상의 기운을 존중하는 것일 뿐 아니라 '나는 나 자신을 존중한다'고 내면의 존재에게 알리는 것이기도 하다.

위대한 수피 시인인 하피즈Hafiz는 이렇게 노래했다.

벗에게는 특별한 강렬함이 있어

그대가 벗에게 경배할 때마다 마음이 가볍고 깨끗해진다.

그대의 영혼은 엄청난 자유 속에서 웃음소리를 예비한다.

제단에 절을 하거나 우주에 절을 할 때 다음의 문구들 중 하나를 되뇔 수도 있다. '사랑을 막고 있는 껍질이 녹아듭니다.' '겸손하고 사랑하는 마음으로 있는 그대로의 나를 바칩니다.' '참자아에 귀의합니다.' 이런 문구를 되뇌면 딱딱하게 굳은 가슴이 녹으면서 사랑의 마음이 싹튼다.

이러한 준비의식이 명상에 서서히 들어가는 데 도움이 된다. 급하게 서둘러 명상을 시작하면 명상하는 내내 마음이 들뜨는 경우가 많다. 명상 중이라도 마음이 가라앉지 않으면 마음속으로 향을 피우고 제단에 절하는 준비의식을 하면 마음이 다시 차분해진다. 예로부터 준비의식은 마음을 가라앉히고 집중하는 데 더없이 효과적인 방법이다.

이제 명상을 시작해서 참자아를 일견할 수 있는 근본적인 방법은 이완이다. 그러니 몸도 마음도 이완하라! 처음 명상을 시작했을 때, 나는 곧잘 한 시간 동안 뻣뻣하게 허리를 곧추 세우고 앉아 있는 힘을 다해 한 곳에 집중하려고 애썼다. 한 시간이 지나고 명상이 끝나면 두 다리를 가슴 쪽으로 끌어당겨 꽉 조인 벨트를 푸는 것처럼 이완했다. 바로 그 순간, 의식과 가슴에 쌓인 긴장이 풀려나가며 깊은 명상 속으로 빠져들었다.

나중에는 명상이 끝나기까지 기다렸다가 이완하기보다는 할 수만 있다면 처음부터 이완하는 편이 좋다는 사실을 깨닫게 되었다. 그래서 호흡을 하면서 몸을 이완한다. 그 순간 있는 그대로 자신을 받아들이고 기대하는 마음을 내려놓고 명상으로 들어가면서 마음을 이완한다. '기대'하는 마음은 앞에서 설명했던 '의지'와는 분명히 구별된다. 목표를 명확히 인식하고 의지를 다지면 올바른 방향으로 매진하는 데 도움이 되지만 명상에 들어가면서 기대를 하면 명상에 방해만 될 뿐이다. 자신도 모르게 자연스럽게 일어나야 할 명상 상태에 자신의 생각을 투사하게 되기 때문이다.

명상을 시작하기 전에는 시간을 내어 신체의 어느 부위가 경직되어 있는지 찬찬히 살펴본다. 그런 다음 딱딱한 어깨, 복부, 이마 등 경직된 부위로 숨을 들이쉰다. 내쉴 때는 딱딱하게 굳은 것을 함께 내보낸다. 마음의 뭉친 기운이나 딱딱하게 굳은 생각에 집중하며 숨을 들이쉰다. 그리고 숨을 내쉴 때 그런 마음이나 생각을 함께 내보낸다. 수련에 집중할 때도 이완의 필요성을 잊지 말고 마음을 느긋하게 하며 몸과 마음의 힘을 뺀다. 이런 식으로 이완된 집중을 '무위無爲'라고 한다.

은총을 기원하기

어떻게 하면 이완하면서 명상 속으로 들어가고, 힘을 주지 않고도 집중할 수 있을까? 본질적으로 말하면 '신뢰'해야 가능하다. 첫째, 참자아가 우리의 목적이고, 참자아는 실재하며, 참자아를 체험할 수 있음을 신뢰해야 한다. 둘째, 우리는 명상을 도와주고 명상의 결실을 가져오는 거대한 힘과 연결되어 있음을 신뢰해야 한다. 대부분의 종교에서는 이 힘을 '은총'이라고 한다. 은총은 가슴을 일깨워 그 광대성과 사랑을 드러내는 우주의 힘이다. 은총은 궁극적 진리와 연결하고, 존재의 근원과 연결하며, 내 친구의 말을 빌리자면 '신의 장場'과 연결하는 기운이다. 카슈미르 시바파는 모든 생명체를 신의 기운이 드러난 것으로 본다. 시바파의 스승들은 "은총은 영원히 현존하는 힘이며, 중력보다 더 널리 퍼져 있고, 더없이 정묘하다"고 말한다. 이는 고요한 순간에 열리는 현존과 조율하면, 사랑하는 이의 현존 속에서 언제 어느 때고 은총에 다가갈 수 있음을 뜻한다. 은총은 결국 밖이 아닌 우리 안에 있다. 특정 방송국을 선택하기 위해 라디오의 주파수를 맞추고 인터넷을 이용하기 위해 서버에 연결하는 것처럼, 명상을 심화하기 위해서는 일정한 형태의 은총을 기원하며 우주와 주파수를 맞출 필요가 있다.

우리가 명상에 파장을 맞추는 데는 기본적으로 네 가지 형태의 은총이 있다.

첫째, 우주의 근원에서 오는 은총이다. 그 근원의 존재는 우주에 흐르는 형상도 인격도 없는 사랑이요, 지성이다.

둘째, 자아에서 오는 은총이다. 자아는 우리 자신의 **각성**이기도 하지만 우리 몸과 마음과 정신이기도 하다.

셋째, 인격적인 신에서 오는 은총이다. 인격적인 신에는 시바Shiva(파괴를 담당하는 힌두교의 신)나 락시미Lakshmi(부와 번영을 담당하는 힌두교의 여신), 관음보살 등이 있다.

넷째, 깨달은 스승에서 오는 은총이다. 가장 직접적이고 강력한 은총으로, 특히 뛰어난 영적 계보를 잇는 스승이면 두말할 나위 없다. 수련 중에 이들 중 하나를 응용해보면 좋을 것이다. 하나만을 선택해서 수련할 수도 있고, 네 가지를 모두 취해서 수련해도 좋다.

우주의 은총을 기원하기

우주에는 근원적인 존재가 있다. 인디언은 우주 근원의 존재를 '주신主

神(Great spirit)'이라고 한다. 주신은 생명력으로, 세포 속에서 지성으로, 자궁에서 아기를 밀어내는 힘으로 나타난다. 또한 주신은 우리가 일상에서 살아 있음을 느낄 때도 나타난다. 우주의 은총은 비인격적이어서 '제3의 영혼'이라고도 한다. 이 영혼은 만물을 감싸면서도 만물에 스며 있는 '본성'으로 나타나기도 한다. 이 본성은 우리가 자연 속에서 가장 쉽게 경험하는 은총이다. 산에서, 밤하늘에 빛나는 별들 속에서, 대양大洋에서 이 본성을 체험하는 이들이 얼마나 많은가?

Practice 　　　　　　　　　　　우주의 근원에 연결하기

눈을 감고 잠시 들고나는 숨에 의식을 모은다. 온유하고 사랑이 충만한 존재, 우주 근원의 존재와 세상에 흐르고 있는 그의 힘이 현존함을 느꼈던 순간을 떠올릴 수도 있다. 삼나무 숲이나 바닷가에 있을 수도 있고, 드넓은 하늘을 바라보고 있을 수도 있다. 그 순간은 사랑하는 사람이나 친구, 아이와 함께 있는 때일 수도 있다.

잠시 우주 근원의 현존을 느껴보라. 현존이 느껴지지 않아도 괜찮다. 이 기도에는 그 나름의 힘이 있기 때문이다.

다음과 같은 문구를 소리 내어 말하거나 생각해보라. 자신만의 문구를 만들어도 좋다.

"나는 우주의 은총과 신의 은총, 이 세상에 언제나 현존하는 영혼의 은총을 기원합니다. 감사하는 마음으로 자비로운 은총에 마음의 문을 여니, 이 은총은 나의 명상을 인도하고 평화와 투명함, 사랑으로 나를 채웁니다."

다음과 같이 기도 문구를 간단히 줄여 쓸 수도 있다. "은총이시여, 명상을 충만하게 해주소서!" 또는 "은총이시여, 제 몸과 마음과 영혼에 활력을 불어넣어 주소서!" 물론 각성이나 역동성, 깨달음, 혹은 내가 위에서 언급한 지혜 등의 문구를 넣어 기도할 수 있겠다.

몸, 마음, 가슴의 은총을 기원하기

우리 몸에도 지혜가 있다. 하타 요가Hatha Yoga는 인간의 근육과 뼈, 기氣의 통로에 있는 명상의 힘을 개발하기 위한 요가로, '아사나asana'라는 요가 자세를 취하며 심신을 수련한다. 몸의 리듬과 의지가 명상하려는 마음과 공명할 때 몸은 우리를 깊은 명상 상태로 데려간다. 몸처럼 마음도 명상의 친구가 될 수 있지만, 때로는 시끄러운 적이 되기도 한다.

Practice ⬛ 내면으로 들어가기 위해 몸, 마음, 가슴에 간청하기

나는 늘 명상 속으로 들어가게 해주기를, 은총을 내려주기를 몸과 마음과 가슴에 간청한다. 아주 잠깐이면 되지만, 이를 하고 안 하고의 차이는 크다.

"나의 몸아! 조용히 앉아서 내 의식이 내면으로 향할 수 있도록 도와다오. 명상 상태로 들어가는 것을 도와다오.

나의 마음아! 사랑으로 부탁하니, 나의 명상을 도와다오. 너의 침묵과 깊이를 드러내다오.

내면의 가슴아! 나는 너를 존중한다. 너의 본성인 부드러움을 드러내다오. 내 명상이 너의 은총으로 충만하게 해다오."

자신의 몸과 마음에 간청하는 게 이상하게 들린다면 다음과 같은 문구로 대체할 수도 있겠다.

"명상을 하고 의식을 내면으로 돌려서 내면 깊은 곳에 있는 존재 안

에서 안식하고자 한다. 나의 몸과 마음과 가슴에 도움을 간청하고 그 은총을 기도한다."

구루의 기운과 연결하기

탄트라에는 근본적인 명상 비법이 있다. 그것은 깨달은 존재의 기운에 기도하면 수행에 불이 붙고, 메마른 명상에 윤기가 흐르며, 정묘한 우주의 힘을 얻는다는 것이다. 금강승 불교(티베트 불교)에서는 깨달은 스승의 기운과 파장을 맞추는 수행을 '구루 요가'라고 한다. 이는 진정한 요가로, 강력한 변화를 일으키며 비전秘傳되는 수행법이다. 수피즘, 묵상을 중시하는 기독교, 하시디즘Hassidism(유대교 신비주의) 등의 신비주의에서도 자신들의 위대한 스승에게 기원하기 위해 명상과 기도를 활용한다. 인도와 티베트의 탄트라에서는 명상을 시작할 때 잊지 않고 스승의 도움을 청한다. 구루에게 간구하는 행위는 한 인간에게 절하는 것을 뜻하지 않는다. 유명한 탄트라 주석에서는 스승을 '신의 은총을 내려주는 힘'으로 묘사한다. 개인적인 스승의 몸과 마음은 이 힘을 전하는 메신저의 역할을 한다. 이 힘은 당신의 영혼 안에도 있다.

> 오, 스승의 은총이여!
> 당신의 은혜를 입은 자는
> 앎의 세계 전체를 창조한 이처럼 됩니다.
> ─기아네슈와르 마하라지Jnaneshwar Maharaj

당신이 기도하는 대상은 살아 있는 스승일 수도 있고, 세상을 떠났지만 전설로 남아 있는 스승일 수도 있다. 고인이 된 스승에게 하는 기도도 대단히 강력하다. 그리스도, 붓다, 파드마삼바바Padmasambhava(8세기 티베트 불교의 대가), 라마크리슈나Ramakrishna(19세기 인도 신비주의자), 라마나 마하리시 등이 있다. 이들은 모두 내밀한 근원과 연결하여 명상에 생기를 불어넣는 메신저가 될 수 있다. 17세기 인도의 시성詩聖, 투카람 마하라지Tukaram Maharaj는 말했다. "신은 구루와 함께 산다. 그러므로 구루를 기억하라. 구루를 명상하라. 구루를 기억하면 숲 속에서도, 마음속에서도 신을 만나게 된다."

나는 "신은 구루와 함께 산다"는 투카람의 말이 무엇을 의미하는지에 대해 자주 묵상한다. 위의 스승들은 이 땅을 떠난 지 수십 년, 혹은 수백 년이 지났다. 그런데도 우주의 은총과 신의 손길에 닿는 원리가 '깨달은 스승'이라는 한 인간에 뿌리를 내려, 그 스승과 접속하는 사람에게로 흘러들어가는 모습은 대단히 신비로운 일이다.

많은 신비주의 전통에서 "명상가가 영적 계보에 접속하면 내면에서 **각성**을 점화하는 은총과 연결된다"고 말하는 것은 결코 우연이 아니다. 명상의 세계에 입문해서 깨닫기까지, 구루의 은총은 수행에 힘을 주고 우리를 내면세계로 인도한다. 시크교의 스승인 나나크Nanak는 "나의 구루는 내면과 외면이 하나임을 보게 하는 은총을 내려줬다"라고 했다. 《카타 우파니샤드》에는 다음과 같이 전한다.

정묘하기 이를 데 없어서
스승에게서 배우지 않으면 근원과 접속할 길이 없다.
생각으로 가늠할 수도 없다.
사랑하는 이여!
이 앎은 논리로 얻을 수 없다.

진실로 깨우치기 위해서는 다른 사람에게서 배워야 한다.

시인이자 현자인 카비르는 이렇게 노래한다.

이를 잘 생각해보고 깨우쳐라.
길은 대단히 좁고 위태롭다.
그것은 대단히 정묘해서 알아차리려면 구루의 손길이 필요하다.

그런데 '피트니스 구루'나 심지어 '헤어 구루'처럼 전문가를 지칭하는 말로 전락해버린 요즘, 우리에게 구루는 어떤 의미인가 하는 의문이 든다.

　산스크리트에서 구gu와 루ru는 '빛'과 '어둠'을 가리킨다. 그래서 구루하면 우리를 어둠에서 빛으로 인도하는 사람을 가리키기도 한다. 여기에서 혼란이 생긴다. 정신세계에서 구루는 신성한 인도자의 원형原型이나 스승을 동시에 가리킨다. 인도에서는 음악 선생, 산스크리트 선생, 생물 선생 등을 모두 '구루'라고 한다. 인도에서 선생은 마땅히 존경받을 대상이기 때문이다. 이처럼 정신세계에서도 처음에는 약간의 명상 지식이 있는 평범한 사람을 스승이나 멘토로 삼아 그를 통해 구루를 만난다. 산스크리트에서는 이런 선생을 가르치는 사람이라는 의미를 지닌 '아차리아acharya'라고 부른다. 호흡법을 가르치는 테라피스트, 사바사나shavasana(편히 누워 있는 송장자세) 명상을 안내하는 요가 강사, 인기 있는 명상 서적을 집필한 작가는 모두 당신의 수련 단계마다 중요한 역할을 한다. 각각의 선생은 수행 단계에 필요한 특별한 가르침을 준다. 진지한 구도자의 경우, 각 단계에서 어떤 사람이 필요한지, 의심이나 거부감이 들지만 이 선생에게 계속 배워야 하는지, 아니면 떠나야 하는지는 스스로 판단해야 한다.

　명상 아차리아는 깨달은 사람이어야 하는 것은 아니지만 교육과정을 이수하고 경력을 쌓은 사람이어야 하며, 특히 경전에 해박하고 섬세하게 명상을 전수해야 한다. 특정한 계보가 있는 명상 선생은 그 계보의 기운을 지니고 있어서, 계보의 가르침에 따라 제자의 수련을 높이 향상시킨다. 실력 있는 선생은 일상적으로 지도하는 것 이상을 가르친다. 수련 중에 얽힌 부분을 풀어주고, 고비 때마다 경험에서 우러나온 가르침을 주며, 깊은 차원으로 들어갈 수 있도록 돕는다. 이런 선생을 통해 구루의 기운이 제자에게 흘러가기도 한다. 하지만 선생과 사드구루 sadguru를 혼동해서는 안 된다. 사드구루는 자신의 깨달음을 제자에게 직접 전수할 수 있는 깨달은 사람이다.

구루의 일깨우는 힘

사드구루는 구루 역할로 완벽히 화신化身한 스승을 말한다. 그런 참스승에게는 제자의 내면에서 잠자고 있는 진리를 일깨워 그 진리를 구현할 때까지 제자를 성장시키는 능력이 있다. 하지만 실제로 그런 스승을 만나는 복 있는 사람은 흔치 않다. 구루 요가의 이면에 숨어 있는 원리를 이해하면 그런 스승을 실물로 만나지 못해도 만나는 방법이 있음을 알 수 있다. 탄트라가 말하는 구루의 '일깨우는 능력'을 체험하려면 꼭 실물의 스승을 만나야 하는 것은 아니다. 구루는 신비의 차원에서 각성 상태를 정묘하고 지속적이고 빠르게 전수하는 법을 제자에게 가르친다. 이런 전수는 꿈속(투카람은 꿈속에서 세상을 떠난 스승에게 입문했다)에서, 명상 속에서, 나아가서는 죽은 뒤에도 일어날 수 있다. 진실로 내면에서 구루와 연결되면 구루는 언제나 우리를 인도하고 있음을 알 수 있다.

동서양을 막론하고 정신세계에서는 영적인 계보와의 연결을 무엇보다도 중요시한다. 메마른 겨울나무에 싹을 틔우고 꽃을 피우는 생동하는 수액처럼, 구루나 구루의 계보와 연결되어 흐르는 영적인 권능은 수행에 생명력과 활력과 힘을 불어넣는다. 또한 내부의식에서 펼쳐지는 내밀한 풍경이 우리에게 드러나도록 명상의 열망을 키우고, 숨어 있는 참자아에 눈 뜨게 하며, 수련 기법에도 활력을 불어넣는다. 구루를 떠올리기만 해도 가르침을 전하는 문이 열리고 일상적인 명상이 완전히 다른 차원으로 비상할 수 있다.

재미있는 사례가 있다. 몇 해 전 인도 아시람에서 명상을 하는데, 갑자기 속에서 울화가 치밀어 올랐다. 전날 안 좋은 일이 있었는데, 이를 마음에서 떨쳐낼 수가 없었던 것이다. 마음속은 어지럽고, 몸은 안절부절못하겠고, 앉은 자리에서 그대로 폭발해버릴 것만 같았다.

그러다가 불현듯 마음속에서 구루의 모습이 생생하게 떠올랐다. 구루는 얼굴을 들이밀면서 "제정신이 아니구나. 그럼 내가……"라고 말했다. 말을 끝까지 다 듣지 못했다. 왜냐하면 바로 다음 순간, 구루의 얼굴이 내 얼굴과 하나가 되면서 내 머리가 빛으로 폭발했기 때문이다. 기분 좋은 고요함 속에서 하얀 빛이 폭포수처럼 쏟아져 내 몸을 채웠다. 명상이 끝났을 때 마음은 이미 고요해져 있었다. 다른 생각들은 다시 돌아왔지만, 내 정신세계의 특징인 지나치게 걱정하는 마음은 다시 돌아오지 않았다.

구루나 신과 같은 인물이나 명상에서 나타나는 존재에게 우리가 진실로 바라는 것은 '존재의 내면에 있는 투명성, 사랑, 정묘한 **각성**이 우리 안에서 펄떡펄떡 살아나게' 해달라는 것이다. 우리는 내면의 빛에 마음의 문을 연다. 우리들 각자의 내면으로 이끌어주는 보이지 않는 안내자이며, 명상에 힘을 불어넣는 내면의 스승에게 마음의 문을 연다.

이 내면의 구루는 일생 동안 우리와 함께 살며, 보이지 않는 가운데 다양한 경험으로 우리를 끌어들이고 안내하며, 내면으로 깊숙이 들어가 자신을 아는 경지까지 이끌어준다. 제자가 준비되면 내면의 스승은 미래의 실제 스승이나 참스승에게로 제자를 인도한다. 내면의 스승이 우리를 외면의 스승에게 인도하면, 이 외면의 스승은 우리에게 '내면의 스승'의 존재를 일깨워준다. 그러면 우리는 인간의 모습을 한 스승을 우리 영혼의 지혜와 사랑을 구현한 형태로, 그리스도의 의식으로, 불성佛性으로 보게 되는 것이다. 구루를 노래한 산스크리트 시 〈구루 기타Guru Gita〉에서는 "구루는 자각한 참자아와 다름없다"라고 말한다.

> 헌신적인 경배라는 날카로운 화살을 활시위에 걸어라.
> 사랑에 빠진 마음과 사랑에 녹은 가슴으로 시위를 당겨 과녁을 맞혀라.
> 불멸의 절대자라는 과녁을.
> ―〈문다카 우파니샤드Mundaka Upanishad〉

그러므로 구루나 신상神像에 기도하는 것이 정신적 노예가 된다는 뜻은 아니다. 우리가 구루나 신상에 기도하는 것은 구루의 깨달음이 당신 안에 숨어 있는 깨달음을 일깨우고, 당신 안에 있는 깨달은 스승을 일깨우고, 당신의 명상에 활력을 불어넣도록 간절히 기원하는 것이다.

우리는 종종 사랑하는 마음이나 헌신적인 마음을 느끼지 못할 때면 이런 수련을 피하려고 한다. 그러나 역설적이게도 그럴 때가 이런 수련이 가장 필요한 순간이다.

내 친구의 이야기다. 그녀에게 수행이란 모름지기 단도직입적으로 과

녘을 향해 곧장 나아가는 것이어서, 어떤 상像을 명상하는 것보다는 순수의식을 명상하는 편을 좋아했다. 그런데 어느 시점에 이르자, 명상이 무미건조해져서 명상을 위해 앉는 것조차 싫어졌다. 얼마 후, 그녀는 명상캠프에 등록했다. 캠프에서는 명상 시간을 정성스러운 예배 의식으로 시작했다. 예배 의식에서는 사방에 절을 올리고, 자신이 따르는 계파의 스승들에게 기도하고, 찬송했다. 그녀는 캠프를 마치고 집에 돌아와서 명상을 시작할 때마다 이 의식을 거행했다.

친구는 당시의 체험을 이렇게 전했다. "처음에는 정말 기계적으로 했어. 별다른 느낌이 없었으니까. 그냥 했어. 절하고 스승을 떠올리며 기도하고 말이야. 그런데 몇 주가 지나니까 가슴이 부드러워지는 느낌이 드는 거야. 말 그대로 부드러워지는 느낌. 이제는 기도를 시작하기만 하면 그런 부드러운 느낌이 솟아오르고 명상수련이 사랑으로 가득 차는 느낌이야."

> 나는 모든 존재에 깃들어 있는 참자아다.
> 내게는 애증의 대상이 없다.
> 헌신적으로 나에게 경배하는 사람들,
> 그들이 내 안에 있고 내가 그들 안에 있다.
> – 《바가바드 기타Bhagavad Gita》

그녀의 이야기를 듣다가, 몇 년 전 연기 강사가 해준 말이 떠올랐다. 그 강사는 여성과 사랑에 빠지는 역을 할 때면 상대역에 강렬하게 집중한다고 했다. 그렇게 연기하면 관객도 사랑에 집중하는 마음을 느낀다는 것이다. 정신세계에서 이런 집중은 사랑의 느낌을 자극하는 정도를 넘어 실제로 사랑하는 마음이 일어나게 한다. 처음에는 기계적으로 할지라도 기도와 기원, 귀의하는 수련을 하면 마침내 헌신하는 마음이 일어나게 되어 있다. 이런 수련이 우리 안에 사랑의 불꽃을 일으키기 때문에 수련을 하는 것이다. '헌신'이란 말은 산스크리트로 '박티bhakti'라고 하는데 박티는 '맛보다'라는 의미가 있다. 기도와 기원, 찬송, 회상, 예배, 의식─박티 요가에서 기원한 수련들─은 우리 안에 있는 다양한 감미로움을 실제로 맛보는 것을 뜻한다. 박티 수련을 하면 마음이 고양되어 신비로운 기쁨이 일어나고, 기쁨이 생동감 넘치게 한다. 구루를 향한 기도는 구루가 내 앞에 현존하기를 기원하는 것만큼 간단하고, '내 몸은 구루의 몸이다'라고 상상하는 탄트라 수련만큼 정성스럽다. 기도를 열심히 하더라도, 우주의 힘과 은총의 힘을 부르고 있음을 상기하면서 기도를 시작하는 것이 대단히 중요하다. 탄트라는 구루로부터 얼마나 많은 은총을 받는가는 전적으로 구루와 자신을 대하는 태도에 달려 있다고 가르친다.

> 내 가슴의 중심에서 피어나는 헌신의 연꽃으로부터 솟아오르라!
> 오 자비로운 스승, 내 유일한 안식처여!
> ─직메 링파Jikme Lingpa

다음에 나오는 수련처럼, 기도는 '구루는 내면에 있는 스승의 형상이다' '우리가 기도하는 대상은 바로 내 안의 참자아다'라는 마음으로 할 때 가장 강력하다.

다음에 나오는 기도는 당신에게 가장 가까운 스승의 형상으로 수련할 수도 있고, 16세기 하시디즘 스승이었던 바알 셈 토브의 형상으로 수련할 수도 있고, 붓다나 그리스도의 형상으로 수련할 수도 있다. 또는 대단한 변형의 힘이 있는 시바나 크리슈나, 관세음보살, 타라의 신상으로 수련해도 좋고, 아니면 은총을 내려주는 락시미, 두르가Durga, 칼리Kali 등 인도 여신의 형상으로 수련해도 좋다. 특히 헌신 수련을 이제 막 시작한 경우는, 서로 다른 형상으로 실험해보면 흥미로울 수 있다. 물론 하나의 형상을 놓고 매일같이 계속해야 이 수련의 진미를 맛볼 수 있다. 다른 수련도 마찬가지지만 헌신 수련도 꾸준히 반복해야 수련의 힘이 붙는다. 특별한 존재와의 연결이 깊어짐에 따라 그 존재의 형상에서 나오는 은총도 깊어지기 때문이다.

상체를 바르게 하고 편안히 앉아 눈을 감는다. 호흡에 의식을 모으고 들어왔다가 나가는 숨을 그대로 따라간다. 당신이 가장 친밀하게 느끼는 깨달은 스승이나 위대한 성자, 혹은 구루 앞에 자신이 앉아 있는 모습을 떠올린다. 당신 앞에 있는 구루를 보통의 구루로 생각하지 마라. 이 구루는 무수하게 깨달은 스승들의 계보를 통해 내려오는 은총을 모두 자신 안에 담고 있는 존재로 생각하라.

구루의 형상을 보는 것은 그리 중요하지 않다. 중요한 것은 구루의 현존을 느끼는 것, 구루의 현존이 당신 앞에 생생하게 나타나게 하는 것이다. 당신의 의식을 일깨우는 신성한 힘으로 구루의 현존을 느낀다. 대단히 친숙하면서 깊숙이 연결된 은총의 힘으로 느낀다. 구루가 내리는 은총의 권능을 통해서 당신은 깨달음의 경지에, 진리의 경지에 가까이 다가간다. 구루는 지금 호흡을 통해 당신에게 축복을 내리고 있다.

구루가 숨을 내쉬면, 그 숨은 사랑의 권능이 되고, 태고 적부터 내려오는 깨달은 존재들의 축복이 되어 당신의 숨 속으로 들어간다. 당신이 숨을 들이쉬면 사랑과 축복이 들어온다고 느껴본다. 숨을 내쉬면서는 깨달은 스승들에게서 오는 축복을 온몸으로 느끼고, 구루가 베푸는 축복이 머리끝에서 발끝까지 가득 채워지는 것을 느껴본다. 이제 구루의 사랑이, 구루 계보의 사랑이 당신의 몸을 채운다. 당신 안에서 축복의 기운을 느껴본다. 그 축복 안에서 안식한다. 그리고 감사하는 마음을 올린다.

은총에 귀의하라.
바다는 파도가 해변에 다다를 때까지 하나하나를 보살핀다.
그대는 생각보다 많은 도움이 필요하다.
－루미

기도 수련을 위에서처럼 복잡하게 하고 싶은 생각이 없는 경우에는 구루를 골라서 그 모습을 떠올리며 은총을 기원한다. 그 기도는 짧고 간단해도 좋고, 정교하고 시적이어도 좋다. 원하는 바가 많으면 기도에서 모두 털어놓는다. 수련에 대한 느낌이 메마르고 관심이 생기지 않으면 그 메마름을 고백하며 도움을 청하라. 분노, 불안, 근심으로 마음이 어지러우면 구루의 제단에 당신의 마음을 바치며 변화를 기원하라. 기도는 은총의 권능과 대화하는 것이다. 당신의 기도가 구체적이고 솔직하며 마음에서 우러나오는 만큼 기도의 효과도 커진다. 은총을 내려주는 구루의 힘이 얼마나 큰지를 느끼는 것도 중요하다. 구루와의 거리가 얼마나 가까운지를 피부로 느끼는 것도 중요하다. 다시 한 번 말하지만, 구루는 당신 안에 실제로 현존하며 당신의 일부로 존재한다. 당신이 기도할 때 누리는 은총의 권능은 외부에서 오지 않는다. 그것은 당신 안에서 발현된 것이다.

이와 같이 마음의 문을 열고 은총의 권능을 체험했다면, 지금 당신은 명상세계의 문턱에 서 있는 것이다. 이제 그 세계로 들어가는 문, 입구를 선택할 차례다.

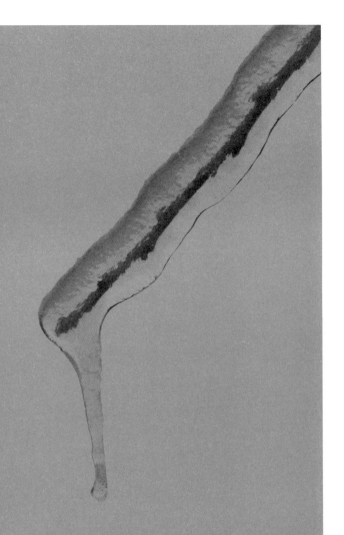

4

어떤 명상법을
선택해야 할까?

　　　　　　　　나는 명상을 시작하고서 몇 년 동안 어떤
명상을 해야 할까, 그 방법을 놓고 무수히 고민했다. 마음챙김 명상을
해야 하나? 첫 번째 스승이 가르쳐준 복잡한 시각화 명상을 해야 하나?
만트라를 외워야 하나? 아니면 호흡을 따라가는 명상을 해야 하나? 막
명상을 시작했을 무렵, 한 선생님은 한 가지 명상을 택해서 꾸준히 파고
들어야 명상을 깊이 체험할 수 있다고 가르쳐주었다. 그래서 나는 이왕
하나를 택해야 한다면 나에게 맞는 명상을 택하는 게 낫겠다 싶었다. 그
래서 한동안 고민에 빠졌다. 어떤 만트라를 선택할까, 관조 명상을 할까
아니면 호흡 명상을 할까, 언제쯤이면 방법을 다 내려놓고 온전히 내 안
에서 안식할 수 있을까 고민했다. 그러다가 명상법을 신처럼 떠받드는
일에서 벗어났을 때, 비로소 나는 다른 명상법을 수련하는 일이 얼마나
자유롭게 해주는지 그리고 궁극적으로 방법을 넘어서는 일이 얼마나
중요한지를 깨닫게 되었다.

　'명상을 시작할 때 대부분은 마음의 협조가 필요하다'는 단순한 이유
때문에 명상 방법을 이용한다. 방법은 마음이 본성 속으로 잦아들 때 휴
식할 수 있는 공간을 만들어준다. 마음을 위한 쿠션, 이것이 방법의 전

부다. 그러니 명상의 방법 자체가 목적이 될 수는 없다. 명상 방법은 명상이 깊어지면 결국에는 그 안에 녹아들게 되어 있다.

> 마음은 정말 변덕스럽다.
> 하지만 …… 익숙한 장소를 자주 찾는다.
> 그러므로 참자아를 체험한 기쁨을 마음에게 자주 보여주라.
> ─기아네슈와르 마하라지

나는 명상 기법을 마음 너머에 있는 공간으로 들어가는 문, 입구라 생각하고 싶다. 내면의 공간은 그 투명성과 사랑, 본래의 선善과 더불어 항상 거기에 있다. 골치 아픈 아침이 지나고 부엌에서 나와 고개를 들면 갑자기 머리 위로 펼쳐지는 하늘과 같다. 참자아는 하늘처럼 마음이란 벽에 가려져 있지만 항상 현존한다. 참자아에 다가갈 때는 생각이라는 장벽─우리와 내면의 공간을 가르는─을 부수고 들어가기보다는 문으로 편안하게 들어가는 편이 좋다.

수련을 하다 보면 기법은 정묘한 명상의 흐름과 당신을 연결하는 수단이 되고, 자연스럽게 내면으로 끌어당기는 힘과 당신을 연결하는 수단이 된다. 자연스럽게 명상의 흐름을 따라가면, 외부로 향하던 의식이 내면으로 향하면서 명상 상태로 들어간다. 8장에서 살펴보겠지만 방법은 샥티라는 에너지가 깨어나면 저절로 나타난다. 서로 다른 명상을 하면 내면세계의 서로 다른 영역에 이른다고 믿는 경향이 있다. 참자아는 하나지만 겉으로 보이는 면은 무수히 많기 때문에 새로운 방법으로 수련해도 당신은 똑같은 내면세계에 이른다.

여러 방법을 실험해보는 것이 좋은 또 다른 이유가 있다. 하나의 방법만을 고집하다 보면 철벽에 막힌 것처럼 수련에 더 이상의 진전이 없는 때가 있다. 실제로 많은 사람들이 그런 난관에 부딪친다. 하나의 수련법을 배운 뒤 그 수련만을 고집하는 경우다. 그런 경우, 더 이상의 진전이 없는데도 하나의 수련만을 고집한다. 그리고 얼마 지나지 않아서, '나는 명상을 잘 못해' '명상은 너무 어려워, 너무 지루해'라고 생각하기 십상이다. 또는 명상이 너무 쉽게 진행되어서 자신이 성장하고 있다는 느낌을 받지 못할 수도 있다. 사실 알고 보면 문제의 원인은 대부분 하나다. 자신에게 맞지 않는 문으로 들어가려고 했던 것! 한때는 쉽게 열리는 듯했으나 지금은 뻑뻑해져 더 이상 열리지 않는 문으로 들어가려고 했던 것이다.

"왜 명상을 하세요?" "좋아서요." 이것이 최상의 답이다. 파탄잘리 Patanjali가 쓴 《요가 수트라Yoga Sutra》라는 책에서 이 문제에 대한 조언을 찾아볼 수 있다. 《요가 수트라》는 모든 인도 요가가 수행의 교과서로 삼고 있을 만큼 요가의 본질을 꿰뚫는 권위 있는 수행 경전이다. 파탄잘리는 마음을 한곳에 모으는 수행법들을 나열하고, 그 장의 말미에서 집중에 대해 다음과 같이 말했다. "마음이 만족하는 곳이면 어디든지 집중하라." 그렇다면 특정 방법에 마음이 만족하는지 아닌지를 어떻게 알 수 있을까? 방법을 골랐다면 먼저 이를 즐길 수 있어야 한다. 그 방법을 대할 때는 마음이 편안해야 한다. 마음의 평화를 느낄 수 있어야 한다. 일단 방법과 친해지면 수련은 자연스러워진다. 수련을 하는 데 힘이 너무 많이 든다면 당신이 택한 방법에 뭔가 이상이 있다는 표시다.

수련을 꾸준히 하다보면 어떤 종류의 명상이 자신에게 적합한지 감이 생기기 마련이다. 수련을 하는 사람들 중에는 시각이 발달해서 시각화 기법에 잘 반응하는 사람도 있고, 신체의 움직임이 활발해서 기의 흐름을 잘 느끼는 사람도 있다. 또한 청각이 발달해서 소리에 민감하게 반응하는 사람도 있고, 통찰이나 느낌으로 수련의 불을 붙이는 사람도 있다.

시각이나 청각 등의 오감에 자신이 어떻게 반응하는지를 깨달으면, 수련의 효과를 높이도록 수련 방식을 조절할 수 있다. 시각화에 어려움이 많은 사람은 굳이 시각화 대상을 완벽하게 떠올리려고 하지 않아도 된다. 대상의 현존을 감각과 기운으로 떠올렸을 때 오히려 대상이 구체적으로 떠오르기도 한다. 반면에 시각형인 경우 똑같은 음절을 끊임없이 반복하는 만트라는 쉽게 지루함을 느끼지만, 내면의 스크린에 만트라 글자를 떠올리는 수련을 하면 효과를 볼 수 있다. 어떤 사람은 헌신하는 마음으로 만트라 수련을 하면 거대한 사랑이 밀려오고, 어떤 사람은 이런저런 방법을 모두 내려놓고 순수**각성**을 명상할 때 명상이 한 단계 도약하기도 한다.

그러므로 우리는 각자 자기만의 방식을 찾아야 한다. 그렇게 하려면 마음의 문을 열고 우리가 아는 다양한 방법들과 하나하나 명상을 하며 놀아볼 필요가 있다.

마음을 참된 실재에 꼭 매어 두는 일,
이것만이 꼭 해야 할 일이다.
이를 성취하는 방법은 그다지 중요하지 않다.
−〈말리니 비자야 탄트라Malini Vijaya Tantra〉

바른 명상 자세

자세는 수련의 핵심이자 기본 바탕이다. 바른 명상 자세란 오랫동안 편안하게 앉을 수 있는 자세, 몸을 잊을 수 있을 만큼 안정적인 자세, 그러면서 동시에 초롱초롱한 의식을 지속적으로 유지할 수 있는 든든한 자세를 말한다. 명상수련을 할 때 취하는 자세들을 살펴보자. 몸을 적절하게 움직여서 아래의 방법대로 자세를 취해보면 자신에게 잘 맞는 자세를 찾을 수 있을 것이다.

• 명상 자세에서 가장 중요한 것은 명상의 기운이 부드럽게 흐를 수 있도록 척추를 자연스럽게 곧추세우는 것이다. 그렇다고 전통적인 명상 자세인 결가부좌나 반가부좌를 해야 하는 것은 아니다. 척추를 바르게 해서 가부좌를 하면 신체의 기氣가 내면으로 향하기 때문에 명상에 도움이 된다. 유연하게 오랫동안 앉아 있으려면 명상에 들어가기 전에 이 자세를 충분히 연습해두면 좋다. 처음에는 10분 정도 앉아 있는 것으로 시작해서 한 달 동안 매일 1분씩 더해 나중에는 40분은 앉아 있을 수 있도록 연습한다. 이렇게 오래 앉는 것을 연습하면서 하타 요가의 자세를 이용해 골반 근육을 열어주자. 양 발바닥을 서로 붙여 최대한 몸 쪽으로 끌어당기는 '구두 수선공 자세'가 좋다.

자세가 안정된 요기는
가슴속으로 쉽게 녹아든다.
-〈시바 수트라Shiva Sutras〉

• 처음 수련하는 사람에게 가장 중요한 점은 오랫동안 척추를 바르게 세우고 편안하게 앉아 명상 속으로 들어가는 일이라고 한다. 나는 종종 초심자에게 등이나 무릎에 문제가 있으면 등받이 의자에 등을 기대거나 벽에 베개를 기대놓고 앉아서 척추를 바르게 세우는 방법을 권한다.

- 바닥에 앉아서 명상을 할 경우에는 엉덩이에 단단한 베개나 방석을 놓고 편하게 앉으면 된다. 이렇게 엉덩이 부분을 높이면 상체가 전후 좌우로 기우는 것을 방지하고, 허리 부위의 만곡이 자연스럽게 유지된다. 양 무릎은 엉덩이보다 약간 낮아야 한다.

- 의자에 앉는 경우라면 발바닥을 바닥에 대고 양발은 어깨너비로 벌리고 앉는다. 상체가 굽지 않게 허리를 바로 세운다. 의자 등받이와 등 사이에 작은 쿠션을 놓고 허리를 기대는 방법도 괜찮다.

- 엄지와 검지를 붙여서 양손을 각각의 넓적다리 위에 놓거나 한쪽 손바닥을 다른 쪽 손바닥 위에 겹쳐 놓는다.

- 엉덩이와 허벅지로 무게중심을 잡고, 바닥이나 의자 아래로 가라앉는다고 느껴본다. 하체가 바닥에 무게중심을 잡은 위로 척추가 바닥에서부터 정수리까지 반듯하게 서 있다고 느껴본다. 이때 어깨와 목의 힘을 뺀다.

- 머리의 힘을 빼고 척추와 일직선이 되도록 한다. 얼굴의 힘을 뺀다. 눈을 편안하게 감고, 뺨도 편안하게 이완한다. 혀를 입 바닥에 편하게 내려놓는다.

- 숨을 부드럽게 들이쉰다. 가슴을 열고, 심장으로부터 가슴을 들어 올린다는 느낌으로 숨을 깊이 들이쉰다. 숨을 내쉴 때는 어깻죽지가 등 쪽으로 녹아내린다고 느끼며 길게 내쉰다.

- 상체를 반듯하게 세운 자세에서 호흡을 가다듬고 이완한다. 피로하거
  나 굳은 부분이 있으면 그 부위로 숨을 들이쉬고 내쉬면서 피로나 긴
  장이 숨과 함께 빠져나간다고 느낀다. 호흡과 함께 몸이 열리고 유연
  해지기 때문에 명상의 기운을 오래 보존할 수 있다.

- 눈을 감고 숨이 자연스럽게 들고나게 한다. 방 안에서 나는 소리를 들
  어본다. 몸의 감각들을 느껴본다. 이 순간, 이 자세로 몸 안의 감각들
  을 하나하나 느껴본다. 마음이 다른 데로 가지 않고, 지금 이 자리에
  머물도록 한다.

명상 자세에서는 편안함이 무엇보다 중요하다. 명상을 하는 동안 불편
한 부위가 있으면 자세를 고쳐 편안하게 한다. 자세를 고치되, 명상 상
태를 온전히 유지할 수 있도록 동작을 천천히 한다.

기본적인 명상수련

정신수련을 하는 곳마다 명상 기법과 이를 표현하는 언어가 각기 다르
다. 대체로 명상 기법은 수련 목적에 따라 세 가지로 나뉜다.

첫째는 집중 수련이다. 소리나 형상이나 호흡에 집중하거나, 가슴이
나 척추 통로와 같은 신체의 특정 중심에 집중하거나, 생각과 내면의 체
험에 집중한다.

둘째는 명상적인 각성과 일상생활을 통합하는 수련이다. 기본적으로
있는 그대로의 감각, 호흡, 생각과 더불어 현존하는 것은 명상과 일상을

통합하는 수련이다. 자신의 체험 하나하나에 현존하는 **각성**을 인지하는 과정이라 할 수 있는 '관조의 알아차림'도 명상과 일상을 통합하는 수련이다.

셋째는 묵상을 통한 명상수련이나 분석적인 명상수련이다. 이런 수련에서는 의식을 내면으로 전환하거나, 평범한 체험 너머에 있는 심오한 진리를 탐구하거나, 영적인 의문이나 생각에 마음을 집중하거나, 그 의문이나 생각을 의식 속으로 깊이 빠져들게 한다.

탄트라 전통은 창조적 명상과 묵상 기법으로 유명하다.《비기아나 바이라바》와 같은 탄트라 수행 경전에는 겨드랑이 안의 빈 공간이나 자신이 좋아하는 달콤한 맛에 대해 묵상하는 근본 수행을 비롯해 참자아에 몰입하는 방법이 아주 다양하게 나온다. 이 장에서는 소리 수련(만트라)과 동작 수련, 기 수련(호흡을 따라가는 수련이나 호흡과 호흡 사이의 틈새를 지켜보는 수련), 다양한 시각 수련을 비롯해 탄트라의 시각에서 바라본 기본적인 집중 수련을 살펴보려고 한다. 또한 수슘나나디sushumna nadi(척추를 따라 올라가는 기의 통로)나 가슴센터 등과 같은 내면의 센터에 초점을 맞추는 수련도 다루려고 한다. 더 나아가 의식 그 자체를 직접 다루는 관조나 **각성** 명상의 기본 수련도 다룬다.

이런 다양한 기법들을 서로 결합해서 수련할 수도 있다. 이를테면 만트라와 호흡 수련을 함께 할 수도 있고, 호흡을 관찰하면서 서서히 관찰자를 알아차리는 식으로 수련할 수도 있다. 내 경우는 대체로 호흡과 호흡 사이에 초점을 맞춰서 의식이 중심에 자리 잡게 하는 것으로 명상을 시작해 가슴 공간에서 안식하는 것으로 마무리한다.

이런 수련들을 심도 있게 살펴보기 전에, 수련을 생활 속에서 실천하는 데 도움이 되는 원리를 몇 가지 알아보자.

명상수련의 본질

어떤 수련을 하든 중요한 것은 수련 중에 끊임없이 수련의 미묘한 본질을 찾는 데 있다. 수련은 저마다 독특한 기감氣感이 있다. 이 기감이 내면에서 기의 공간을 만든다. 예를 들어, 호흡을 하면서 만트라를 외우면 만트라 음이 가슴 공간을 칠 때마다 숨이 목과 가슴 사이를 오가는 것을 느낄 수 있다. 뿐만 아니라 가슴 공간이 확장되는 느낌과 진동을 미묘하게 감지할 수 있다. 호흡과 호흡 사이에 의식을 모으면 숨이 가슴을 들락날락하는 것을 느끼고, 가슴 안에 외부 세계가 모두 담길 만큼 가슴 공간이 확장되는 것을 느낄 수 있다. 특정 수련을 하면 신체 내부의 특정 부위가 움직이는 것을 알아차릴 수도 있다. 예를 들어 자신의 각성에 의식을 모으면 양 눈썹 사이에서 진동을 느낄 수도 있다. 또 숨을 깊이 들이쉬는 수련을 하면서 몸 안에 기운이 흐르는 것을 알아차릴 수도 있다.

> 신은 모든 것의 한가운데에 있다.
> —노르위치의 줄리앙Julian of Norwich

그런 기감氣感은 기법과 그 본질이 빚어낸 오묘한 효과다. 참자아의 문을 여는 것은 기법이 아니라 바로 기법이 만드는 기감이다. 우리는 수련으로 만들어진 공간으로 계속해서 들어가고 싶어 한다. 만트라가 우리 의식 속으로 떨어질 때 느껴지는 만트라의 기감 속으로, 호흡이 들숨과 날숨 사이에서 멈출 때 느껴지는 호흡의 기감 속으로, 마음속에 떠올리는 생생한 이미지 속으로 들어가고 싶어 한다. 이런 수련을 통해 우리는 저절로 보다 정묘한 차원의 존재 속으로 서서히 들어가게 된다.

수련 기법의 본질을 발견하는 또 하나의 길은 바바bhava를 수련하는 것이다. 바바는 산스크리트로 자신에 대한 느낌이나 태도, 신념을 뜻한다. 힌두교에 따르면 바바는 대단히 강력해서 존재의 체험을 변화시킬 수 있다고 한다.

'신성에 뿌리를 내린다' 라고 생각하며 명상하고, 신에게 기도하면
진정한 합일을 이루게 된다.
—바알 셈 토브Baal Shem Tov

그런데 우리는 이런 저런 바바에 매달리는 경향이 있다. '나는 여자다, 나는 교사다' 라는 동일시나 불편한 느낌, 우주에 대한 책임감 등을 하나의 태도나 신념으로 생각하는 게 아니라 그런 모습을 바로 자신이라고 생각한다. 또 우리는 바바라는 안경으로 보는 세상이 실재라고 착각한다. 그래서 사물을 바라보는 태도만 바꿔도 일상의 체험이 크게 변할 수 있다. 분노하기보다는 용서하고, 상대의 입장에서 다시 생각해보고, 단점을 고민하기보다는 자신의 장점을 바라보면 바바의 힘으로 당신의 체험을 변화시킬 수 있다.

의도적으로 바바를 일으키는 수련, 특정한 영적 느낌을 자아내는 수련을 바바나bhavana, 또는 '창조적 사색'이라고 한다. 각각의 바바나가 우리에게 주는 효과는 각기 다르다. 예를 들어 신이나 타인의 행복을 위해 자신의 수련을 바치는 바바나를 하면, 당신의 수련은 이타적인 수련으로 바뀌어 특정한 체험을 하고야 말겠다는 생각에서 자유로워질 수 있다. 사랑을 들이쉬는 느낌으로 숨을 들이쉬는 수련에서처럼 사랑이나 은총을 기억하면 가슴이 확장되고, 만족스럽고 보호받고 있는 듯한 느낌이 찾아온다. 만물을 자신의 일부라고 느낄 때 우리는 '한계' 라는 굴레에서 벗어난다.

특정 바바를 오랫동안 수련하면 그 바바를 실제로 경험하게 된다. 의식의 창조력은 무한하기 때문에 의식은 당신이 느끼는 대로 자신의 형상을 만들어낸다. 수련 느낌이 자연스럽게 경험으로 나타나면 투카람 마하라지가 표현한 "신은 그대의 바바 안에 있다"라는 말의 진의를 깨닫게 될 것이다.

투카람은 인도 서부의 작은 마을에서 태어나 식료품 가게를 했지만 그의 삶은 늘 곤궁했다. 그에게 딸린 자식은 모두 아홉이었고, 그에게 실망한 아내는 적잖이 사납게 굴었다. 투카람처럼 신실한 요기는 배우자를 만족시키지 못하는 경우가 많다. 그런 환경 속에서도 투카람은 하루도 빠지지 않고 염송과 찬송에 열중했고, 마침내는 신의 경지를 실현하게 되었다. 바바의 명인이었던 투카람은 매일 다른 기분으로 신에게 말했다. 사랑스럽게 신을 부르는 날도 있었고, 분노와 좌절로 고함을 지르는 날도 있었다. 어떤 날은 "내가 곧 신이요, 신이 곧 나다"라고 선언하기도 했다.

바바의 비밀을 밝혀서 드러낸 사람이 투카람이었다. 그는 마음에서 우러나오는 느낌이 우리를 신과 이어준다는 사실을 깨달았다. 신을 사랑하면 그 사랑 속에서 신의 실재를 체험하고, 신을 무서워하거나 신에게 분노하면 신을 무서움이나 분노의 존재로 체험한다. 신과 하나 됨을 느끼면 가장 내밀한 존재로 신이 드러난다. 신을 갈망하면 신은 당신의 열망 속에 있음을 깨닫게 된다. 이런 식으로 수련하면 바바는 내면에서 생생하게 살아난다.

지금까지 기본적인 명상 기법을 살펴보았다. 다음으로는 명상 기법과 여러 바바를 융합하는 방법을 살펴보자.

만트라 명상

만트라mantra는 '마음을 위한 도구'라는 뜻이다. 특별히 만트라는 소리 내지 않은 소리, 즉 순수**의식**의 침묵 속에서 고동치는 무한한 파동을 근사치의 소리로 표현한 것이다. 이 내면의 파동은 극도로 미묘해서 귀로 듣기 어렵고 입으로 말하기 어렵다. 하지만 여러 영성 계보에서 내려오는 만트라—현자가 깊은 명상 상태에서 듣고 나서 제자에게 전수한— 에는 차원 높고 정묘한 파동이 일며, 그 파동은 만트라 음절 하나하나에 새겨져 있다. 그런 만트라는 **의식**의 권능에 의지해 생기를 띤다. 우주의 순수한 **의식**의 권능이 만트라 안에 온전히 실려 있기 때문이다. 생기를 띤 만트라를 외우면 마음은 서서히 내면으로 향하고 만트라의 근원— 광대한 본래의 마음, 참자아—으로 회귀한다. 그것이 만트라 수련의 기본 원리다. 하지만 만트라가 작용하는 방법과 그 비밀은 대단히 오묘한 데가 있다. 내면의 만트라 수련을 이해하려면 먼저 만트라의 과학이 복잡하게 설명되어 있는 인도의 탄트라 경전을 살펴보아야 한다.

《시바 수트라Shiva Sutras》와 같은 탄트라 경전은 "만트라의 말은 껍질이나 외투에 불과하다"라고 전한다. 만트라의 참된 본질은 전산화된 키카드의 비밀번호 같은 것이 아니라 각 음절에 새겨진 정묘한 기운이다. 음절에 새겨진 기운이 우리에게 작용하게 하려면 키카드의 비밀번호를 누르는 것처럼 먼저 이 기운을 활성화해야 한다.

만트라를 활성화하는 데는 두 가지 방법이 있다. 하나는 수련을 통한 방법이다. 만트라가 심신의 깊은 차원으로 스며들 때까지 의식을 한 점에 모으고 느낌을 생생히 떠올리며 만트라를 외운다. 다른 하나는 여러 탄트라 종파에서 따르는 방법으로 쉬우면서도 대단히 강력하다. 이는 스승이나 스승의 계보를 통해 권능을 불어넣은 만트라를 받는 것이다. 이는 만트라를 근원의 차원에서 활성화하는 것과 같다. 스승에게 전수받은 만트라는 장구한 세월 동안 그 만트라를 수행한 스승들의 노력과 체험이 고스란히 담겨 있기 때문이다.

만트라 전수가 직접적이면 직접적일수록 만트라에 담겨진 권능은 커진다. 전수는 옛날에 스승과 제자가 그랬던 것처럼 귓속에 대고 직접 하는 것이 아니라 말이나 글을 통해, 꿈이나 명상 속에서도 이뤄질 수 있다. 일단 만트라를 전수받으면 당신은 만트라의 비밀번호를 건네받은 셈이다.

만트라 수련

만트라 수련에서 가장 간단하고도 기본적인 것은 만트라를 호흡과 결합하는 것이다. 부드럽게 숨을 들이쉬며 만트라를 생각한다. 부드럽게 숨을 내쉬며 만트라를 생각한다. '옴 나마 시바야Om Namah Shivaya'처럼 긴 만트라를 수련하는 경우라면 만트라와 호흡을 일치시키기 어려울 것이다. 해결책으로는 만트라를 반복하는 속도를 호흡의 속도에 맞추는 방법이 있다. 대체로 처음에는 속으로 만트라를 빠르게 외우지만 명상이 깊어지고 호흡이 느려짐에 따라 만트라도 저절로 느려진다. 다른 해결책으로는 만트라를 호흡에 일치시키지 않고 만트라를 단순히 반복하는 방법이 있다.

> 형체도 없고, 영원하고, 무한하고, 불멸하는
> 마음과 언어가 접근할 수 없는 단 하나의 진리가 빛을 발한다.
> 고귀한 만트라와 그 심오한 의미가 결합한 속에서.
> ─《쿨라르나바 탄트라Kularnava Tantra》

만트라는 음절 하나하나를 정확하고 분명하게 발음해야 효력이 크다고 생각하는 사람들이 많다. 하지만 내 경우에는 만트라 음절을 또박또박 발음하려고 애쓰지 않을 때 만트라가 힘을 발휘하는 때가 많았다. 나는 만트라 음절을 서로 이어서 발음하거나 앞뒤를 흐려 발음한다. 만트라의 음절 하나하나가 명확히 구분되도록 각 음에 힘을 주어 또박또박 발음하면 나와 만트라 사이에 거리감이 생겨서 명상 속으로 몰입하는 데 장애가 되는 경우를 많이 봤다. 다른 기법들도 그렇듯 만트라 수련에서도 부드럽고 섬세한 노력이 필요하다. 3장에서 이야기한 무위, 즉 노력 없는 노력을 할 필요가 있다. 물론 의식은 한 점에 모으되 기법에 힘을 줘 집중하는 것이 아니다. 팔에 내려앉은 새를 잡는 것처럼 섬세한 알아차림으로 만트라를 대한다.

만트라의 차원

만트라와 친밀해질수록 만트라의 차원이 차츰 깊어진다. 만트라에는 기본적인 세 가지 차원이 있다. 가장 간단한 차원의 만트라는 집중의 대상이 되는 것이다. 다른 생각은 모두 배제하고 하나의 생각에만 집중하는 것이다. 그보다 깊은 차원의 만트라는 특정한 은총의 흐름, 스승이나 스승의 계보, 신성과 당신을 연결한다. 이 차원에서 만트라는 정묘한 기운을 인체에 보낸다. 그리고 인체 안에서 변화를 일으키는 정묘한 힘으로 기능한다. 가장 깊은 차원의 만트라는 순수한 광채요, 순수한 침묵이며, 순수한 사랑이다. 이는 《시바 수트라》에 따르면 만트라 안에 있는 라하시아rahasya, 즉 비밀이다. 만트라는 지고한 **각성**의 빛이다. 북인도 요가 경전인 《파라수라마 칼파 수트라Parasurama Kalpa Sutra》에는 "만트라는 지고한 **실재**다"라고 전한다. 탄트라에서는 전통적으로 만트라를 특정한 신의 '소리 형상'으로 본다. 그래서 수행자는 신의 형상으로 내려온 정묘한 권능과 연결하는 방법으로 만트라를 염송한다. 사실 전통적으로 탄트라는 만트라가 가장 강력한 형태로 집약된 신의 기운이라고 말한다. 만트라는 신의 가슴에서 진동하는 기운과 이어져 있기 때문이다. 그렇지만 어떤 만트라에는 모든 형상을 초월한 실재의 빛이 존재한다고 한다. '옴 나마 시바야'에서 옴Om의 경우가 그렇다. 이런 만트라를 수련하면 직접적이고 즉각적으로 신성을 체험할 수 있다. 간혹 카발라Kabbala(유대교 신비주의) 명상에서 만트라로 수련하는 YHWH(여호와를 의미하는 기호)는 DNA에 암호로 저장되어 있으며, 인간을 영적 본질과 연결해준다고 한다. 히브리어나 아라비아어에도 만트라 소리와 유사한 함사Hamsa나 소함So'ham이 있는데, 전통적으로 이들이 기운체의 세포 구조에 새겨져 있다고 믿는다.

만트라는 어떻게 작용하는가

물론 앞에서 말한 것들이 처음에는 분명하게 손에 잡히지 않을 것이다. 처음으로 만트라 수련을 시작하면 말만 가지고 수련하기 십상이고, 잡념에 빠져 만트라를 놓칠 때도 많을 것이다. 만트라를 놓치지 않으려고 애를 쓰지만 자신도 모르는 사이에 빨래를 생각하고, 어제 동생이 말한 것을 걱정하고, 시내에 차를 몰고 갈까 버스를 타고 갈까 고민한다. 자신이 잡념에 빠져 있다는 사실을 알아차리는 순간이 중요한 계기가 될 수 있다. 이 순간 당신은 애초의 생각을 계속 따라갈 수도 있고, 잡념에 빠진 자신을 질책하며 비하할 수도 있고, 마음을 추슬러 다시 만트라로 돌아갈 수도 있다. 수련이란 다시 돌아가는 일이다. 공상에 빠지거나 잡념에 빠졌다고 자신에게 화를 내지 말고 만트라로 돌아가면 된다. 그렇게 하면 얼마 지나지 않아 만트라는 이리저리 흩어진 마음을 자석처럼 하나로 모을 것이다. 이렇게 정신의 기운을 하나로 모아 바르게 정리하는 것을 파탄잘리는 《요가 수트라》에서 '다라나dharana라고 했다. 문자 그대로 '집중'이라는 뜻이다.

> 경배하는 동안 모든 행위는 만트라로 합일된다.
> 만트라는 마음과 합일한다.
> 마음이 합일할 때 모든 것이 녹아든다.
> 그러면 보는 자와 더불어 보이는 세계가 '의식'의 형상을 취한다.
> ―랄라 데드Lalla Ded

이렇게 수련하다 보면 어느 순간, 만트라에 들어 있는 샥티가 당신을 명상 속으로 밀어 넣을 수 있다. 이따금 잡념에 푹 빠져 있을 때도 말이다. 이럴 때 상황에 맞는 바바나(영적 느낌을 자아내는 수련)를 하면 잡념에서 빠져나올 수 있다. 만트라 수련에 바바나의 느낌을 불어넣어 만트라의 기운을 되살림으로써 말이다.

한 여인의 체험담이다. 이 여인은 스승에게서 받은 만트라가 도저히 가슴에 와닿지 않는다고 했다. "산스크리트라서 무슨 뜻인지도 모르겠어요." 그러다가 만트라 음이 가슴에 부드럽게 스며드는 느낌으로 만트라를 반복하라는 말을 들었다. 그렇게 바바나를 하자 만트라가 좀 더 친밀하게 다가왔다고 한다. 만트라를 가슴 부위에 떨어트리자, 그녀는 마치 애무를 받는 것처럼 사랑이 살며시 번져가는 체험을 했다. 내면에서 사랑이 일어나기 시작했다. 만트라 음들이 가슴속으로 녹아드는 것 같았다.

이 여성에게는 헌신의 바바나가 만트라의 문을 여는 데 도움이 되었다. '만트라 음이 깨달음의 기운과 고동친다'는 느낌으로 만트라를 외우거나 만트라를 내면의 연인에게 바치면 그 문을 여는 데 도움이 되기도 한다. 또 만트라를 빛으로 상상할 수도 있고, 각성 안에서 빛의 문자로 시각화할 수도 있다. 시각화를 잘 하는 사람이라면 만트라를 시각화하여 만트라의 문을 여는 데 성공할 수도 있다. 소리에 민감한 사람이라면 만트라를 자신에게 들려준다는 느낌으로 하거나 마음속으로 외우면서 만트라를 듣는 수련을 할 수도 있다. 운동감각이 발달한 경우라면 만트라에서 나오는 기운과 그 파동을 느껴보라. 나는 운동감각이 발달한 편이어서 만트라 음을 에너지로 생각하고 각 음이 내 안에서 고동친다는 사실을 깨우친 후로 만트라 수련이 궤도에 오르기 시작했다. 그러자 만트라의 기운이 마음을 열어 다정하게 샘솟는 사랑 속으로 나를 이끌었다.

만트라 느낌에 눈뜰 때 우리는 **각성**으로 만트라 음을 터득하고 그 음 안에서 샥티의 진동과 고동을 느낄 수 있다. 이 시점에서 마음과 만트라의 기운이 하나가 되어 존재의 여러 층들 속으로 가라앉아, 마침내는 깊고 깊은 차원까지 만트라의 손길이 닿게 된다. 만트라가 표면의식에서 출발하여 잠재의식의 차원으로 들어간다. 결국 만트라의 음은 사랑으로 고동치고, 각성으로 고동치고, 확장하는 느낌으로 고동치고, 나아가 빛과 더불어 고동치는 듯하다. 달리 표현하면, 만트라를 되풀이하면서 만트라 안의 현존이 고동치는 느낌을 경험하는 것이다. 시바교의 주요 경전인 《스판다 카리카Spanda Karikas》는 이 현존을 '스판다'—우주를 창조하고 만물에 스며들어 있는 신의 기운이 뛰는 맥박—라고 했다. 만트라는 그런 바탕의 기운을 알아차리기 위해 수련하는 것이다.

일단 그 기운을 느끼기 시작했다면 이제 당신은 만트라 수련을 사랑하게 될 것이다. 신의 이름을 만트라 수련의 근본으로 삼았던 시인이자 현자였던 투카람이나 남데브Namdev처럼 마음속으로 만트라 음을 염송하면 크나큰 기쁨을 경험하게 될 것이다.

> 진리를 원한다면 알려주리라.
> 그대 내면에 있는 내밀한 소리, 참된 소리에 귀를 기울여라.
> 아무도 모르는 이가 자신에게 내밀한 소리로 말한다.
> 그가 바로 만물을 창조한 이다.
> —카비르

만트라 음에서 기운의 현존을 체험했다면 이는 만트라의 문이 열렸음을, 참된 내면의 만트라를 체험하고 있음을 나타낸다. 한번은 라마나 마하리시가 이렇게 말했다. "만트라는 우리의 참된 본성이다. 참자아를 깨달으면 만트라는 일부러 하지 않아도 저절로 흘러나온다. 한때는 수단이었던 것도 때가 바뀌면 목적이 된다."

이런 체험은 수련을 한 지 얼마 되지 않아서도 경험할 수 있다. 깊은 명상 속으로 잠기면 이따금 만트라가 빛 속으로, 순수한 기운 속으로, 지복 속으로 녹아들기도 한다. 만트라에서 신의 형상을 보았다는 사람들도 있다. 자신이 만트라의 두 음절 사이에 걸터앉아 있는데, 두 음절이 빛이 되더니 아치를 그리며 바다에 내려앉았다고 했다. 만트라 수련 중에 만트라가 저절로 울려 퍼지는 것을 듣고는 각성이 열려, 마침내 자신이 순수한 광대함 그 자체가 되는 체험을 했다는 사람도 있다.

내 경우, 가슴 깊이 느낌을 새기며 만트라를 염송하면 내 몸이 만트라의 기운으로 충만해지다가 사람 크기만 한 순백의 링감lingam—그 모습이 기둥 같으며 인도에서 무형의 절대자로 예배드리는 상―으로 변한다. 그리고 링감의 상이 사라지면 고요하게 고동치는 현존이 나를 휘감는다.

> 천상과 지상에서 신만 보이는 그 순간을 잡으라.
> ―아부 야지드 알바스타미Abu Yazid Al'Bastami

만트라가 가장 깊은 차원에서 그 모습을 드러내면 만트라 음과 리듬의 느낌은 완전히 사라지고 우리는 만트라를 순수**각성**과 순수 침묵으로 체험한다. 이것이 사마디samadhi의 경지―사랑과 권능, 그리고 수정처럼 맑은 각성에 몰입한 경지―다.

만트라 기본 수련, 소함

이제 산스크리트의 귀중한 만트라, 소함So'ham을 수련해보자. 이미 만트라를 수련하고 있다면 자신에게 익숙한 만트라로 수련해도 좋다.

소함이라는 음은 콧구멍으로 숨이 들고날 때 자연스럽게 나는 '수수라susurra'라는 소리와 비슷해서 '자연스러운 만트라' '호흡 만트라'라고 부르기도 한다. 소함은 '그것이 나(我)다'라는 뜻이다. '그것'은 실재의 중심에 있는 순수**각성**을 가리킨다. 그래서 소함 만트라는 '참자아는 순수**의식**과 같다'는 메시지를 우리에게 던진다. 이 만트라는 깨달은 존재들의 깨달음을 표현한다. 이 만트라를 호흡에 맞추면, 자신의 호흡이 '나는 누구인가'라는 심오한 진리를 말해주고 있음을 느낄 수 있다. 만일 호흡 수련이 불편한 경우라면 편안한 리듬으로 소함을 생각하고, 소함이 의식의 흐름을 타게 하고, 서서히 소함의 생각으로 마음을 가득 채워라.

편안한 상태로 자세를 바르게 하고 앉아 눈을 감는다. 호흡의 흐름에 의식을 모은다. 편안한 마음으로 부드럽게 소함 만트라를 떠올린다. 날숨에 '소', 들숨에 '함'을 하며 만트라의 음과 호흡을 조율한다. 또는 부드럽고 편안한 리듬으로 만트라를 되새긴다.

이제 만트라를 염송하며 그 음을 듣는다. 그리고 만트라 음에 점점더 주의를 집중한다. 음 하나하나가 자신의 의식으로 살포시 떨어지는 것을 느껴본다. 만트라가 내면에서 창조하는 기감에 부드럽게 음을 맞춘다. 생각이 떠오르거든, 이를 알아차리자마자 곧바로 만트라로 의식을 되돌린다. 다른 생각에 마음을 빼앗기면 다시 부드럽게 만트라로 돌아온다. 조금씩 조금씩 만트라가 마음속에서 더 선명해지게 한다.

만트라 음에서 현존을 느껴라

지고한 각성의 빛이 만트라 음 안에 현존하는 것을 기억할 수 있다면 만트라의 효과는 배가된다. 그것은 비단 만트라만이 아니라 우리가 하는 모든 수련에 적용되는 핵심 원리지만, 이제 수련을 시작하는 사람에게는 몹시 추상적이고 난해하게 보일 수 있다.

이 원리를 제대로 공부하는 방법은 이 원리를 단번에 해치우려 들기보다는 만트라 수련에서 체험한 것들을 잘 음미하고 들여다보는 것이다. '만트라 음에서 우주의식의 현존을 느껴보라' '신의 현존을 느껴보라' 등의 가르침을 따르다 보면 가르침과 자신의 체험 사이에 괴리가 있음을 느끼게 마련이다. 어떻게 말 속에 순수**의식**이 현존할 수 있는가? 이 질문에 대한 답은 지적인 논리로 짜 맞추는 게 아니라 체험에서 우러나온 답이어야 한다. 그러려면 자신에게 끊임없이 질문하며 수련해야 한다. '나는 진실로 무엇을 체험했는가? 만트라가 그 본질을 스스로 드러내려면 나는 어떻게 해야 하는가? 어떻게 하면 만트라 속으로 깊이 들어갈 수 있는가?'

만트라를 되뇌는 동안 의식이 깨어나 각성을 유지하면 수련은 생기를 띤다. 수련이 기계적인 습관이 되는 것을 피할 수 있고, 통찰이 드러난다. 최근에 만난 한 남성은 이런 말을 했다. "처음에 '만트라 음에서 신의 현존을 느껴보라'는 가르침을 접하고 나서 미치는 줄 알았어요. 나중에는 두 손 두 발 다 들고 만트라에게 도와달라고 했지요." 그는 계속해서 "만트라 음이 신성하다는데 그게 무슨 뜻입니까?"라고 물었다고 한다. 그러던 어느 날 만트라가 정말로 대답을 해준 것이다. 그날 만트라는 그의 가슴 부위를 황홀경의 물결로 일렁이게 했다. 황홀경이 팽창하고, 만트라와 더불어 그의 각성과 존재감이 외부로 확장하다가 마침내는 무한한 광대함이 자신의 몸 안에 있는 것처럼 느꼈다.

카슈미르의 현자 소마난다Somananda는 만트라 염송에 관한 핵심 가르침을 주었다. 소마난다는 나와 만트라와 만트라의 목표가 다르지 않다는 마음으로 만트라를 염송해야 한다고 했다. 다시 말해 만트라가 곧 정체성인 것이다. 만트라는 당신의 참자아가 누구인지를 말해준다. 누군가가 당신의 이름을 부르면 곧바로 대답하는 것처럼 '만트라가, 빛이, 변화의 기운이 나다'라고 생각하면 당신은 즉시 명상 상태로 들어갈 수 있다. 따라서 이 가르침은 명상의 세계로 들어가는 길이요, 만트라와 생동하는 관계 속으로 들어가는 길이다.

'어떻게 자신을 만트라라고 생각할 것인가' 답을 찾다보면 나는 누구이고 만트라는 진정 무엇인가에 대해 많은 것을 발견할 수 있다. 어떻게 나 자신과 만트라를 동일시하는 수련을 할 수 있을까? 만트라와 자신을 동일시하는 수련을 어떻게 하는지 수년간 많은 사람들에게 물었고, 상상력 풍부한 답변들을 들을 수 있었다. 만트라가 자신을 감싸 안는 구름이라고 상상하는 방법도 있다. 만트라를 물이나 빛으로 상상하며 내가 그 속에 잠긴다고 상상하는 방법도 있다. 또는 '나는 만트라에 점점 가까이 다가가는 기운이다'라고 상상하며 만트라 안으로 들어가는 방법도 있다. 이런 기법들은 모두 만트라 수련을 하면서 체험의 세계를 열어가는 데 도움이 된다.

Practice 만트라를 빛으로 감지하기

고요히 앉아 소함 만트라로 호흡한다. 의식의 초점을 부드럽게 하고, 인위적으로 호흡을 통제하지 않는다. 신묘한 소리 '함'으로 숨을 들이쉬고 '소'로 숨을 내쉰다. (또는 편안한 마음으로 '소함, 소함……'이라고 속으로 생각한다.)

만트라에 초점을 맞추면서 만트라의 음절마다 '나는 **의식**이다. 나는 본질적으로 **각성**의 빛이다'라고 생각한다. 이를 마음속 깊이 새긴다. 지금 만트라가 당신의 이름을 부르고 있다. 당신의 참자아 이름을 부르고 있다. 잠시 이것이 무엇을 뜻하는지 느껴보고 곰곰이 묵상한다. 그런 다음 묵상하던 것을 내려놓고 만트라 음 안에 있는 기운에 부드럽게 초점을 맞추고 만트라 음들이 내면의 공간으로 떨어지는 것을 본다.

소리 안에서 고동치는 기운을 감지한다. 만트라 음절들이 빛이라고 상상한다. 빛은 스스로 나타난다. 황금색, 흰색 등 구체적인 색깔로 보일 수도 있고, 그저 빛의 기운으로만 감지할 수도 있다. 시각이 예민하지 않은 사람도 만트라 음에서 나오는 기운으로 빛을 감지하기도 한다.

이 빛과 기운이 무한한 지복을 뿌려준다고 상상한다. 숨을 쉴 때마다 만트라 음의 빛 기운이 당신의 온몸에 쏟아져 들어온다고 느껴본다. '함'은 들숨과 더불어 들어오면서 당신의 온몸에 빛과 지복을 쏟아붓는다. '소'는 날숨과 더불어 나가면서 몸의 내부를 빛과 지복으로 확장한다. 호흡을 할 때마다 만트라 음에서 나오는 빛의 기운이 확장된다고 상상한다. 당신이 만트라 기운 안에 있음을 느껴본다. 만트라 빛이 온몸에 쏟아져 들어와 당신을 가득 채우고, 빛이 강물처럼, 기운이 구름처럼 사방에서 당신을 감싼다고 느껴보라.

아무리 통찰력 있는 생각이라도, 생각이 떠오르면 알아차리는 즉시 내려놓고 만트라로 되돌아가서 만트라의 빛과 기운이 확장되는 것을 느낀다.

호흡 사이의 공간

카슈미르의 현자, 체마라자Kshemaraja는 그의 저서 《인식의 가슴》에서 위대하고 신비스러운 비밀을 다음과 같이 요약했다. "궁극의 실재를 온전히 체험하는 길은 마디아madhya를 확장하는 것이다." 마디아는 두 움직임 사이에 있는 정지점을 가리키는 용어다. 진자를 양쪽으로 흔들면 진자가 한쪽 방향으로 올라갔다가 내려온다. 이때 진자가 내려왔다가 반대쪽으로 가기 직전에 찰나의 멈춤이 있다. 이 찰나의 멈춤이 마디 아요, 정지점이다. 도끼를 휘두르든 호흡을 하든 생각을 하든, 모든 움직임은 바로 이 정지점에서 나온다. 바로 이 정지점이 우주의 심장으로 열린 문이다. 이 문은 개개인의 작은 의식에서 벗어나 커다란 의식으로 들어서는 자리다. 중세 영국의 성자였던 줄리언Julian은 "신은 만물 사이의 중간 지점에 있다"라는 말을 남겼다.

이 실재를 표현하는 것들 중 내가 선호하는 표현은 엘리엇의 《네 개의 사중주Four Quartets》에 나오는 〈번트 노턴Burnt Norton〉이라는 시다.

소용돌이치는 세상이 정지한 지점에,
육신도 없고 육신 아님도 없네.
오지도 않고 가지도 않는 정지점에
춤이 있네.
멈추지도 않고 움직이지도 않는다고 해서
고정된 것으로 보지 마오.
과거와 미래가 만나는 곳,
오는 행위도 없고 가는 행위도 없네.
그 점, 그 정지점 외에는
오르지도 않고 하강하지도 않네.
춤이 없을지라도 거기에는 오직 춤만이 있네.
우리는 거기에 있었다고 말할 수 있을 뿐,
어디라고는 말할 수 없네.
얼마 동안이라고 말할 수 없네.
말한다면 그걸 시간 안에 두는 것이기 때문에.

베단타Vedanta의 걸작, 《트리푸라 라하시아Tripura Rahasya》는 이렇게 의미심장한 정지점을 '찰나의 사마디'라고 했다. 그런 정지점이 존재하는 방식은 아주 다양하다. 수면과 깨어남 사이, 잠에서 깨긴 했으나 완전히 의식을 차리지 않은 순간에도 정지점이 존재한다. 재채기하기 직전의 순간이나 하품이 절정에 오른 순간에도 정지점이 존재한다. 생각과 생각 사이의 틈새도 정지점이다. 이런 틈새에 마음을 모으면 그 틈새가 열리고 마디아 속으로 들어갈 수 있다. 마디아는 소용돌이치는 세상의 정지점이요, 현현한 우주를 떠나서 현현의 중심인 텅 빈 공간(空)으로 들어가는 자리다.

이는 라마나 마하리시와 아비나바굽타 등의 많은 성자들이 한마음—심장이나 가슴 차크라가 아니라 만물을 모두 담고 있는 큰마음—이라고 부르는 내면의 세계다. 궁극의 침묵이 존재하는 자리로, 여기에서 인간의 소우주는 무한한 궁극의 대우주로 확장한다. 이 한마음은 모든 상像과 신성한 마음과 참자아의 바탕을 이룬다.

마디아의 자리로 들어가기에 가장 쉬운 곳은 들숨과 날숨 사이, 날숨과 들숨 사이다. 이제 호흡에 의식을 모아 호흡 사이의 공간으로 들어가는 명상을 해보려고 한다. 이 공간으로 들어갈 수 있는 비밀은 섬세하고 이완된 주의력과 각성이다. 두 호흡 사이의 공간은 아주 작고 섬세하다. 대단히 섬세하여 처음에는 호흡 사이에 틈새가 있는지조차 분별하기 어렵다. 그러니 그 공간 속으로 들어가려면 면밀하게 주의를 기울여야 한다.

Practice   **호흡 사이의 공간 감지하기**

안정된 자세에서 상체를 바로 세우고 몸과 마음을 이완한다. 호흡이 들어오고 나감에 의식을 모은다. 가슴 한복판으로 숨을 들이쉬고 내쉰다.

숨이 콧구멍으로 들어오고 나갈 때 살며시 소리를 내어본다. 그러면 날숨에는 '소so~'와 같은 소리가, 들숨에는 '함ham'과 같은 소리가 조그맣게 들릴 것이다. 산스크리트에서 '소'는 '그것'을, '함'은 '나'를 뜻한다. 숨소리는 숨을 들이쉬고 내쉴 때마다 '내가 곧 무한한 존재'임을 기억하는 자연스러운 만트라다. 그렇다고 해서 숨소리를 꼭 만트라로 생각할 필요는 없다. 그저 숨소리를 있는 그대로 들으면 된다. 숨소리를 들으며, 숨이 가슴 끝까지 들어갈 때 거기에 주의를 기울이면 아주 미세한 정지, 미세한 고요의 공간이 있음을 알 수 있다. 이렇게 호흡이 정지되는 부분에 의식을 모아라. 정지 부분을 길게 늘이려고 하지는 말고, 그냥 알아차리기만 하면 된다.

그런 다음 날숨이 시작되면 날숨이 끝나는 밖의 공간까지 숨소리를 따라간다. 날숨이 끝날 때 다시 정지되는 부분이 있다. 거기에 부드럽게 의식을 모으되, 늘이려고 애쓰지는 마라.

이런 식으로 호흡을 계속 따라가면서 안팎으로 숨이 끝나고 정지되는 부분에 의식을 모은다. 점점 수련 속으로 깊이 몰입한다.

아무것도 일어나지 않더라도 걱정하지 말고, 정지의 공간이 느껴지지 않아도 실망하지 마라. 마디아로 열린 문은 은총을 통해 또는 스스로 열린다. 그냥 마디아와 함께 머무르려고 수련을 계속하다 보면 열리는 순간이 찾아온다.

내 경우는 머리를 한 방 얻어맞고서야 그 문이 열렸다. 스승에게서 이 수련을 처음 배우고 난 몇 주 후였다. 스승의 아시람에 있는 명상실에서 좌정하고 호흡 사이의 공간을 느끼는 수련을 하고 있었다. 하지만 아무리 애를 써도 그 공간은 넓어지지 않았다. 그 공간은 너무나 작아서 거의 존재하지 않는 것처럼 보였다.

갑자기 문이 열리고 구루가 걸어 들어왔다. 그분이 내게로 다가와서 머리를 꽝 쳤다. 다음 순간, 들숨과 날숨 사이의 틈새가 광대하게 열리는 것이었다. 호흡이 멈추면서 나는 거대한 공간 속으로, **각성**의 바다 속으로 들어갔다.

물론 '제자가 내면 공간을 여는 데 스승이 어떤 역할을 하는가'에 대한 상당히 극적인 사례라고 할 수 있다. 그렇다고 내면의 공간을 열기 위해 구루나 선사에게 한 방 맞을 필요는 없다. 그냥 앉아서 이 기법을 수련하며 기다리면 된다. 그렇게 수련을 쌓아나가다 보면 그 공간에 대한 감이 서서히 찾아온다. 그러다 어느 날 생각이 엷어지고 무뎌지다가 대단히 미묘하게 그 공간을 알아차리게 된다. 그리고 그 공간이 확장되는 때가 온다. 그렇게 두 호흡 사이의 틈새를 알아차리면 비록 잠깐이라도 그 속으로 들어갈 수 있다. 숨이 들락날락하는 사이에도 말이다.

자신이 지금 수련 속으로 깊이 몰입하고 있는지를 아는 방법이 있다. 호흡이 수평적으로 되고 있는지를 살펴보면 된다. 숨이 콧구멍 속으로 들어와서 밑으로 내려가 가슴에 가 닿고 다시 되돌아 나오는 식으로 자신의 호흡을 의식하는 게 아니라, 숨이 그저 가슴으로 들락날락하는 것처럼 보일 때가 있다. 또는 호흡이 수평적으로 들락날락하는 게 아니라 몸과는 전혀 무관하게 원을 그리며 들어오고 나가는 때도 있다. 바로 그럴 때 신체 안의 공간과 신체 밖의 공간이 어떻게 연결되었는지 보이기 시작한다. 의식의 장場이 안팎의 공간을 아우르면서 우리가 평소에 구분하는 안과 밖이 환영임을 깨닫게 된다.

일반적으로 호흡은 자연스럽게 들이쉬고 내쉬는 게 좋다. 억지로 호흡을 참거나 호흡의 길이를 늘이지 않는 게 좋다. 매일 수련을 시작하는 도입부에 다음에 소개하는 수련을 하면, 호흡 사이의 공간에 대한 느낌을 가지고 수련에 시동을 거는 데 도움이 된다. 이 수련은 명상 상태로 자연스럽게 이끌어주고, 명상 도중에 마디아가 저절로 나타나도록 도와준다.

날숨이 끝나면 30초 동안, 혹은 편안하게 느껴질 때까지 숨을 밖에 둔다. 날숨이 끝나고 드디어 숨이 사라진 공간에서 안식한다. 그런 다음 그 공간에 '신'이나 '참자아' 혹은 '순수**의식**'이라는 이름을 붙인다. 날숨 끝에서 텅 빈 순간에 머무는 것은 참자아의 공간으로 들어가는 길이다. 그 공간 안에서 어떻게 온전히 현존할 수 있는지 살펴보라. 거기에는 과거도 미래도 없고 오직 '지금'만이 현존한다.

의식에 관한 명상

명상 초보자들은 보통 순수**의식**에 대한 명상이 심화된 수련이라고 생각한다. **각성**은 대단히 현묘하고 실체를 붙잡기 어려워서 그 기반을 닦기가 어렵기 때문이다. 하지만 표면적인 마음의 동요를 가라앉히고 오묘한 무언가를 얻으면 이 수련의 맥은 저절로 짚을 수도 있다. 사실 저절로 일어나는 경우가 많다.

명상에 사용하는 기법은 어떤 기법이든지, 아무리 붙들려고 애써도 언젠가는 사라지게 되어 있다. 인도에는 "기법이란 신전으로 몰고 가는 마차와 같다"라는 말이 있다. 신전에 도착하면 마차는 떠나야 하는 법이다. 사실 명상 기법이라는 마차는 신전에 도착하기 오래 전에 힘을 잃는 것이 보통이다. 어느 지점에 이르면 만트라 음은 기운의 맥박 속으로 녹아들고, 시각화된 형상은 그 주위를 감싸고 있는 공간 속으로 녹아들며, 호흡은 느려지거나 멈춘다. 그러고 나면 벌거벗은 의식과 내면의 감각, 근본적인 기운의 리듬만이 남는다.

이 지점에 이를 때 걱정하는 사람들이 있다. 자신이 익힌 명상 기법을 잃었다거나 무언가 잘못된 것 같다고 생각하는 것이다. 그러나 사실은 기법이 그 열매를 맺고 있다는 뜻이다. 마음이 중심에 자리를 잡고 고요해지면, 더 깊은 차원의 각성이 그 모습을 자연스럽게 드러내어 명상의 주 대상이 된다. 미국의 시인, 에밀리 디킨슨의 비유를 보자.

집이 완공될 때까지는
버팀목이 집을 받치나
집이 완공되면
버팀목을 뺀다
집은 바르고 넉넉하게
스스로 선다

물론 의식은 집도 아니고 객체도 아니다. 의식은 영원한 주체다. 마이스터 에크하르트가 말한 '존재의 바탕'이다. 의식 명상은 대단히 직접적이어서, 수련의 핵심을 찰나에 체험할지라도 우리의 사고나 시각에 커다란 변화를 가져다준다.

나는 주로 만트라로 명상을 시작한다. 만트라에 의식을 모으거나, 호흡을 따라가거나, 날숨의 끝에 있는 공간을 찾는다. 보통 명상을 시작한

뒤 30~40분이 지나서 생각의 흐름이 느려지고 집중의 대상이 **각성** 속으로 녹아들면 내 마음은 생각의 밑바닥에서 고동치는 정묘한 기운에 모아진다. 그 지점에서 내 명상은 의식의 에너지 장에 뿌리를 내린다. 내게는 이 수련—각성 안에서 끊임없이 고동치는 기운의 맥박과 더불어 현존하는 것—이 명상의 핵심이다.

그런 순간을 찾아보자. 기운의 맥박 속에 현존하는 것은 우리가 명상 속으로 깊이 들어갈 수 있느냐 없느냐를 좌우하는 열쇠가 된다.

Practice   의식의 맥박 찾기

자세를 바르게 하고, 편안하게 앉는다. 눈을 감고 내면의 의식을 떠올린다. 무엇을 찾는 시간이 아니다. 두 눈을 감았을 때 내면에 무엇이 보이는지, 내면의 눈으로 내면세계를 관찰하기만 하면 된다. 파란 빛이나 회색의 장場이 보일 수도 있고, 점묘화처럼 작은 빛점으로 가득한 희뿌연 어둠이 보일 수도 있다. 산스크리트에서 칫타chiita라고 하는 정신의 질료(내면의식)를 보고 있는 것이다. 이는 모든 생각과 감정, 지각, 감각 등이 떠오르고 가라앉는 기운의 바탕이다.

이런 내면의식이 지닌 역동성을 살펴보자. 그 의식 안에서 고동치는 진동이나 맥박이 어떤지, 현묘한 움직임이 어떻게 쉼 없이 깜빡이는지 살펴보자. 내면의식은 에너지로 되어 있고 진동한다. 생각과 감정, 심상을 일으키는 것은 바로 의식의 진동이다.

의식의 맥박을 자각할 수 있는지 살펴보라. 육체적 차원에서 맥박은 심장박동으로 나타나지만, 보다 면밀히 주의를 기울이면 심장박동 너머에 미묘한 맥박이 뛰고 있음을 감지할 수 있다.

미묘한 맥박이 바로 감지되지 않는다면 우선 심장박동에 마음을 모아라. 미묘한 진동이 느껴질 때까지, 혹은 맥박이 전신에 퍼지는 것이 느껴질 때까지. 신체의 특정 부위에서 기운의 맥박이 느껴지면 그 미묘한 맥박을 알아차릴 수 있을 때까지 그곳에 의식을 모아라.

이런 정묘한 맥박은 산스크리트로 '스판다spanda'라고 한다. 고동, 진동을 뜻하는 말로, 카슈미르 시바파의 핵심 경전인《스판다 카리카spanda Karikas》에 따르면, 스판다는 모든 생명과 세계를 창조하고 유지하는 기운의 근본이 되는 자극이다. 자신의 내면에서 이 맥박을 느끼는 것은 원초적이고 거대한 생명력의 발화를 감지하는 것이다. 이 맥박은 호흡과 박동, 생각과 감정 너머에 있는 기운이다. 또한 모든 명상 체험의 근원이다. 명상 속으로 깊이 들어가면 이 진동이, 이 정묘한 맥박이 자신을 명상하고 있음을 깨닫게 된다.

탄트라 경전에서는 이 맥박을 쿤달리니의 순수한 표현, 내면에 있는 진화의 힘이라고 한다. 시바파 경전인《탄트라 사드바바Tantra Sadhbhava》는 만트라를 활성화하는 힘이 원래 수행자의 마음 안에 있다고 전한다. 명상 속에서 마음이 고요해지면 이 고동을 감지할 수 있다. 이 고동치는 기운은 마음을 명상의 세계로 서서히 안내한다. 이 기운에 마음을 모으고 따라가면 기운의 근원, 즉 참자아의 궁극적인 고요함에 도달한다.

> **하늘의 크기를 생각하며**
> **중심도 주변도 없는 광대함을 명상하라.**
> —밀라레파Milarepa

이 정묘한 진동을 감지했다면 이 진동과 함께하라. 만트라라고 생각하고 이 진동에 모든 마음을 모아라. 마음이 다른 데로 간 것을 알아차렸다면 바로 진동으로 되돌려라. 진동과 함께할 때 존재의 세계로 더 깊이 들어가게 될 것이다.

곧장 **의식** 속으로 들어가는 방법에는 여러 가지가 있다. **각성**을 알아차리거나 생각을 관찰하는 기법 중 몇 가지는 제2장에서도 다뤘다. 다음 수련은 《비기아나 바이라바》에 나오는 수련을 응용한 것으로, 지난 수천 년 동안 수많은 요가 수행자들이 했던 방법이다.

Practice	드넓은 공간 속에 머물기

자세를 바르게 하고 두 눈을 감는다. 편안한 자세로 앉아, 콧구멍으로 들락거리는 호흡의 흐름에 의식을 모은다. 마음이 다른 곳으로 갈 때마다 마음을 호흡으로 되돌린다. 호흡이 편안해지고 생각이 잠잠해질 때까지 한다.

이제 몸이 완전히 텅 비었다고 상상한다. 피부는 풍선처럼 얇은 막이다. 그 피부 안에는 공간만이 존재한다. 몸이 공간으로 가득할 뿐 아니라 공간이 사방에서 당신을 감싸고 있다. 숨을 들이쉴 때는 숨구멍으로 공간을 들이쉬고, 내쉴 때는 숨구멍을 통해 공간을 내쉰다는 느낌으로 호흡한다. 피부는 미세한 구멍이 많은 섬세한 막이다. 그 피부로 숨을 쉰다. 당신은 바다처럼 드넓은 공간에 있다. 숨을 들이쉬고 내쉴 때마다 이 거대한 공간 속으로 편안하게 녹아 들어간다.

수련 마무리하기

준비수련이 정신을 내면으로 향하게 했다면, 마무리수련은 내면에 쏠

렸던 마음을 외부로 나오게 한다. 수련 마무리는 명상 중에 일어난 기운을 담아서 이를 타인과 나누는 의식이다. 마무리 과정은 3단계로 나눌 수 있다.

첫째, 양손을 합장한 상태에서 수련을 함께해준 몸과 마음에 조용히 감사의 마음을 표한다. 몸과 마음의 도움이 없었다면 명상을 시작도 못했을 테니, 비록 몸이 꼼지락거리고 마음이 사방을 휘젓고 다녔을지라도 고마움을 표하는 습관을 들이는 것이 중요하다.

둘째, 수련의 세계로 들어갈 수 있도록 수련에 힘을 부여한 은총과 기운에 감사하라.

마지막으로, 자신의 수련을 봉헌한다. 고개를 숙이고 다음과 같이 마음속으로 기도한다. '제 명상수련이 모든 존재에게 도움이 되기를 바랍니다.' '제 명상이 세상의 평화와 조화에 기여할 수 있기를 기원합니다.' 또는 세상의 모든 존재가 행복하고 평안하기를 축복할 수도 있다. 특정인의 행복을 위해, 이 땅의 평화를 위해, 특정 상황에 평화와 조화와 치유가 깃들 수 있도록 자신의 수련을 봉헌할 수도 있다.

수련 마무리에 대해서는 10장에서 더 자세히 다루겠다.

직감을 따르라

이 장에 나오는 수련은 모두 참자아의 문을 여는 기법이다. 각각의 수련에는 깨달은 명상가의 계보에서 나오는 기운과 그 권능이 실려 있다. 시간을 내서 소개한 수련을 하나하나 실험해보고, 명상에 어떤 효과가 있는지 살펴보라. 한 가지 수련이 맞지 않으면 다른 수련을 시도해보라.

물론 한 가지 수련에 깊이 몰입하지 못하고 이 수련에서 저 수련으로 끊임없이 옮겨 다니며 기법에 중독되라는 말이 아니다. 기법은 목적이 아니라 **각성**으로 가는 수단임을 명확히 이해했다면, 어느 때에 어느 길로 가야 하는지를 깨닫게 될 것이다. 당신에게 활력을 불어넣어 정체된 상황에서 빠져나오게 하는 수련이 있는가 하면, 사랑에 불을 붙이는 수련도 있다. 때로는 어지러운 마음을 가라앉히는 데 특효약인 수련도 있다.

여러 수련을 놀이를 하듯 즐겁게 하면 어떤 수련이 내게 잘 어울리는지 알 수 있다. 우리는 제각각 유일무이한 삶을 살아가기 때문에 자신에게 필요한 것은 자신만이 정확히 알 수 있다. 그러니 모든 사람에게 한결같이 적용되는 최고의 방법이란 없다. 들뜬 마음을 가라앉혀서 고요함 속으로 쉽게 들어갈 수 있게 한다면 그것이 당신에게 최고의 명상이다. 그것이 무엇인지를 알려면 다양한 수련을 실제로 해보는 수밖에 없다.

> 마음이 외면으로 향하면 생각과 대상이 된다.
> 마음이 내면으로 향하면 참자아 자체가 된다.
> −라마나 마하리시Ramana Maharshi

기법을 수련할 때 유념해야 할 원칙이 하나 더 있다. 사람들이 명상 속으로 깊이 들어가는 데 어려움을 겪는 것은 자신과 기법 사이에, 자신과 목적 사이에 거리를 두기 때문이다. 명상을 하면서 발생하는 문제는 자신과 기법과 목적 사이에 거리가 있다는 생각을 놓아버리면 모두 해결된다. '하나 됨'의 바바나는 대단히 강력해서 그 효과를 믿지 않더라도, 그것을 생각하는 것만으로도 명상의 질이 달라진다.

5

내면으로
들어가기

명상에 막 입문했을 무렵, 나는 명상을 하다가 빛의 바다에서 헤엄치는 내 모습을 보았다. 사방이 빛으로 가득했다. 그 끝도 한계도 보이지 않을 만큼 눈이 부셨다. 명상의 길을 가다보면 종종 이런 체험이 선물이나 신호등처럼 찾아와 앞으로 우리의 가능성을 안내한다. 그런 체험이 길게 가지는 않지만 우리에게 '실재'의 속성이 어떤지 알려준다. 우리는 실재의 속성을 오랫동안 깊이 묵상할 필요가 있다.

입문 당시의 명상 체험을 더 이야기해보겠다. 내 주위에 가득한 빛을 감지했을 때 내면에서 확신과 권위에 찬 목소리가 들렸다. "빛이 되어라!" 그래서 나는 빛이 되기만 하면 나의 길이 끝날 거라고, 적어도 획기적인 변화가 있을 거라고 생각했다. 안타깝게도 그런 일은 없었다. 문제는 내가 두려워해서가 아니었다. 새장 안의 새처럼 '나'라는 생각에 갇혀 있었기 때문이다. '나'라는 틀이 너무나 완고해서 '나'라는 껍질을 벗을 수가 없었던 것이다.

명상을 끝내고 자리에서 일어났을 때, 내 자신에 대한 실망감을 주체할 수 없었다. 그런 와중에 두 마디가 불쑥 떠올랐다. "일체성을 수련하라!" 내면의 존재가 "지금 당장 진리를 완성할 수는 없다 해도, 적어도 그 진리를 수련하고 묵상하고 기억할 수는 있다"고 말했다. 그 후 명상의 가르침을 잊더라도, 내 체험이 빛과 기운과 **의식**의 일부라는 사실을 기억하고 있다면 잘못된 길로 빠지지는 않을 거라고 확신하게 되었다.

만물이 하나라는 '일체성'은 진리다. 불이론不二論을 말하는 스승들은 표현하는 방식이 서로 다를 뿐 모두 같은 이야기를 했다. 신비주의 시인인 루미, 《아바두타 기타Avadhuta Gita》와 같은 불이론에 근거한 베탄타 경전들, 티베트 족첸Dzogchen 수행의 스승들, 독일의 신비주의 사상가인 마이스터 에크하르트 모두, 우주에는 하나의 실재와 하나의 **각성**만이 존재하며 만물은 서로 떨어진 존재가 아니라는 가르침을 전했다. 그들은 한결같이 '두려움, 갈망, 버림받음, 이기심, 공격성, 외로움, 타인과 세계에 대한 부주의 등 온갖 문제는 우리가 서로 분리된 존재라는 생각에서 나온다'고 지적했다. 그러므로 일체성을 기억하면 고통은 뿌리부터 흔들린다. 고통의 뿌리를 자르려면 탄트라의 주요 경전인 《시바 드리슈티Shiva Drishti(신의 관점)》의 저자 소마난다의 가르침을 따르라. 소마난다의 관점은 다음과 같다. "내가 곧 신이다. 내가 실행하는 사다나sadhana(영적인 수행)의 도구도 신이다. 신이 되어라. 그러면 신의 경지를 성취할 것이다."

물론 소마난다의 가르침을 머리로 이해하는 것만으로는 충분하지 않다. 유명한 베탄타 우화에는 현자이자 왕의 신분으로 소함-나는 **그것**이다(나는 절대자다)-만트라를 자신에게 끊임없이 염송했던 자나카Janaka 이야기가 나온다.

어느 날 자나카는 강가에 서서 '소함, 소함' 하고 만트라를 염송하고 있었다. 그런데 어떤 사람이 강 건너편에서 "나는 물그릇이 있다. 나는 지팡이가 있다"고 계속해서 외치는 게 아닌가! 자나카는 처음에는 짜증이 났지만 시간이 지나자 호기심이 발동했다. 그래서 건너편 사람에게 물었다.

"왜 '물그릇이 있다, 지팡이가 있다'고 계속 소리를 치는 거요? 누가 당신에게 '물그릇이 없다, 지팡이가 없다'고 말하기라도 한 거요?"

그러자 그 사람(다른 우화에서처럼 이 남자는 깨달은 사람이다)이 대답했다.

"그건 바로 내가 묻고 싶은 것이오. 당신은 원래부터 절대자요. 그런데 왜 '나는 절대자다'라고 자꾸 외치는 거요?"

강 건너편 사람이 말하고 싶은 것은 '일체성은 수련한다고 되는 게 아니다. 일체성을 깨닫고, 일체성을 취해서, 스스로가 일체성이 되어야 한다'는 것이다.

> 순수한 참자아와의 합일을 알고
> 그 앎이 '나는 사람이다'라는 믿음만큼이나 확고해질 때,
> 자신의 의지와는 상관없이 참자유를 얻는다.
> ─상카라차리아Shankaracharya

그렇더라도 계속해서 일체성 수련을 하면 일체성을 체험할 가능성이 많아진다. 수련은 당신이 찾고 있는 실재가 나타날 수 있도록 내면의 환경을 마련해준다. 이것이 변화의 기본 원칙이다. 계속해서 '합일의 바바'를 지극 정성으로 마음에 되뇌면 의식은 자연스럽게 일체성을 내비치며 궁극적으로 자신을 실현한다. 그래서 명상가는 일체성의 경지에서 말하는 깨달은 존재의 가르침을 읽고 공부해야 한다. 이원성은 너무나 집요하고 그 뿌리가 깊어서 일체성을 붙잡기가 쉽지는 않다. 인간의

마음은 순간순간 떠오르는 관념에 붙잡히고, 강렬한 감정이나 불안한
마음이 일어나면 금세 옆길로 새고 만다.

카슈미르 시바파의 철학

이 책에 나오는 가르침의 바탕을 이루는 카슈미르 시바파와 그 철학 사
상에 대해 간단히 설명하려고 한다.

카슈미르 시바파는 상당히 훌륭한 역사를 지니고 있다. 7세기에서 13
세기 사이에 인도 북부지방에서는 요가철학이 번성했다. 이 요가철학
은 스리나가르Srinagar를 중심으로 해서 '판디타pandita'라는 브라만 수
행공동체가 연구한 사상이다. 인도 북부지방의 힌두교와 불교의 밀교
는 물론 남부와 서부지방의 불이론 학파와도 관련이 있었지만 카슈미
르 계곡 밖에서는 그다지 알려지지 않았다.

> 물이 가득 담긴 주전자를 물 위에 놓아라.
> 그러면 주전자 밖도 물이요, 안도 물이다.
> 어리석은 자들이 몸이니 영혼이니 떠들지 않도록
> 거기에 이름을 달지 마라.
> ─카비르

카슈미르 시바파의 스승들은 단순히 이론만 떠드는 철학자들이 아니었
다. 그들 중 많은 이들이 깨달은 요기였고, 내면의 체험을 언어로 전하
며 요가철학을 가르쳤다. 시바파의 길은 형이상학과 인간, 의식의 지도,
요가 수행, 헌신 등이 흥미롭게 어우러진 길이었다. 시바파는 궁극적인

실재를 두 가지 측면(시바와 샥티)을 지닌 하나의 신성한 의식으로 경배했다. 시바는 지고의 **각성**을, 샥티는 고유한 창조적 권능을 상징했다. 시바파의 스승들은 실재를 실현하여, '샥티가 물질적·정신적 형상으로 현현하는 모습'을 보았다. 인격화된 신이나 온 우주에 존재하는 무형의 **각성**, 가장 깊은 내면에 있는 참자아 속에서 절대적인 실재의 모습을 보았다. 그들은 시바를 궁극적이고 신성한 지성이며, 《시바 수트라Shiva Sutras》《말리니 비자야 탄트라Malini Vijaya Tantra》《비기아나 바이라바》와 같은 핵심 경전의 근원이자, 시바파 최초의 스승으로 생각했다. 이 경전들을 깨달은 현자들이 직접 썼는지는 확실하지 않으나, 그들이 체험한 가르침에 영향을 받은 것만은 틀림없다.

시바파의 특징은 철저한 불이론이다. 물질세계는 환영이요, 무상한 꿈이라는 베단타의 견해를 반박한다. 시바파 현자들은 우주의 모든 형상을 샥티—창조적이고 신성한 기운이며 역동적인 여성성—의 현신으로 보았다. 그들은 샥티가 인간에, 대지에, 가치 있든 대수롭지 않든 모든 만물에 깃들여 있다고 보았다. 그리고 모든 체험 속에서 고동치는 신성한 지복을 찾았다. 눈 밝은 구도자들은 신성神性을 체험하는 데 무수히 많은 길이 있음을 발견했다. 공포나 기쁨 속에서도, 재채기가 절정에 이른 상태에서도 신성의 순간을 포착해냈다. 텅 빈 공간이나 의식이 한 점에 모인 상황에서 황홀경의 맥박을 발견했으며, 요동치는 마음이나 음악을 즐기는 감각 속에서도 황홀경의 맥박을 찾았다.

하지만 무엇보다 중요한 시바파의 통찰은 인간의 의식이 육체와의 동일시를 끊고 스스로를 비추면, 지고의 '나(신神)'가 완벽하게 드러난다고 인식한 점이다. 시바파 요기들은 작은 '나'에 집착하는 경향을 초월하고 자의식을 무한까지 확장하여 자신이 곧 신임을 체험했던 것이다.

카슈미르 시바파 요기들은 세상을 신성한 것으로 보았기 때문에 다양한 삶의 맛을 거리낌 없이 누렸다. 시바파는 이 점에서 같은 카슈미르 지역의 베단타학파나 불교의 중관학파와 달랐다. 말하자면 시바파는 전통적인 출가자의 길이 아니었던 것이다. 시바파의 출중한 천재였던 아비나바굽타는 널리 존경받는 철학자이자 구루였을 뿐만 아니라 미학자, 미술가, 음악가였다. 그는 미술과 음악, 연극 등을 비롯해 감각의 체험을 요가의 경지로 승화시킬 수 있는 해당 분야의 거물이었다.

> 떠도는 마음을 달래서
> 원래의 일체성에 붙들어 놓을 수 있는가?
> 빛을 제외하고는 아무것도 보이지 않을 때까지
> 마음의 눈을 닦을 수 있는가?
> 마음에서 한발 물러나 모든 것을 알아차릴 수 있는가?
> —노자

시바파의 요가 수행자는 이 세상을 거부하지 말고 일상의 경험을 수행으로 승화해야 한다고 한다. 이러한 통찰은 다른 인도 요가 전통과 카슈미르 시바파를 구분하는 특징으로 지금 이 시대에도 공감할 수 있는 부분이다. 하지만 카슈미르 시바파는 동시에 일어난 일련의 사건들로 역사 속으로 사라지고 말았다.

20세기 초반 카슈미르의 왕은 명망 있는 학자들에게 탄트라 경전을 집대성하도록 장려했다. 이때 집대성된 경전들은《카슈미르 경전 총서》라는 제목의 산스크리트 한정판으로 출간되었다. 이 총서는 인도와 유럽, 미국 등지의 대학교 도서관에 보내졌지만 1950년대까지 먼지만 뒤집어쓴 채 방치되었다. 1950년대부터는 바라나시에서 활동하던 벵골 출신의 산스크리트 학자, 소르본의 프랑스 학자, 이탈리아 교수 등 세계 곳곳에서 소수의 학자들이 총서의 일부를 발췌해서 연구하기 시작했다. 그리고 프랑스어와 이탈리아어로 번역·출간되기 시작했다. 일부의 대학원생들이 스리나가르로 가서 탄트라의 마지막 스승이었던 스와미 락슈만 주Swami Laksman Joo 밑에서 공부하기도 했다.

> 앎을 원하거든 내면의 일체성을 보라.
> 항상 그대를 기다리고 있는 맑은 거울이 보일 것이다.
> ─하데비치 II Hadewijch II

1970년대 초 자이데바 싱Jaideva Sing이라는 인도 학자가 카슈미르 시바파의 주요 경전들을 영문으로 풀이하기 시작했다. 그들 중 하나가 《프라티아비기아 흐리다얌Pratyabhijna Hridayam(인식의 정수)》이다. 이는 아비나바굽타의 제자였던 체마라자가 10세기에 '개성과 신성'의 핵심을 간결하게 응축한 책으로, 일반 수행자가 이해하기 쉽게 시바파 철학의 정수만을 요약했다. 이 작은 책에 나오는 20개의 경전과 비평들은 신성하고 창조적인 기운(시바파에서는 치티chiti, 즉 창조적 **의식**이라고 함)이 세상에 현현하고, 분리라는 환영을 만들어 인간의 영혼으로 내려오며, 마침내는 자신을 재인식하는 과정을 설명하고 있다. 그래서 책 제목이 '인식의 정수'라는 뜻을 담고 있다. 이 책의 근본 핵심은 영적 과정─자신의 본질적 신성을 인식하는 과정─전체가 창조의 기운 자체에 의해 일어난다는 것이다. 이 사상은 절대불이의 가르침이다.

이 경전의 중요성을 인식한 스승 중에 스와미 묵타난다가 있었다. 그는 자신의 체험을 이 경전에 나오는 깨달음 이후의 경지로 보았다. 묵타난다는 서구 사회에서 가르침을 펴기 시작할 때 《프라티아비기아 흐리다얌》을 가져와 제자들에게 소개했고, 제자들이 서구의 영성계에 이 경전을 전파했다.

가르침의 발견

당시 시바파를 알게 된 사람들처럼 이 가르침은 내게도 쿤달리니 각성만큼이나 근본적인 각성의 변화를 가져왔다. 처음부터 《프라티아비기아 흐리다얌》을 읽기만 하면 내 정신 상태는 즉각적으로 변했다. 기분이 언짢거나 걱정에 휩싸이거나 중심을 잃는 순간이 찾아올 때, 시바파의 가르침—우주의식이 자신의 뜻대로 자신의 스크린에 이 우주를 드러낸다—을 떠올리면 나의 시야는 곧장 확장되곤 했다. 그것은 작은 방에 앉아 있는데 갑자기 지붕이 날아가고 드넓은 하늘이 나타나는 것과 같았다. '이런 경험은 환각이 아니라 사실이다' '만물은 하나의 **각성**으로 이뤄져 있다'라고 생각하려면 자기 자신에 대한 생각을 송두리째 바꿔야 했다.

1970년대 중반 어느 오후, 두 친구가 이야기하는 내용을 우연히 엿듣게 되었다. 당시 우리는 자신을 신성한 **의식**으로 인식하는 수련을 하고 있었다. 우리의 사유 과정—끊임없이 생각이 나타났다가 잠시 머무르다가 끝내는 사라지는—을 창조와 유지, 해체라는 과정으로 바라보는 수련도 있었다.

이러한 가르침에 고취되어 열심히 수련하는 친구가 한 명 있었다. 어느 오후, 이 친구가 흥분한 상태에서 자신의 체험을 늘어놓기 시작했다. 그는 자기 안에 있는 모든 것이 곧 신성한 **의식**이 현현한 것이요, 매 순간 지고한 신 시바의 신성한 기운이 현존하는 것을 안다고 했다. 그가 계속해서 "우리 모두는 시바이며 신"이라고 떠벌이는데, 다른 여성들이 불편한 기색을 감추지 않았다. 그녀는 불편함이 심해지자 벌컥 소리를 질렀다.

"그렇지만 우울할 때는요? 우울한데 어떻게 시바가 되냐구요?"

남자가 대꾸했다.

"우울하면 우울한 시바가 되지요!"

여자가 다시 말했다.

"말도 안 돼!"

나는 그녀의 상황이 이해가 된다. 불편하고 불행한 상황도 신성하며 **의식**의 전체성과 떨어져 있지 않다고 생각하는 것은 나 역시 어려웠기 때문이다. 나도 이 여성처럼 기분 좋거나 행복하거나 순수하거나 자신을 긍정적으로 여길 때만 진리에 가까워진다고(진리와 하나 되는 것은 말할 것도 없이) 생각했다. 우울이나 분노와 같은 감정 속에 신성이 있다는 것은 도무지 이해되지 않았다. 한 친구의 표현을 빌리자면 이런 식이다. "어머니와 사이가 좋지 않은데 어떻게 내가 신이 될 수 있는가?"

인간적인 흠이 있더라도 본질적으로 자신은 신성하다고 여기면 놀라운 일이 일어난다. 가족이나 우울함을 대하는 태도가 변하고 자신을 사랑하는 마음이 일어난다. 그렇다고 부정적 감정이 하룻밤 사이에 무조건 사라지는 것은 아니다. 마음의 습관이나 습성에 따라서는 부정적 감정이 좀 더 오래 갈 수도 있다. 그렇다고 '나는 신성하다'는 가르침을 빙자해서 멋대로 화내고 탐욕을 부리거나 부정적 감정에 휘말려서는 안 된다. 라마크리슈나 파라마함사는 "우유도 흙탕물도 모두 신이지만 우리는 흙탕물을 마시지는 않는다"라고 자주 말했다.

신성한 기운, 순수**각성**, 신성이 두려움이나 분노, 우울 속에서도 현존함을 기억할 수 있다면 떠오르는 감정에 집착하거나, 옆길로 새거나, 자신을 책망하지 않으면서 감정이 오고감을 지켜보기가 쉬워진다. 꾸준히 일체성을 기억하다 보면 부정적 감정이 흔적도 없이 사라지고 그 속에서 사랑이 떠오르는 때가 온다.

> 넘치는 기쁨으로든 고통으로든,
> 벽으로든 토기土器로든,
> 외부의 대상으로든 내면으로든,
> 오, 신이여! 제 앞에 나타나소서.
> —웃팔라데바Utpaladeva

일체성을 확고히 붙드는 데는 오랜 시간 묵상하고 탐구하는 자세가 필요하다. 일체성을 수련하다 보면 지적인 이해와 습관화된 현실의 차이를 거듭 발견하게 된다. 여러 해 동안 수행을 해오면서 나 자신을 몸이나 개인적인 문제와 얼마나 집요하게 동일시하는지, 의식을 확장하려는 힘에 얼마나 저항했는지를 돌아볼 때마다 거듭 자세를 낮출 수밖에 없었다.

이런 장애들은 회피하지 않고 맞설 때 점차 사라진다. 어쩔 수 없는 강한 습관에 절망하거나 자신을 큰 존재로 보는 것에 대한 두려움에 굴복하기보다는 '이 저항 뒤에는 무엇이 숨어 있을까, 어떤 감정이 깊이 박혀 있는 것일까'라고 자문해볼 필요가 있다. 저항의 정체를 찾아냈다면 180쪽에 나오는 강렬한 감정을 다루는 수련을 해서 켜켜이 쌓인 감정의 층들을 풀어내라. 그리고 우리는 **의식**과 다르지 않고 신과 다르지 않다는 성인들의 가르침을 계속 묵상하라. 당신이 어떤 기법으로 수련하든, 자리를 잡고 명상을 할 때마다 그렇게 하라.

일체성 수련

일체성 수련은 시바파의 근본 가르침 가운데 하나로 시작하면 좋다. 예를 들어, 만트라를 염송할 때는 자신과 만트라와 참자아가 서로 다르지 않다는 것을 이해하며 수련하는 것이다. 여타의 차원 높은 가르침들이 그렇듯이, 이 가르침도 간단해 보이지만 막상 이 수련에 들어가보면 만만치 않다. 나는 분명히 물질적이고 육체적으로 존재하는데, 어떻게 산스크리트 만트라와 동일시할 수 있을까? 이 가르침을 어떻게 현실화할 수 있을까?

우선 '나는 이러이러한 성격과 신체를 지닌 사람이다'라는 생각에서 벗어날 수 있어야 한다. 마서의 경우를 예로 들어보자. 켄터키 주 루이빌 근교에서 성장한 마서는 갈색 피부에 몸무게가 55킬로그램이었다. 그녀는 자신의 몸무게 때문에 과연 남자의 사랑을 받을 수 있을지 걱정했다. 마서의 경우, 자신과 만트라를 동일시하는 일이 결코 쉽지 않을 것이다. 그런데 자신을 기운이나 **각성**이라고 생각하거나 만트라를 기운이나 파동으로 생각하면 완전히 달라진다. 자신의 기운과 만트라의 기운을 맞추기가 한결 쉬워진다.

그렇다면 어떻게 하면 될까? 자신의 마음과 만트라 음절에서 나오는 파동을 대상으로 해서 수련할 수도 있다. 만트라를 염송할 때 만트라 음이 내면의 공간에서 어떻게 진동하는지 느껴보라. 그 기운에서 오는 느낌과 조율하라. 그리고 내면의 공간과 자신의 **의식**을 조율한 다음, 진동하는 기운에서 나오는 빛을 느껴보라. 자신의 자연스러운 기운을 알아차려라. 이 둘을 마음속으로 합하면 만트라의 기운과 각성의 기운이 다르지 않음을 알 수 있다. 그럴 때 자신의 기운과 만트라의 기운을 마음속에서 하나 되게 할 수 있다.

일체성을 수련하면 일시적이나마 '나는 몸이다'라는 고정관념에서 자유로워진다. 자신의 기운을 느낄 줄 알아야 한다. 자신의 신체나 생각, 성격과 동일시하기보다는 기운이나 **각성**과 동일시하라는 말뜻을 곰곰이 묵상해봐야 한다. 자신과 타인을 하나로 이어주는 것은 당신의 의식과 기운과 사랑임을 깨달아야 한다. 처음에는 이것이 일체성의 개념을 이해하는 데 가장 좋은 방법이다. 결국에는 육체도 기운임을 깨닫게 되겠지만, 처음에는 우리가 미세하게나마 감지할 수 있는 기운을 수련하는 편이 쉽다. 당신과 내가 각자의 몸과 동일시하면 우리는 서로 멀리 떨어진 존재가 된다. 또 성격으로 각자의 존재를 생각하면 서로 완전히 다른 존재가 된다. 오직 기운이나 각성으로만 하나 됨을 체험할 수 있는 것이다.

일단 내가 육체가 아니라 의식과 기운의 중심임을 기억하기 시작하면 일체성 수련은 저절로 풀려나가기 시작한다.

| *Practice* | 각성을 확장하기 |

편안하고 바른 자세로 앉아 눈을 감는다. 호흡의 리듬에 의식을 모은다. 콧구멍으로 들어오고 나가는 호흡의 흐름을 관찰한다. 생각이 떠오르면 숨과 함께 흘려보낸다. 몇 분 동안 호흡에 의식을 모은다. 이번에는 호흡에 모으던 의식을 **각성**에 모은다. **각성**을 알아차리면서, 이 순간 체험하는 모든 것이 **각성**에 담겨 있는 모습을 살펴보라. **각성**이 당신의 몸이나 머리에 있는 게 아니라, 당신의 몸과 호흡과 생각이 각성 안에 있는 것이다.

이제 각성을 외부로 확장하기 시작한다. 숨을 내쉴 때마다 각성이 점점 더 크게 확장된다. 당신의 각성은 방을 가득 채우고 넘쳐서 집과 동네로 확장해 나간다. 하늘과 우주까지 뻗어나간다. 각성이 갈 수 있는 데까지 확장된다. 그리고 확장된 각성의 공간 속에서 휴식한다.

체험 속으로 들어가기

일체성을 체험할 수 있는 동적인 방법 중에서 가장 강력한 방법은 자신 앞에 무엇이 나타나든—만트라, 심상, 가슴 공간, 붓다의 모습, 무릎 통증, 머리의 중압감, 들숨과 날숨 사이의 공간, 환상 등 그 무엇이든—그 속으로 들어가는 수련을 하는 것이다. 그 속으로 들어가면 명상 중에 나타나는 것과의 관계가 완전히 바뀐다.

나는 일체성 수련을 할 때면 상상력을 동원한다. 문이나 출입구를 떠올리고 그곳을 통과한다. 내면에 있는 참자아의 동굴, 가슴 동굴, 의식의 동굴 속으로 들어갔다는 느낌이 들 때까지 문을 통과하는 수련을 계속한다. 내면에서 연이어 나타나는 여러 개의 문을 통과하기 위해서는 여러 개의 입구가 필요하다. 여러 개의 문이나 복도를 계속 상상하고 이들을 꾸준히 통과하다 보면 마침내는 존재의 깊은 층 속으로 들어가게 된다. **의식**은 그 자체의 신묘하고 심오한 층에게 보내는 신호로 문의 모습을 인식하는 듯하다. 이 과정은 놀랍도록 간단하고 강력하다. 문을 다 통과한 곳에는 무엇이 있을까? 바로 그곳에 참자아가 있다.

이런 원리는 거의 모든 상황에 적용해서 수련할 수 있다. 명상 도중에 무엇이 나타나든, 어떤 기법으로 수련하든 그 속으로 들어갈 수 있다. 호흡이 가슴으로 들어왔다가 나갈 때 호흡 사이의 공간에 통로가 열려 있다고 상상하면서 문을 만들 수 있다. 만트라가 당신을 구름처럼 감싸고 있다거나 물속처럼 만트라 속에 잠겨 있다고 상상하며 만트라 속으로 들어갈 수도 있다. 간단하게 "이것은 내 의식의 부분이다"라고 속으로 되뇔 수도 있다.

> 아무런 생각 없이 마음을 한 점에 모으고
> 자신의 온몸이나 우주 전체를 '의식'의 본성으로 명상하면
> 지고의 각성을 체험한다.
> —비기아나 바이라바

나는 어딘가가 답답하거나 불편하게 느껴질 때면 종종 나 자신에게 일체성 수련을 처방했다. 명상을 하다 보면 더 이상의 진전 없이 정체될 때가 있다. 내면에 벽이 생기거나 차단기가 내려져 길을 가로막고 있는 느낌이 든다. 압박감이나 통증을 강하게 느낄 때도 있다. 이 상태를 뚫고 지나가려 하지만 잘 되지 않는다. 불편한 느낌에 저항하거나 피하지 않고 오히려 그 느낌 속으로 들어가면 좀 더 깊은 차원에서 기운의 세계가 열리는 것을 종종 체험한다.

일체성을 수련하는 것은 진리 자체를 수련하는 것이다. 그래서 일체성 수련에는 우리를 변화시키는 엄청난 힘이 있다. 여러 계보의 무수한 스승들은 이 진리를 실현하여 제자에게 전수해주었다. 스승들은 우리가 이 진리를 체험하기를 바란다. 우리가 분리되어 있다는 생각을 알아차리고 그 생각을 놓을 때마다, 스승들의 바람이 우리의 존재를 훑고 지나간다. 일체성을 한 번만이라도 기억하면 깨달은 이들에게서 흘러나오는 지식의 강이 나타나고 내면의 세계가 열린다.

지적인 훈련이나 의무적인 기억에 그치지 않고 일체성을 제대로 이해

하려면 우선 우리에게 분리하려는 마음이 있다는 것을 인정할 필요가 있다. 원래 생각과 생각의 숲을 헤매는 경향이 강한 산란한 마음—산스크리트로는 마나스manas라고 함—이 체험 너머에 있는 합일의 세계를 보지 못하게 가로막는다는 사실을 알라는 말이다. 그리스 신화에서 지하세계의 문을 지키는 케르베로스처럼, 마음은 우리가 깊고 깊은 명상 세계로 들어가지 못하게 그 입구에 서서 지키고 있다. 이 마음과 친구가 되지 않으면 명상의 세계로 들어갈 수 없다. 그래서 명상 서적들은 우리의 영원한 화두인 "마음을 어떻게 다룰 것인가"에 많은 시간과 주의와 노력을 기울인다.

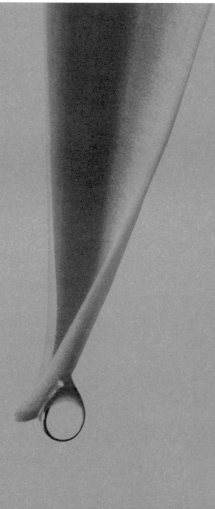

6

마음 다루기 1
생각의 흐름 지켜보기

인더스 문명의 예술가들이 뿔 달린 신이 앉아서 명상하는 모습을 새긴 기원전 5,000년 이후로 명상가들은 같은 내용을 붙들고 씨름해왔다. 우리는 앉아서 명상을 한다. 호흡에 의식을 모으거나 사티sati(깨어 있음 혹은 알아차림)를 수련하거나 만트라를 염송한다. 일체성의 느낌을 단단히 붙잡는다. 그래도 생각은 찾아온다. 그리고 또 찾아온다.

생각은 오고, 오고, 오고, 또 온다. 빠르게 왔다가 느리게도 오고, 쏟아지듯이 오다가 드문드문 찾아오기도 한다. 쉴 새 없이 오기도 하고 쉬었다가 오기도 한다. 그냥 끊임없이 찾아온다. 엄마와 통화한 얘기, 어제 아이의 담임선생님이 했던 말, 숙모에 대한 생각……. 그리고 생각에 대한 생각들도 이어진다. '내가 명상을 제대로 하고 있나? 이것은 명상이 아니야, 마음이 차분해지지 않아. 왜 나에겐 아무런 체험도 일어나질 않지?'

태어나서 죽는 것과 마찬가지로 인간이라면 누구나 겪는 것이다. 대단하다는 명상가도 마찬가지다. 우리는 훌륭한 명상가라면, 진정한 명상가라면 생각에 동요되지 않을 거라고 생각한다. 왠지 훌륭한 명상가가 명상을 하면 '쿵' 하는 순간 깊은 침묵의 세계로 들어가거나, 관조의 경지에 오르거나, 내면의 공간에서 유유히 떠도는 황금빛 연꽃을 볼 것만 같다.

하지만 현실에서는 그렇지 않다. 명상의 대가들도 역시 생각과 씨름해야 한다. 붓다조차도 눈을 감고 몇 시간을 앉아 있으면서 이런저런 생각을 했으며, 왜 자신의 수행에 진전이 없는지 고민했음은 의심할 여지가 없다. 그도 이러한 생각의 과정을 거치며 결국은 명상의 세계로 들어가는 법을 깨우쳤던 것이다.

> 마음이란
> 처음 보는 물건을 만져보고 사고 싶어 하다가
> 정작 사고 나서는 다른 물건으로 가득 찬 장롱에 던져버리는
> 관광객과 같다.
> ―하피즈Hafiz

마음에 생각이 찾아와도 명상할 수 있음을 깨달을 때, 상황을 뒤집을 수 있는 인식의 전환이 일어난다. 이는 정말로 획기적인 발상이다. 명상 상태를 경험하기 위해서 마음이 완전히 멈춰야 하는 것은 아니다. 내면으로 깊이 들어가 있을 때도 생각은 각성의 스크린에 계속 지나간다. 실제로 생각의 속도가 느려질 때도 마음에 미세하게 마찰이 일어난다. 이런 상태에서 찾아오는 생각은 그 내용이 너무나 미세해서 파악하기가 힘들 뿐이다. 따라서 생각을 어떻게 다뤄서 어떻게 녹여내는지를 아는 것이 명상의 기술이라고 할 수 있다.

생각을 억지로 뽑아내거나 총을 쏜다고 해서 생각을 본질적으로 없앨 수는 없다. 마음이라는 섬세하고 지적인 기운은 거칠게 다루면 잘 반응

하지 않는다. 다음 장에서 더 자세히 다루겠지만 마음은 본질적으로 우리가 수련의 목표로 삼는 순수**각성**이 생각의 형태로 뭉친 것이기 때문이다. 베단타 경전인 《요가 바시슈타Yoga Vasishta》에는 이렇게 전한다. "의식에 생각을 더하면 마음이고, 의식에서 생각을 빼면 신神이다." 생각이 붙어 있어도 의식은 의식이며, 의식은 본질적으로 자유롭고 강력해서 붙잡기 힘들다. 그래서 생각을 억누르거나, 강제로 쫓아내거나, 억지로 한 점에 집중하려고 하면 마음은 강하게 저항한다.

인도에서는 마음을 왕좌가 없는 왕에 비유한다. 이 왕은 자신의 왕좌에 앉을 때까지 가만있지 못하고 만족할 줄 모르며 항상 시비를 건다. 하지만 일단 왕좌에 앉으면 차분하고 왕의 위엄을 뽐낸다. 마음의 바른 자리—마음이 만족하는 유일한 곳—는 참자아 안에 있으며 깊은 순수**의식**의 공간에 있다. 마음의 불안은 왕좌를 찾는 데서, 찬란한 의식의 세계를 찾는 데서 비롯한다. 우리는 명상을 통해 방향을 바르게 잡아가고자 한다. 거듭거듭 마음의 방향을 원래의 자리로 향하게 하면 마음은 서서히 의식으로 향해 가다가 마침내는 의식에 자신의 자리를 잡는다.

명상을 하면서 마음의 자리를 잡는 데는 철저함과 섬세함, 수련과 통찰이 필요하다. 보통 명상을 시작하고 나서 몇 년 동안은 마음을 집중하는 대상에 매어두는 데 많은 시간을 쓴다. 비록 생각이 수천 번 미국까지 날아가도, 수천 번 부드럽고 조용하게 의식을 명상으로 되돌린다. 지루할 때도 낙담할 때도 있겠지만, 노력의 대가는 뒤따라온다. 마음이 우리의 말을 듣기 시작하는 것이다. 처음에는 뉴욕 거리를 샅샅이 뒤지고 다니거나 어머니와의 관계를 전부 재상영한 뒤에라야 그런 마음을 알아차린다. 하지만 끊임없이 그런 마음을 멈추고 되돌리면, 마음이 미국을 향할지라도 중간까지밖에 못 간다. 나중에는 공항까지밖에 못 간다.

결국에는 고작 몇 킬로미터밖에 못 간다. 그렇게 계속 명상의 자리에 들어서면 마음이 고요하고 편안해지는 때가 온다.

마음을 한 점에 모으는 것은 정신 근육을 단련한다. 의식의 표면에서 떠도는 생각에 갇히지 않고 내면의 한 자리에 마음을 모으면, 명상의 정묘한 상태를 유지하고 내면의 통로를 찾는 능력이 강화된다. 산만한 마음을 붙잡아서 명상으로 되돌리는 기본 수련은 인생 전체에 영향을 미친다. 그렇게 수련을 쌓아가면서 마음은 더욱 안정된다. 실제로 오랫동안 가슴 공간에 머물 수도 있고, 몇 분 동안 아무 소리 없는 정적 속에 머물 수도 있다. 동시에 운전하거나 보고서를 쓰거나 골프 스윙을 연습할 때 집중을 잘 할 수 있게 된다. 산만한 마음을 거부하면 할수록 지루함과 근심 걱정을 쉽게 물리칠 수 있다. 기운이 들뜨지 않고 안정되며, 통제하기 힘든 공상에 덜 시달리게 된다. 운동선수가 준비운동을 소홀히 하면 버텨낼 재간이 없듯, 명상가도 마음을 다루는 기본 수련을 소홀히 하면 버텨낼 수 없다.

소란한 마음 직면하기

공교롭게도 우리가 명상을 본격적으로 시작하려고 들면 마음이 문제를 일으키는 경우가 많다. 내가 아는 사람 중에는 명상을 하려고 앉으면 마음속이 너무 시끄럽고 소란스러워서 명상을 실제로 그만둔 경우도 있다. 그 중 한 남성이 자신의 속마음을 털어놨다. "다른 사람들이 뭐라 말하든 신경 안 써요. 그런데 제 마음이 이렇게까지 뒤죽박죽이 되어본 적이 없는 것 같아요. 명상을 하면 오히려 마음이 혼란스러워요. 솔직히 명상을 그만두니까 살 만하네요."

명상을 그만두니 그의 마음은 더 이상 혼란스럽지 않았다. 그는 자리에 앉아 명상을 하면서 마음이 얼마나 혼란스러운지 마음의 본모습을 제대로 보았을 뿐이다. 평상시 우리는 마음속에서 얼마나 많은 이야기가 오가는지 알아차리지 못한다. 우리는 주위에서 일어나는 일에 온 마음을 빼앗기기 때문에 내면으로 들어가서 유심히 살펴보지 않으면 미친 사람처럼 두서없이 이말 저말 해대는 마음을 알아차리기 힘들다. 그런데 명상의 자리에 앉으면 미친 사람처럼 떠들어대는 모습이 그대로 보인다.

명상을 열심히 하면 혼란한 마음 상태를 알아차릴 뿐 아니라 삼스카라를 소멸하는 체험을 할 수도 있다. '삼스카라samskara'는 정신적·감정적 성향, 습관적인 생각과 감정의 찌꺼기, 빈번하게 마음속에 나타나 우리를 괴롭히는 잡념 등을 뜻한다. 명상을 하며 내면의 장에 에너지를 보내면 그동안 묻혀 있던 삼스카라가 위로 떠올라 각성의 에너지, 쿤달리니 속으로 소멸된다.

내가 명상가로 막 첫발을 내딛을 무렵, 어느 날 아침에 명상을 하는데 마음이 초조해졌다. 당시 나는 수백 명이 거주하는 아시람에서 묵고 있었다. 그런 분위기 속에서는 내 기분을 숨길 방도가 없었다. 참다못해 구루에게 질문했다.

"명상을 해서 초조해지면 어찌해야 합니까?"

구루가 대답했다.

"명상을 해서 초조해진 게 아니다. 그대 안에 초조한 마음이 있었고, 명상은 그런 마음을 들여다보고 놓을 수 있도록 도와주었을 뿐이다."

마음 정화하기

우리가 명상을 하는 이유는 붙들고 있는 것을 내려놓기 위함이다. 우리의 무의식은 맛있는 것과 맛없는 것들이 수없이 뒤엉켜 있는 탁한 스튜 stew(고기와 각종 채소를 넣고 뭉근히 끓인 요리)다. 스튜에 들어 있는 것들이 모두 빠져나와야 한다. 그렇지 않으면 안에서 부글부글 끓고 있는 스튜의 내용물 때문에 우리의 실체라고 할 수 있는 맑은 물과 순수한 빛을 체험할 수 없다. 무의식의 세계에 묻힌 감정과 장애가 되는 생각, 고통스러운 정서는 명상을 통해 표면 위에 끌어올려야 정확히 인식해서 제거할 수 있다.

쿤달리니가 각성되면 표면 아래서 정화 작용이 쉼 없이 계속된다. 그러나 내면의 기운이 전속력으로 가동하는 것은 앉아서 수련할 때다. 고요히 앉아서 내면을 응시하면 샥티가 일어나서 무의식의 바다를 휘젓고 거기에 묻힌 것들을 제거한다. 무질서하게 이리저리 흩어진 상념들이 떠오르기도 하고, 무거운 감정과 오랫동안 묻어둔 열등의식이 나타나기도 한다. 이들이 명상 속에서 올라오는 것은 뒤얽힌 기억, 신념, 감정, 이미 알고 있거나 알지 못하는 장애가 밖으로 빠져나가는 표시다. 이 과정에서 묻혀 있던 감정들이 밖으로 잘 빠져나갈 수 있도록 집착하는 마음을 내려놓아야 한다. 그 감정들에 연연하거나 그것들을 분석할 필요가 없다. 적어도 명상하는 동안에는 말이다. 대신에 그런 감정들이 보이면 보이는 대로 알아보고 숨을 내쉬며 밖으로 내보내라. 또는 만트라를 염송하면서 만트라에 담겨 있는 샥티가 이러한 감정과 부정적인 면들을 녹여내도록 내맡겨라.

명상수련이 깊어지고 더 안정되면 이런 감정들을 옆으로 제쳐놓고 정화의 과정을 관조할 수 있는 힘이 생긴다. 다음 장에서도 살펴보겠지만 내면의 관조자는 무의식에 묻힌 감정들을 알아차리고 치유할 수 있는 바탕이 된다. 그렇지만 이제 명상을 시작하는 사람들에게는 오랫동안 비켜서서 객관적으로 바라보기가 쉽지 않다. 생각이 너무나 강하고 빠르고 제어할 수 없는 경우가 많기 때문이다. 힘과 생동감을 주는 만트라가 대부분의 명상가들에게 도움이 되는 이유가 바로 여기에 있다.

만트라로 마음 청소하기

권능을 지닌 만트라는 정화의 힘으로 작용하여, 정묘하고도 강력한 빗자루가 되어 무의식의 밑바닥을 청소한다. 요가의 경전들은 쿤달리니가 내면의 불로 작용하여 마음의 찌꺼기를 태우고 영혼의 쓰레기를 녹인다고 한다. 만트라를 생각에 대고 문지르면 내면에서 마찰열이 발생한다. 이 마찰열을 산스크리트로 '타파스tapas'라고 한다. 타파스는 마음을 정제하고 정화하는 '요가 고행'을 뜻하기도 한다. 만트라의 신묘한 불은 사람의 마음에 타파스란 열을 일으켜서 내면을 청소한다.

　내 경우, 쿤달리니가 깨어나고 나서 1년 동안 내면에서 정화가 일어났다. 참기 힘들 정도로 강렬하고 불편할 때가 자주 있었다. 어느 날은 눈을 뜨는 순간, 무의식에 묻혀 있던 부정적인 감정들—죄의식, 무가치함, 분노 등등—이 분출되어 하루 종일 마음이 심란해졌다. 그런 날에는 부정적 감정들에서 벗어나기 위해 필사적으로 '나'의 만트라를 염송했다. 아침에 눈을 뜨자마자 염송을 시작해서 온종일 만트라를 염송했다. 일을 하다가 시간이 날 때마다, 심지어는 대화 도중에 할 때도 있었다.

이렇게 만트라 염송을 계속하자 느낌의 이면에 있는 감정적인 부담이 극적으로 줄어들기 시작했다. 여전히 감정이 올라오기는 했지만, 적어도 휩쓸리지는 않았다. 만트라에서 감정에 대항할 수 있는 힘이 나오는 것 같았다. 빛과 휴식, 행복의 기운이 나와서 고통스러운 감정들을 삼켜 버렸다. 그리고 얼마 지나지 않아서 무의식의 깊은 층에 자리 잡고 있던, 인생 내내 나를 힘들게 했던 고통스러운 감정들이 사라졌다.

명상을 하면서 만트라를 염송할 때마다 우리는 이러한 청소 과정을 짧게라도 거친다. 자신의 집중력과 만트라의 권능이 결합되어 조금씩 그날그날의 생각과 이미지들을 지우고 마음은 고요 속으로 가라앉는다. 일단 마음이 고요히 가라앉으면 명상의 과정은 자연스럽게 일어난다. 내면의 샥티가 우리를 내면으로 끌어들이고, 일상의 마음을 녹이며, 순수**의식**의 기운 속으로 인도한다.

내려놓기 수련

《요가 수트라》에서 파탄잘리는 "마음을 안정시키는 데는 두 가지가 있다"고 했다. 우리는 지금까지 첫 번째인 아비아사abhyasa, 한 가지 대상에 집중하는 수행을 살펴봤다. 두 번째는 바이라기아vairagya, 즉 초연超然함이다. 바이라기아는 마음이라는 기어를 중립에 놓고 우리의 마음을 유혹하는 생각, 감정, 욕망과 자신을 분리하는 것이다.

몇 년 전 뉴욕 주의 한적한 시골에서 명상 워크숍이 열렸다. 그곳에서 만난 한 여성이 들려준 이야기다. 그녀는 워크숍이 끝나면 떠날 일본여행 일정을 짜고 있었다. 스웨터는 몇 장을 챙길지, 점퍼는 꼭 가져가야 하는지 고민하며 물품 목록을 체크했다. 그런데 별안간 내면에서 소리가 들려오는 것이었다. "내려놓아라!" 소스라치게 놀란 그녀는 일단 계획하던 일을 놓고 호흡에 집중했다. 호흡에 집중하기가 무섭게 슬픈 감정이 밀려왔다. 워크숍에서 얼마나 많은 것을 얻었는지 그리고 그곳을 떠나는 것이 얼마나 슬픈 일인지 생각해보게 되었다.

그러다가 다시 내면의 목소리가 들렸다. "내려놓아라!" 그래서 그녀는 슬픈 생각을 내려놓았다. 그런데도 내면의 목소리가 다시 들렸다. "내려놓아라!" 그래서 자신에게 물었다. '이제 무엇을 내려놓는단 말이지? 지금 뭐가 가장 큰 문제지? 나는 쓸모없는 사람이란 생각? 그래, 그 생각을 내려놓자.' 그럼에도 목소리가 또 들렸다. "내려놓아라!" 그녀는 이제 무엇을 내려놓아야 할지 알 수 없었다. 한숨을 길게 내쉬고는 깊은 명상 상태로 들어갔다. 마음이라는 대지에 지복至福의 물결이 일렁이는 느낌이었다. 지복의 바다를 헤엄치고 파도를 달래며 어울려 놀았다. '제발, …… 멈추지 말았으면' 하고 속으로 말했다. 그렇게 말하기가 무섭게 다시 목소리가 들려왔다. "내려놓아라!" '지복마저도 내려놓으라고?' 그녀는 의아하게 생각했다. "아니다, 지복에 집착하는 마음을 내려놓으라는 것이다"라고 목소리가 응답했다. 그래서 지복에 집착하는 마음을 내려놓았다. 그러자 이전에는 체험해보지 못한 깊이와 고요의 경지로 들어갔다. 전적으로 현존하고, 완전한 사랑을 받으며, 맑은 물처럼 투명해지는 체험을 했다고 한다.

이 여성의 체험은 우리가 가야 할 길을 보여준다. 우리도 그녀가 지나간 과정을 따라가서 우리의 계획과 생각, 의심, 아름다운 체험을 집착하는 욕망까지 내려놓으면 얼마나 깊은 평화가 솟아오르는지 깨달을 수 있다. 우리는 궁극적으로 거짓 인격과 분리감을 강화하는 동일시, 집착,

반감 등을 내려놓고 싶어 한다. 적어도 잠시라도 자신이 타인과 분리된 존재라는 생각을 내려놓고 싶어 한다. 그것이 바로 우리 자신의 참 본성으로 들어갈 수 있는 열쇠라고 성인들은 말한다. 분리되었다고 믿는 에고가 녹아들 때 자연스럽게 전체성과 자유를 체험한다. 에고가 녹아들기를 진정으로 원하지 않으면 분리된 에고는 쉽사리 녹아들지 않는다. 그래도 수련을 꾸준히 하면 발전이 있기 마련이다. 우리가 할 수 있는 내려놓기 수련(바이라기아)에는 세 가지 단계가 있다.

1단계 · 긴장 내려놓기

내려놓기 1단계는 신체의 긴장을 푸는 것과 관련된다. 3장에서 살펴본 것처럼 명상을 시작할 때마다 신체의 어느 부위가 굳어 있는지 온몸을 느껴보고 경직된 부위의 긴장을 날숨과 함께 밖으로 내보낸다.

신체의 긴장을 날숨으로 내보내는 것은 신체적인 이완 이상의 의미가 있다. 신체의 긴장 속에는 마음의 긴장이 묻어 있어서 신체의 긴장을 내보내면 마음도 이완되기 때문이다. 경험 많은 명상가들과 수련을 해보면, 명상을 지도하던 시간보다 호흡으로 긴장을 내보내는 부분이 좋았다고 말하는 명상가들이 적지 않다. 몸의 긴장을 풀어내는 것만으로도 깊은 명상 상태로 들어가는 명상가들도 더러 있다.

2단계 · 욕망 내려놓기

내려놓기 2단계는 여러 층의 욕망과 희망, 기대, 불안, 걱정 등을 내려놓는 것이다.

나는 명상을 할 때는 잠시 동안만이라도 만사를 제쳐두겠다는 마음을 먹고 수련을 시작한다. 마음속으로나마 직장일이나 개인사를 제쳐두고 다른 어떤 것에도 정신을 팔지 않겠다고 다짐한다. 2단계는 마음이 나를 유혹하는 욕망을 생각할 때마다 계속해서 의지를 새롭게 다지는 것이다.

> 욕망과 혐오는 우리의 가슴 나무에 사는 두 마리의 원숭이와 같다.
> 이 원숭이들이 이리 뛰고 저리 뛰고 흔들고 울어대면
> 가슴 나무는 편할 날이 없다.
>
> -《요가 바시슈타Yoga Vasishtha》

내려놓기 2단계 수련을 하면 마음에 층층이 쌓여 있던 욕망의 실타래가 드러난다. 욕망을 내려놓는 공부를 시작할 때 비로소 우리는 욕망이 얼마나 광범위하게 퍼져서 마음을 흔드는지 깨닫게 된다. 이는 명상에서 얻을 수 있는 참으로 소중한 깨달음이다. 우리는 명상을 할 때마다 다양한 얼굴로 변장한 욕망과 마주하게 된다. 사소한 욕심으로도 우리를 빗나가게 하는 마음과 정면으로 마주할 수 있는 기회인 것이다.

예를 들어보자. 부엌에서 끓고 있는 커피 냄새가 명상을 방해한 적이 몇 번인가? 눈을 감고 명상을 하다가 이제 막 마음이 가라앉으려고 하는데, 제과점에서 사다놓은 크루아상이 생각난 적은? '명상을 끝내고 전자레인지에 따끈하게 데워 먹고 출근해야지' 하는 생각을 알아차리기도 전에 당신의 마음은 명상 방석에서 일어나 부엌으로 달려간다.

욕망은 자신의 말을 따라야 하는 이유를 아주 훌륭하게 꾸며낸다. 물론 당신은 지금 아침을 먹지 않으면 회사에 지각할지도 모른다. 봐둬야 할 비디오가 있다면 아침에 일어나서 미리 봐두는 게 낫지, 늦은 시간에

비디오를 보면 잠자리에 들어서도 온갖 영상들이 머릿속을 떠돌아다닌다. 기발한 발상이 떠오르면 빨리 메모를 해두는 편이 낫지, 그렇지 않으면 귀찮게 컴퓨터를 켜고 검색하는 등 법석을 떨어야 한다. (사실 명상 방석 옆에 수첩을 두고 좋은 아이디어가 떠올랐을 때 눈을 뜨고 간단히 메모한 다음 다시 명상하는 방법도 그리 나쁘지 않다.) 더욱 뿌리치기 힘든 순간은, 고등학교 때 남자친구의 전화번호를 찾아보는 일이 아닐까? 마음속에 떠오른 남자친구의 얼굴은 거부할 수 없는 다정함이 묻어난다. 그는 파란빛에 둘러싸여 있다. 더구나 얼마 전에 이혼했다고 하지 않던가!

이런 충동들이 들쑤셔 자리에서 일어나 행동으로 옮기고 싶은 유혹을 뿌리친다 해도, 떠오른 욕구를 계속 생각하고 있으면 수련을 망치고 만다. (여러 명상가들이 빠지기 좋아하는 철학적 사색이나 머릿속 스크린에서 영화의 필름처럼 무의식적으로 돌아가는 인생 계획이나 공상처럼 미묘한 욕망을 좇는 경우도 마찬가지다.) 명상을 하다보면 이런 욕망의 영상을 거듭해서 보게 된다. 욕망에 붙잡혀서 욕망의 노예가 되고 만다면 그 결과와 대가를 피할 수 없다. 반면, 욕망이 떠오를 때마다 내려놓으면 그 힘은 약화된다. 명상을 할 때 의식을 모으는 수련이 일상생활에서도 집중력을 높이듯이, 욕망을 내려놓는 수련을 계속하면 욕망에 초연할 수 있는 힘을 키울 수 있다. 그럴 때 평상시에도 우리의 마음을 흔들어대는 충동에 휩쓸리지 않을 수 있다. 이런 형태의 내려놓기 수련이 명상의 본질이다.

Practice 날숨에 생각, 욕망, 감정 내보내기

명상 자세로 앉아 엉덩이의 촉감에 마음을 모으고 척추를 길게 늘이듯이 등을 편다. 눈을 감는다. 마음이 차분하게 가라앉고 중심이 잡힐 때까지 자신의 호흡을 지켜본다.

이제 떠오르는 생각을 알아차린다. 생각, 욕망, 감정이 올라올 때마다 날숨과 함께 밖으로 내보낸다. 들숨은 그냥 들이쉬고, 날숨에 생각을 내보낸다. 또 다른 생각이 떠오른다. 이 생각도 날숨에 내보낸다. 욕망과 충동이 올라온다. 이 역시 날숨에 내보낸다.

이 수련은 다른 식으로 변형해서 응용할 수도 있다. 시각화의 감각이 발달한 경우라면, 마음속에 검을 상상해서 떠오르는 생각을 잘라버릴 수도 있다. 마음속으로 활활 타오르는 불을 상상해서 생각이 떠오를 때마다 불 속에 집어넣을 수도 있다. (물론 아름다운 수련 방법은 아니다. 하지만 생각을 다루는 명상가는 무사의 정신으로 임해야 할 때가 있다.) 컴퓨터에서처럼 나는 마음 한쪽에 '휴지통' 아이콘을 만들어서 생각이 떠오르면 휴지통 속에 버린다.

수련이 끝나고 나서는 이 수련이 주는 효과를 곱씹어본다. 마음에 어떤 변화가 일어났으며, 무엇을 알아차렸는가? 생각을 내려놓으려고 치열하게 집중한 것이 나에게 어떤 효과가 있었는가?

3단계·생각하는 자아 내려놓기

내려놓기 3단계는 보다 정묘하다. 자신을 생각하는 자와 동일시하는 것을 내려놓는 것이다. 생각하는 자는 생각이나 욕망을 자신과 동일시한다. 끊임없이, 무의식적으로 생각하는 쪽을 선택한다. 그러므로 이제는 자신을 생각에서 떨어져 지켜보는 관조자, 지켜보는 자라고 생각한다. 억지로 생각을 쫓아내려고 덤비지 않는다. 그냥 생각에 아무런 관심도 주지 말고 한걸음 뒤로 물러선다. 그리고 자신을 뒤로 물러서서 생각을 지켜보는 자라고 여긴다.

이 명상을 수련하는 고전적 방법으로는 하늘에 흘러가는 구름처럼 생각을 바라보는 것이다. 구름은 하늘을 더럽히지 못한다. 하늘은 구름의 영향을 받지 않는다. 구름이 크고 시커멓고 천둥이 친다 해도, 구름이 제아무리 많은 비를 내린다 해도, 하늘에는 아무런 변화가 없다. 이와 똑같이 당신의 **각성**(참자아)은 생각에 아무런 영향을 받지 않는다. 당신의 의식은 안에서 떠오르는 것에 어떠한 영향도 받지 않는다.

> 이렇게 벌거벗은 상태에서
> 영혼은 아무것도 갈망하지 않으며,
> 영혼을 들어 올리거나 내리누르는 것이 없기에
> 영혼은 안식을 얻는다.
> —십자가의 요한John of the Cross

생각하는 자가 아니라 생각을 지켜보는 관조자가 되는 것은 관점을 이동하는 일이다. 그렇다면 어떻게 하면 관점을 이동할 수 있을까? 예를 들어보겠다. 자신에게 이렇게 말해보라. "내 이름은 OOO이다." 그런 다음 마음의 다른 쪽에서 그 생각을 알아차린다. 그 생각을 알아차리는 자가 곧 관조자다. 생각을 알아차릴 때 당신은 관조의 상태에 존재한다. 관조자가 된다는 것은 생각이 아니라 알아차리는 자와 동일시하는 것이다. 또는 하늘과 구름을 떠올리며 수련을 해도 좋다.

> 순수'의식'은
> '나'라는 말을 할 수 없다.
> —라마나 마하리시

조용히 앉아서 눈을 감는다. 숨이 몸으로 들어왔다가 나가는 호흡의 흐름에 마음을 모은다. 그러면서 마음 안의 공간을 알아차린다. 생각이 그 공간에서 구름처럼 지나간다. 생각이 떠오르면 떠오르는 대로, 흘러가면 흘러가는 대로 둔다. 당신은 생각하는 자가 아니라 지켜보는 자다. **각성**의 하늘에서 구름처럼 흘러가는 생각을 관찰하는 사람이다.

생각을 구름과 동일시하는 것이 아니라 **각성**의 하늘과 동일시하면 공간성의 느낌이 더욱 커진다. 그러면 생각에 붙잡히지 않고 생각을 있는 그대로 그 공간에 놓을 수 있게 된다. 이는 마음에 관한 위대한 깨달음으로 가는 작은 발걸음이다. 거기에서는 생각조차도 **의식**의 저변을 이루는 요소가 된다.

7

마음 다루기2
생각 놓아주기

어지러운 마음을 내려놓기, 수련 대상에 마음을 하나로 모으기, 생각과 영상이 떠오르는 것을 지켜보기 등은 마음공부의 기본이 되는 방법들이다. 여기에서 문제는 주체와 객체를 미묘하게 갈라놓는 이중성의 덫에 걸릴 수 있다는 것이다. 생각을 다루는 수련을 하다보면 생각을 무찔러야 할 적으로 간주하는 경우가 많다. 그렇다면 명상은 침묵을 얻으려는 마음과 저항하는 마음이 다투는 싸움으로 변질되어 아무런 느낌이 없는 상태에 빠질 수도 있다.

마음을 가장 효과적으로 다루는 방법은 그냥 있는 그대로 두는 것이다. 이 말은 마음이 천방지축 날뛰도록 내버려두라는 말이 아니다. '그냥 두는 것'은 마음의 본질을 정확히 꿰뚫을 때나 가능한 전략이다.

마음이란 무엇인가? 탄트라에서는 우리가 경험하는 '마음'이란 기운이 진동하는 신묘한 현상이다. 생각과 감정이란 파도가 일었다 가라앉았다 하는 에너지의 바다다. 평화롭고 현명한 것뿐 아니라 곤란하고 부정적이고 강박적인 것까지, 생각과 느낌은 모두 미묘하고도 역동적인 '질료質料'로 만들어졌다. 마음의 에너지는 덧없어서 찰나에 사라지고, 동시에 대단히 강력해서 일생 동안 당신을 뒤흔드는 '이야기'를 꾸며낸다. "생각을 있는 그대로 인식할 수 있다면, 즉 생각이 마음 에너지일 뿐임을 꿰뚫어볼 수 있다면 생각은 더 이상 문제를 일으키지 않는다." 이는 탄트라 성인들이 밝힌 비전秘傳이다. 그렇다고 생각이 그 작용을 멈추는 것은 아니다. 당신이 생각에 끌려 다니지 않게 된다는 말이다.

> 그대는 본래의 마음을 보지 못하고
> 생각하고 분별하는 마음을 보면서
> 그것을 '나'라고 받아들인다.
> 하지만 그것은 그대의 진짜 마음이 아니다.
> —《반야경》

현대의 뇌 연구 중에서 흥미로운 것은 뇌 안에 가소성可塑性이 내재한다는 것이다. 신경과학자들은 오래 전부터 뉴런과 수상돌기—생각과 지각의 이면에 있는 물질 구조—가 연합하여, 일정한 뇌의 패턴으로 생각과 감정을 경험한다고 보았다. 신경과학자들의 연구에 따르면, 뇌의 형태는 완전한 액체 상태로 유연하게 펴고 늘릴 수 있다. 뇌 심층부의 형태도 인지 전환이나 명상 등과 같은 수련으로 변화시킬 수 있다.

 탄트라의 성인들은 기능적 자기공명영상장치(fMRI)도 없었고 뉴런이나 수상돌기에 관한 지식도 없었다. 하지만 본질적으로 왜 인간 지성의 유연성과 창조성에는 한계가 없는지를 꿰뚫어보았다. 또한 인간의 마음 에너지와 의식을 거대한 우주의식의 축소된 형태로 보았다. 양자의 세계에서 에너지는 입자로도 나타나고 파동으로도 나타난다. 인간의 생각이 입자라면 인간의 마음은 의식의 바다에서 출렁이는 파도라고 말할 수 있다.

 파도, 소용돌이, 물보라는 바다에서 일어나서 그 바다를 떠나는 법이 없는 것처럼 인간의 마음은 개인의 생각, 지각, 기억, 성향 등의 고유한 색채를 띠지만 언제나 만물의 근원인 '사랑-지성'과 하나다. 개개의 파도에 실린 힘은 바다의 힘이다. 개개의 마음에 있는 힘은 **의식** 자체의 힘이다.

앞에서 언급한 것처럼, 개별적인 인간 의식(마음)을 뜻하는 산스크리트는 칫타chitta다. 우주**의식**을 뜻하는 산스크리트는 치티chiti다. (치티는 샥티나 쿤달리니를 지칭하기도 한다.) 두 단어 치티와 칫타는 **각성** 혹은 **의식**을 뜻하는 어근 '치트chit'에서 왔다. 이는 서구사회에서 사용하는 일상의 '의식'처럼 한계를 갖는 의식이 아니다. 치트는 절대 지성으로서의 **의식**이다. 지식과 창조에 한계가 없고, 널리 존재하고 지복이 넘치며, 뜻하는 대로 행하고 변한다. 간단히 말해서 치트는 우주 창조력으로서의 **의식**이다.

산스크리트에서 어근은 단어의 본질을 가리킨다. 개별 의식을 뜻하는 칫타는 우주를 창조하는 지성을 뜻하는 치티와 그 본질적인 면에서 다르지 않다. 유일한 차이는 크기다. 치티는 무한하고 자유롭고 전능하다. 치티는 행성과 항성, 은하에서 말미잘, 멍게까지 창조하고 없앨 수 있다. 반면에 칫타는 크기가 작고 한계가 있고 비교적 미약하다. 그럼에도 칫타는 치티가 하는 것을 할 수 있다. 그 규모만 작아졌을 뿐, 마음 안에 있는 의식의 질료는 끊임없이 창조한다. 치티가 풍경과 인간, 행성, 태양계 등을 창조하고 유지하는 것과 똑같이 칫타는 소설, 시, 철학, 설계, 피아노 협주곡, 소프트웨어 프로그램, 못된 장난뿐 아니라 생각, 아이디어, 공상, 기분 등을 창조한다.

마음에 관한 이런 진리를 온전히 인식할 수만 있다면 인간의 마음은 원래의 광대한 세계로 확장시킬 수 있을 것이다. 다시 말해 다른 모습으로 분장하고 있던 칫타가 자신의 원래 모습인 치티를 발현시킬 수 있다는 것이다. 이런 생각은 분명 충격적일 만큼 놀랄 일이다. 이는 의식 수련을 통해서만 비로소 느낄 수 있고, 이해할 수 있다.

생각이 곧 의식이다

처음 명상을 시작했을 때, 나는 고삐 풀린 망아지처럼 정처 없이 떠도는 생각에 끝없이 끌려 다니는 내 모습을 보면서, 마음이 지어내는 끝없는 생각의 숲에서도 길을 찾을 수 있을지 모른다는 암시를 받았다. 처음에는 생각, 특히 부정적인 생각, 짜증난 생각, 엉뚱한 생각, 부정한 생각들을 적으로 바라보았다. 그러던 중 어느 날 긍정적인 생각은 물론 부정적인 생각들까지 같은 '질료' ―미묘하고 보이지 않고 역동적인 질료― 로 구성되어 있는 것으로 바라보자 본질적인 변화가 일어났다. 난생 처음으로 생각의 내용에 빨려들지 않을 수 있었다.

우리 동네에 사는 다섯 살짜리 꼬마아이는 아침식사로 시리얼을 먹는데, 빨간색 시리얼만 먹지 푸른색은 손도 대지 않는다. 그 아이는 빨간 것이든 푸른 것이든 모두 설탕으로 만들었다는 사실을 모른다. 이와 마찬가지로, 우리는 생각이 지어낸 이야기에 속아서 생각의 이면에 존재하는 진짜를 보려 들지 않는다. 나는 종종 마음공부를 하는 학생들과 다음 수련을 한다. 먼저 학생들에게 마음속으로 의자를 상상하고 그 의자를 '바라보라'고 한다. 그리고 나서 의자가 무엇으로 만들어졌는지를 물어본다. 대체로 나무나 금속으로 만들어졌다고 대답한다. 그들이 마음속의 의자는 실체가 없으며 마음이 기운으로 만든 형태(像)임을 깨닫는 데는 잠깐이면 된다.

마음의 본질은 하늘과 같으나
때로는 생각의 흐름이라는 구름이 마음을 가린다.
구루의 가르침이라는 바람이 불어와
떠다니는 구름을 걷어내지만
사실 생각의 흐름 자체도 광명이다.
체험은 햇빛과 달빛만큼이나 자연스러운 것이지만
그 자체는 시공을 초월해 있다.
– 밀라레파

마음으로 만든 의자는 마음의 기운(에너지)이라는 재료로 만들어져 있음을 깨닫기만 하면, 어지러운 공상이나 마음 아픈 기억을 해체하듯 의자의 이미지를 해체해서 마음으로 되돌려 보낼 수 있다. 또는 마음속에서 생각을 만드는 기운을 실체에 내려놓음으로써 그 기운 자체를 해체하고 생각의 굴레에서 벗어날 수도 있다. 이를 깨달을 수만 있다면 당신은 생각의 폭압에서 벗어나 자유로워질 수 있다.

잠시 간단한 수련을 통해 느껴보자. 두 눈을 감고 마음에서 지나가는 생각을 관찰한다. 좋아하는 사람의 이름이나 해변을 떠올린다. 잠시 동안 그 생각을 지속한다. 이제는 그 생각의 본질에 의식을 모은다. 생각이 마음속에서 만드는 기운의 공간을 살펴본다. 마음챙김(알아차림) 명상에서 '생각하기'라고 이름을 붙이는 것처럼 자신의 생각에 '기운'이나 '생각의 질료'라는 이름표를 붙여볼 수도 있다. 자신이 머릿속에 떠올린 생각을 하나의 기운으로 인식할 때 그 생각에 어떤 일이 일어나는지 살펴본다.

●●●

이 수련은 많은 이들에게 거의 마술 같은 효력을 발휘한다. 우선 이 수련은 우리가 생각에 대해 갖는 걱정이나 갈등하는 마음을 녹인다. 더욱 놀라운 사실은 생각이 저절로 녹아서 없어지기도 한다는 것이다. '내 생각이 곧 **의식**이다'라는 마음으로 잠시 앉아 있으면 생각을 들여다보기가 힘들 수도 있다. 구름이 하늘로 흔적도 없이 사라지듯, 생각이 녹아 원래 자리인 기운 속으로 사라지기 때문이다.

마음은 여신이다

카슈미르 성인들이 생각을 춤추는 샥티, 여신의 **의식**으로 받들었던 것처럼 생각을 바라보면, 생각을 기운(에너지)으로 바라보는 수련은 더욱 흥미진진해진다. 인도 신비학의 주요 특징 중의 하나는 "영혼에는 아무런 형상도 인성人性도 없으면서도 동시에 인격적인 형상을 취할 수 있다"고 여기는 점이다. 옛 성인들이 이 점을 언급했기 때문에 이원론을 거세게 반대했던 사람들도 헌신적인 마음으로 신성을 이야기했다. 만물을 창조하는 기운인 샥티를 추상적인 힘으로 생각하면 외경심을 불러일으킬지는 모르나 이치를 알기는 어렵다. 그러한 기운을 여신으로 생각해보라. 그러면 전체적인 상황이 갑자기 인간적이고 흥미로운 것으로 변한다. 여신에게는 기도를 할 수 있고, 이야기도 할 수 있고, 경배할 수도 있으며, 사랑할 수도 있다. 마음의 기운을 신성한 '인물'이라고 생각하면, 우리는 그 인물과 관계를 맺을 수 있다. 사실 그 관계는 반드시 필요한 것이다.

아, 흔들리는 마음이여,
그대 위로 흐르는 의식을 깨워라.
인간의 몸이라는 광대한 세계로 위엄 있게 나아가는
숭고한 전쟁의 여신 칼리가 될지니……
여신 칼리는 태고의 지복이로다.
이 숭고한 백조는 오묘하고 신비로운 연꽃 화원을 유영한다.

—람프라사드Ramprasad

잠시 동안 당신의 마음을 비범하고 강력하며 아름다운 여신이라고 생각해보자. 이 여신은 자신이 여신임을 잊고 거리를 헤매며 생각의 쓰레기 더미에서 넝마를 주워 한쪽에 쌓아두고 집착한다. 이 넝마를 뼈를 씹듯 씹다가 당신에게 뱉는다. 누가 야생동물처럼 사는 그녀를 비난할 수 있을까? 그녀는 비록 자신의 참모습을 잊어버렸으나 자신이 뭔가 중요한 존재임을 지각하며, 왜 정당한 대우를 받지 못하는지 의아해한다. 당신이 그 여신에게 짜증을 부리고, 생각을 억지로 밀어내고, 그녀를 적으로 대할 때 여신의 마음은 과연 어떨까? 당신이 부랑자 같은 생각이나 공상을 하며 힘없는 희생자처럼 굴 때 여신의 마음은 어떨까? 당연히 여신은 당신의 거친 반응에 격분할 것이다. 당신이 온순하게 순종해도 그녀는 사납게 굴 것이다. 마음을 대하는 태도가 어느 쪽이든, 여신은 비생산적인 방법을 모두 동원하여 자신의 창조력을 드러낼 것이다.

샥티가 마음의 형태로 춤춘다고 당신이 생각할 때야 비로소 여신은 자유로와진다. 그때 여신은 원래의 참 모습을 드러낼 것이다. 옛날 동화에서 '한눈에 알아보고 저주가 풀리는' 왕자와 공주의 이야기처럼. 이런 종류의 동화 중에서 내가 좋아하는 원형原型은 아서 왕의 전설에 나오는 노파 래그널이다.

래그널 부인의 이야기는 검은 기사가 숲 속에서 매복하는 장면에서부터 시작한다. 아서 왕은 혼자 숲 속을 지나가다가 흑기사의 기습을 받는다. 기사는 아서 왕의 말을 빼앗고 왕을 포로로 붙잡는다. 기사는 몸값을 요구하는 대신에 한 가지 제안을 한다. 기사가 왕에게 낸 수수께끼를 일주일 만에 풀지 못하면 왕은 왕국 전부를 기사에게 내주어야 한다는 것이다.

기사가 수수께끼를 낸다. "여자가 진짜로 원하는 것은 무엇입니까?" 시대를 막론하고 모든 남자들처럼 아서 왕도 단서조차 찾지 못한다. 그렇게 왕은 말을 타고 가는데, 어느 추한 노파가 나타나서 왕이 탄 말의 고삐를 잡고는 자신의 말을 들어달라고 간청한다. 얼굴이 쭈글쭈글한 노파는 등골이 오싹할 정도로 모습이 흉하다. 정수리에 난 몇 가닥의 잿빛 머리털을 빼고는 대머리이고, 온몸은 사마귀투성이에 곱사등이다. 오리처럼 뒤뚱거리고, 갈라진 목소리로 기분 나쁘게 키득거린다.

래그널 부인이 쉰 목소리로 말한다.

"저는 래그널이라고 합니다. 제가 부르는 값을 주시면 기사가 낸 수수께끼의 답을 알려드리지요."

아서 왕이 한숨을 쉬며 말한다.

"그래, 값을 부를 수도 있겠지. 어떤 값을 치르더라도 저 비열한 자에게 왕국을 송두리째 내주는 것보다는 낫겠지."

그러자 못생긴 노파가 낄낄거리며 말한다.

"그렇다면 가웨인 경과 결혼하게 해주세요."

아서 왕은 잠시 머뭇거리며 왕국의 운명과 자신의 친구인 가웨인의 운명을 저울질한다. 그리고 결국은 왕국을 선택한다.

아서 왕이 말한다.

"수수께끼를 풀면 가웨인은 네 남편이다."

래그널 부인이 대답한다.

"식은 죽 먹기죠. 정말이지, 너무 뻔하잖아요. 여자가 원하는 건 자기 뜻대로 하는 거예요."

당연히 이 대답은 수수께끼의 정답으로 밝혀진다. 왕은 왕국을 구한다. 그리고 그의 충성스러운 신하인 가웨인은 혼례를 올리는 데 동의한다.

결혼식 날, 가웨인은 왕국 예배당에서 래그널 부인을 만난다. 웨딩드레스를 입은 노파는 흡사 해골과도 같다. 고귀한 기사, 가웨인의 결혼 상대를 본 궁정의 귀부인들은 눈물을 터트린다. 예절바르기로 소문난 그답게 가웨인의 얼굴에 고뇌하는 모습은 보이지 않는다. 결혼식이 끝나자 가웨인은 신부를 그녀의 방으로 안내하고는 작별을 고하고 그 자리를 떠나려 한다.

그러자 노파가 갈라진 소리로 말한다.

"그렇게 빨리 떠나시면 안 됩니다. 오늘 밤은 꼭 저하고 같이 잠자리를 해야 해요."

가웨인은 소스라치게 놀란다. 그래도 예의에 어긋나는 짓은 하지 않는다. 숨을 한번 깊이 들이쉬고 나서는 두 팔로 노파를 안아서 키스한다. 그의 입술이 그녀의 입술에 닿는 순간, 기적이 일어난다. 사마귀투성이에 곱사등을 한 래그널의 모습은 사라지고, 모든 기사들의 로망인 눈이 번쩍 뜨일 만큼 아름다운 절세미인이 되어 나타난다.

그녀는 긴 속눈썹 사이로 가웨인을 올려다보며 말한다.

"당신이 구해주었어요. 저는 저주에 걸려 있었어요. 예의 바른 기사가 제 입술에 키스를 해주어야 풀리는 저주 말이에요. 이제 원래의 아름다운 모습을 되찾았네요. 하지만 하루의 절반만이에요. 어느 쪽을 원하시나요? 낮에 아름다웠으면 해요, 아니면 밤에 아름다웠으면 해요?"

가웨인은 곤혹스럽다. 그녀가 밤에 아름다우면 낮에는 쭈글쭈글한 노파를 봐야 하기 때문이다. 그녀가 낮에 아름다우면 침대에서는 노파와 자야 한다.

가웨인이 입을 뗀다.

"어떻게 해야 할지 모르겠소. 당신이 택하시오."

그의 아내가 탄성을 지른다.

"아, 이제 제 저주는 완벽하게 풀렸어요. 당신이 제게 선택권을 주는 순간, 저는 하루 종일 아름다운 모습으로 살 수 있게 되었어요."

우리가 생각의 표면 아래에 숨어 있는 아름다운 여신 치티를 알아보는 순간, 여신 치티는 저주의 굴레에서 벗어나 자신의 아름다움과 권능을 마음껏 드러낸다. 여기서 중요한 것은 얼굴이 못생긴 아내를 따뜻하게 맞아준 가웨인의 마음씨다. 그처럼 우리도 마음 안에 있는 여신을 알아보고 귀하게 대하면 여신은 아름답고 찬란한 자신의 모습을 드러낼 것이다.

Practice	마음을 창조의 여신으로 바라보기

편안한 자세로 앉아 눈을 감는다. 호흡에 의식을 모은다. "호흡은 창조의 여신인 샥티의 다른 모습이다"라고 속으로 말한다. 그리고 생각이 떠오를 때마다 "이 생각을 여신의 의식으로 받든다. 신성한 의식의 기운으로 받든다"라고 속으로 말한다.

이 수련을 적어도 10분 동안 계속한 다음, 마음의 흐름에 어떤 변화가 있는지 살펴본다.

부정적인 생각 다루기

이 수련은 평소에 떠오르는 생각으로 하면 한결 쉽다. 마음속으로 강하게 바라던 생각이나 부정적이거나 밀어내고 싶은 생각일 경우에는 좀 더 까다롭다. 대체로 부정적인 생각은 엄정하게 심판하는 경향이 있기 때문에 영향력을 강하게 행사하는 것이다. 우리는 암암리에 정신적인 부분에 엄중한 잣대를 들이대는 경우가 많다. '나는 지적이고 성숙하고 마음씨 좋고 착한 사람'이라는 이미지에 어울리기 때문에 받아들이는 생각도 있고, 지나치게 부정적이거나 기대치에 비해 성숙과 사랑이 부족하다고 여기는 생각도 있다. 우리는 긍정적인 생각을 받아들이고 부정적이거나 나쁘다고 여기는 생각은 쫓아내려고 한다.

명상가에게 마음을 재단하는 습관은 선척적인 질병이다. 이는 무의식 속에 숨어 있던 심판자, 부모와 같은 모습이 밖으로 드러난 것이다. 우리는 무서운 부모의 비판을 신의 말씀으로 혼동하는 경우가 적지 않다. 이 심판자는 내면에서 떠올라 약하고 미숙하고 나쁜 것은 무엇이나 독선적으로 비난하고, 일반적으로 못났다고 생각하는 것들을 끊임없이 감시한다.

> 마음이 미망에 사로잡히면 아둔하고 평범해진다.
> 그러나 마음이 깨어나면 부처만큼 지혜로워진다.
> ─혜능

그러나 불이론적인 시각으로 보면 부정적인 생각도 샥티의 발현이다. 질투, 분노, 미움 등 보기 싫은 감정도 여신이 창조한 것이다. 불안, 두려움, 아픈 기억들도 **의식**에서 떠오른 파도며 여신에게서 나온 것이다.

생각이든 형상이든 모두 의식의 바다에서 떠오르는 파도요 거품임을 깨달으면 당혹스럽거나 두렵거나 적대적이거나 무서운 생각이 올라와도 동요하지 않게 된다. **의식**은 창조력에 한계가 없기 때문에 '부정적'으로 수축했다가도 순식간에 사랑으로 확장된다. 치티 여신은 한 생각을 발현할 수도 있고 동시에 그 생각을 내려놓을 수도 있다. 생각이나 감정을 **의식**의 부분으로 인식하는 순간, 그 생각이나 감정은 원래의 자리로 되돌아간다.

예를 들어보자. 나는 오랫동안 새벽 명상을 해왔다. 이 글도 새벽 명상 후에 쓰고 있다. 집필 활동에 몰두해 있기 때문에 요즘 내 마음은 분주하다. 무엇을 쓸 것인지에 대한 생각과 창조적 열망으로 가득하다. 그러나 이런 열망은 초조, 불안, 걱정으로 빗나갈 때가 종종 있다. 오늘 아침에도 명상을 하면서 호흡에 초점을 맞추며 들숨과 날숨 사이의 공간을 지켜보았다. 보통은 잠시 이렇게 명상을 하면 호흡 사이의 공간이 넓어지고 참자아 또는 **의식**과 하나 되는 공간으로 빠져든다. 하지만 오늘 아침에 호흡 사이의 공간은 폭풍우가 몰아치는 바다처럼 일렁거렸다. 기운은 날이 서 있는 것처럼 불편하고 불안했다. 그러고 나서 바다 한가운데서 거대한 불안의 파도가 떠오르며 말을 하는 듯했다. '맙소사! 구조構造, 구조, 구조가 뭔지 나는 모르겠어!'라고 말을 하는 듯했다.

바로 그 순간 '번쩍!' 하고 깨달음이 왔다. 불안은 하나의 기운일 뿐이요, '불안'이란 말은 불안의 기운이 취한 형상임을 보았다. 생각의 내용에 주의를 기울일 필요가 없음을 깨달은 것이다. 그 대신에 불안이란 감정과 이를 말로 표현하는 기운에 의식을 모았다. '불안은 그저 기운일 뿐이다'라는 느낌으로 불안을 바라보았다. 바로 그 순간, 불안의 기운이 용해되어 원래의 자리로 돌아가고, 내 **의식**의 표면은 지복이 흘러넘치며 요동치는 기운의 바다 속으로 녹아들어 갔다.

물론 명상 중에 떠오르는 인상적인 생각이 주의를 기울여야 할 메시지일 때도 있다. 뭔가 주의를 기울일 필요가 있다고 느껴지면 분명히 그럴 필요가 있다. 그러면서도 옆길로 새서는 안 된다. 그 인상 깊은 생각을 그저 마음속으로 메모해두자. 명상이 끝난 후 신경을 써주겠다고 다짐하라. 그런 다음 다시 명상 속으로 들어가라. 정말로 중요한 내용이라면 잠시 눈을 뜨고 메모할 수도 있다. 나는 명상하는 방석 옆에 펜과 메모지를 놓고 명상한다. 잊지 말아야 할 통찰이 오면 펜을 들고 메모한 다음, 다시 명상 속으로 들어간다.

마음이 어디로 가든,
내부로 향하든 외부로 향하든 관계없이
모든 곳에 신성神性이 있구나!
모든 곳에 신성이 있으니,
마음이 어디로 간들 신성을 피할 수 있을까?
－비기아나 바이라바

강렬한 감정 다루기

생각과 감정을 그 기운 속으로 녹여버리는 법을 알면 일반적인 생각뿐 아니라 무의식에서 올라오는 심각한 감정도 다룰 줄 알게 된다. 명상을 하려고 눈을 감기만 하면 심각한 감정들이 올라와서 자신을 덮치기 때문에 명상을 두려워하는 사람들이 많다. 너무 심각해서 받아들이거나 소화할 수 없는 감정들을 여태껏 안고 산 것이다.

그렇지만 자신의 **의식**이나 참자아나 **각성**에 주의를 기울이면, 명상 중에 올라오는 심각한 감정을 보다 안전하게 처리할 수 있다. 강렬한 감정이 올라오면 이를 알아차려서 광대한 각성으로 품고 **의식**으로 녹일 수 있다. 그러므로 명상 중에 두렵거나 비탄에 잠길 때, 분노와 질투와 불안 등으로 시달릴 때는 **각성**이 심각한 감정을 소화하는 기관이자 그 감정을 녹이는 용광로라고 생각하라. 명상에서 배우는 가장 중요한 것은 '강렬한 감정을 **각성**으로 바라보며 **각성**으로 녹이는 법'을 터득하는 것이다. 이런 방법을 터득하면 명상 중에 일어나는 심각한 감정을 무서워하지 않아도 된다. 당신이 다루지 못할 감정은 없다. 극도로 충격적인 감정까지도 말이다.

몇 년 전이었다. 내 친구는 다른 여자와 사랑에 빠져서 이혼해야겠다는 남편의 말을 듣고 충격을 받았다. 그녀는 자신의 결혼생활에 아무런 문제가 없다고 믿었다. 남편을 무척이나 사랑했다. 그래서 비탄과 분노, 불안, 불신, 배반, 혼란의 감정이 홍수처럼 밀려왔다. 그녀의 감정은 참을 수 없는 것들이었다.

마음속에서 격한 감정들이 소용돌이칠 때 명상은 대단히 어려워진다. 고민 끝에 친구는 감정들을 대면하기로 마음먹고 명상을 하겠다고 자리에 앉았다. 분노의 감정이 끓어오르면 오르는 대로 느꼈다. 가슴 부위가 뜨거워지고 호흡이 빨라졌다. 견딜 수 없는 슬픔으로 인해 두 눈이 시큰거리며 금방이라도 눈물이 쏟아질 것만 같았다. 배신과 복수의 말들이 더 이상 나오지 않을 때까지 끓어오르는 감정들을 관찰했다.

어느 날, 그녀는 명상을 하며 감정의 맹렬한 공격에 고통스러워하다가 별안간 자신의 **각성**을 알아차리게 되었다. 어떻게 자신의 **각성**이 감정들을 감싸고 있는지 느낄 수 있었다. 그런 다음 어떤 모습이 떠올랐다. 침대를 따뜻하게 데우는 오래된 다리미 같은 것이 보였다. 그리고 그것이 자신의 **각성**임을 깨달았다. 불타는 석탄이 침대를 데우는 다리미 안에 있듯이 그녀의 뜨거운 감정들이 **각성** 안에 있는 것 같았다.

그녀는 감정들을 있는 그대로 두었다. 감정들을 있는 그대로 느끼며 감정과 관련된 신체적 감각들을 느꼈다. **각성**으로 감정들을 품에 안았다. 그리고 얼마 후, 감정들이 그녀의 **각성** 속으로 서서히 녹아들기 시작했다. 그녀는 명상을 끝내고 몇 시간 동안 격한 감정에서 온전히 자유로울 수 있었다.

격렬한 분노로 끓어오르거나
말로 다 표현할 수 없는 기쁨을 느낄 때,
어찌할 바를 모르고 미궁에 빠졌을 때,
공포 상황에서 있는 힘을 다해 도망칠 때 일어나는 격한 마음에
샥티 여신의 창조적 진동인 '스판다'가 충만하게 스며들어 있음을 알라.
거기에서 샥티 여신을 찾으라.
─〈스판다 카리카Spanda Karikas〉

그 후로 매일같이 앉아서 명상을 하며 감정들이 떠오르게 했다. 그리고 **각성**으로 안은 다음에 녹였다. 그렇게 수련하자 비통한 마음의 다른 층들이 나타났다. 새롭게 나타난 고통은 예전의 상실과 상처와 분노의 감정들과 섞여서 더욱 심해지는 듯했다. 유년 시절의 기억이 번뜩 떠오르면 호흡에 변화가 왔다. 심지어 전생을 목격하기도 했다. 그렇게 자신의 **의식** 안에 감정들을 놓고 있자 감정의 층들이 녹아들기 시작했다. 이렇게 몇 주 동안 매일 명상을 하고 나자, 그녀는 남편에게서 버림받은 상처와 분노에서 벗어났을 뿐 아니라 무의식에서 그녀를 조종하던 슬픔에서 해방될 수 있었다. 층층으로 쌓인 해묵은 상처와 분노와 고통이 흔

적도 없이 녹아내렸다.

　이러한 과정은 결코 쉽지 않다. 중도에 포기하지 않으려면 상당한 용기가 필요하다. 관건은 내면에서 벌어지는 드라마의 스토리, 즉 감정의 내용에 대한 집착을 내려놓고 먼저 감정 자체와 그 에너지에 초점을 맞추는 것이다. 명상 속에서 이런 과정을 익혀나가면 이를 실생활에서도 응용할 수 있는 때가 온다. 분노와 질투와 슬픔 등의 감정이 올라오면, **각성**으로 해당 감정을 붙들어서 감정의 기운이 **각성**의 기운 속으로 녹아들게 할 수 있다.

Practice　　　　　　　　　　　의식으로 강렬한 감정 녹이기

　상체를 바로 하고 편안하게 앉아 눈을 감는다. 호흡의 흐름에 마음을 모은다. 호흡을 따라가다가 들숨이 끝나는 가슴 중앙에 의식을 모은다. 이 부위는 심장을 말하는 게 아니라, 쇄골에서 10~12센티미터(대략 손가락 8개 너비) 아래, 흉골 안쪽에 위치한 가슴센터이다. 이 가슴센터 안쪽의 공간으로 들어가라. 호흡과 함께 가슴 공간이 부드러워지고 확장된다고 상상하라.

　가슴 공간에 각성을 유지하면서 분노, 비통, 자만, 두려움, 욕망 등 강렬한 감정을 불러일으키는 상황을 떠올린다. 현재 그런 감정을 일으키는 상황이 없다면 과거의 경험을 더듬어본다. (현재 겪고 있는 상황만큼 심각하지 않더라도 과거의 감정을 가지고 수련해도 무방하다.)

　떠오른 감정으로 마음을 채워가되 감정에 대한 생각은 내려놓는다. 감정과 관련된 구체적인 내용도, 그 상황에 집착하는 마음도 내려놓는다. 순수하게 감정의 에너지와 그 신체적 느낌에만 마음을 모은다. 그 느낌은 신체 어느 부위에서 올라오는가? 머리, 가슴, 복부,

아니면 다른 곳에서? 어떤 감각이 느껴지는가? 그 감각은 가슴에서 올라오는가? 날카로운가? 무거운가? 또 다른 감각도 느껴지는가? 감정의 느낌에 마음을 모으면서 동시에 감정을 담고 있는 **각성**의 장, 가슴 공간을 알아차려라. 감정의 느낌을 당신의 **각성**으로 붙들고 있으면서, 동시에 가슴 공간 안에서 감정을 느껴보라. 그대로 앉아서 감정을 느껴보고, 그 에너지를 느껴보면서 가슴 부위에 의식을 모아, 그 공간이 계속 확장된다고 느낀다.

감정의 기운이 **각성** 속으로 녹아들 때까지 앉아서 명상한다.

만물은 내 의식 안에 있다

부정적인 생각과 강렬한 감정 너머를 바라보고 생각과 감정의 본질인 에너지(기운)를 살펴보는 수련을 함으로써, 자유롭게 자신을 바라볼 수 있게 되었다. 그리고 명상 중에 나타나는 것은 모두 순수 샥티요, 순수 **의식**임을 깨달았다. 형상과 생각, 감정 하나하나는 모두 에너지로 되어 있다. 극도로 추하거나 무서운 생각도 **의식** 자체다. 더없이 아름다운 모습도 **의식**이다. 훌륭한 체험이든 그렇지 않든, 모든 것은 용해되어 궁극적으로 **의식**으로 돌아가야 한다.

티베트 탄트라에서 수련한 수행자는 자신에게 주어진 신에 대해 명상하라는 가르침을 받는다. 그러면 먼저 신을 시각화한 다음, 자신의 의식 안에 신의 형상을 그린다. 시각화가 끝나면, 마음 밖으로 나와서도 신을 보는, 이를테면 신이 자기 앞에 나타나서 움직이고 말하는 경지에 이른다.

힘겹고 복잡한 시각화 수련을 성취한 수행자는 실제로 신의 모습을 나타나게 하는 게 가능하다고 한다. **의식**의 창조력에는 한계가 없기 때문에 가능한 것이다. 대단히 강력한 의지로 대상에 집중하면 그것은 마음 안에서 실체로 나타난다. 마음의 본질이 집중하는 대상에 형상을 불어넣고 그 실체를 탄생시킨다. 그리고 집중하는 대상의 종류에 따라 그것을 실제로 경험하게 된다.

> **그대의 마음은 원래 하늘만큼 순수하고 비어 있다.**
> **이게 진실인지 아닌지 알아보려면**
> **그대의 마음을 들여다보라.**
> −파드마삼바바Padmasambhava

생각과 느낌, 심상, 감각 등이 종합적으로 경험의 전체를 구성한다. 집중하는 대상이 부정적인 것—누군가가 무심코 당신에게 내뱉은 말이나 지구 온난화에 관한 뉴스 등—이면 당신은 분노나 슬픔, 공포의 느낌을 경험한다. 눈물을 억지로 참아서 눈가가 시려오거나 억누른 분노로 호흡이 가빠진다. 펴진 손이 오그라들어 주먹이 되듯, 올라온 감정 때문에 의식이 오그라든다. 자신도 모르는 사이에 당신의 세상은 모조리 슬프거나 화난 모습으로 변한다. 부정적인 생각은 신체에 고유의 감정과 긴장을 불러일으키며, 나아가 면역계에 영향을 미치기도 한다.

이와 마찬가지로 만트라나 좋은 생각, 긍정적인 생각, 불꽃이나 신의 형상에 의식을 모으면 사랑, 존경심, 행복, 편안함, 충만함과 같은 생각이나 감정이 나타난다. 우리는 대부분 긍정적인 생각과 관련된 감정은 좋아하지만 부정적인 생각과 관련된 감정은 좋아하지 않는다.

그렇지만 찬란하게 빛나는 아름다운 상이나 모습도 결국에는 용해되어 **의식**으로 회귀해야 한다. 이것이야말로 티베트에서 신의 형상을 시각화하는 수련의 요체다. 수행자는 신의 형상이 실제로 눈앞에 나타날 만큼 생생해지면 이를 녹여서 다시 자신의 **각성** 속으로 돌아가게 해야 한다. 이 수련의 궁극적인 목적이 신의 형상을 비롯한 만물이 우리 자신의 **의식**이 현현한 것이며, 그래서 만물은 **의식** 안에 있음을 깨닫는 것이기 때문이다. 베단타의 성자들이 말하는 것처럼, "만물은 인간이 존재하기 때문에 존재한다. 만물은 인간의 참자아 안에 있다."

무엇을 대상으로 명상하든, 어떤 결의로 명상하든 "생각과 감정, 심상, 정서, 그리고 명상의 대상 모두는 **의식**(샥티)으로 이루어져 있음을 알아야 한다"고 탄트라는 우리를 일깨운다. 생각이나 감정은 모두 내면에서 솟아오르는 기운인 샥티가 현현한 것들이다.

이러한 진리를 깨달을 때, 우리는 명상의 핵심에 가까이 다가갈 수 있다. 가웨인 경의 이야기에서 본 것처럼 이제 우리는 수련할 준비가 되었다. 우리의 명상을 안내하도록 샥티에게 내맡길 준비가 되었다.

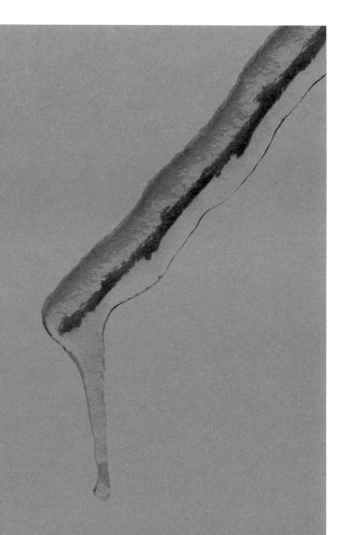

8

샥티의 인도를
따르라

몇 해 전, 지인이 오후 명상을 함께하자고 했다. 명상을 힘들어하던 그 지인은 나와 함께 명상을 하면서 돌파구를 찾고자 했다.

내가 물었다.

"문제가 뭐예요?"

그녀가 대답했다.

"잘 모르겠는데, 내 생각에는 가슴이 메말라서 그런 것 같아요. 가슴에서 기운이 전혀 느껴지지 않거든요."

내가 다시 물었다.

"기운이 느껴지는 부위는 어딘가요?"

그녀가 잠시 눈을 감고 있다가 대답했다.

"양 눈썹 사이에 무언가가 누르는 것 같아요. 특히 눈을 감으면 심해지거든요."

"그 부위에 의식을 모아보면 어떨까요? 그 기운 속으로 들어가 보세요. 그 부위로 숨을 들이쉬고 내쉬어 보세요."

그녀는 그렇게 눈을 감고 30분 동안 명상을 하다가 눈을 떴다.

내가 물었다.

"어때요?"

그녀가 명상한 내용을 설명했다.

"엄청난데요. 그 부위에서 느껴지는 기운으로 호흡을 계속했는데, 잠시 후 열렸어요. 에메랄드빛의 초원에 있었어요. 햇빛이 하도 강렬해서 쳐다볼 수가 없었어요. 햇빛이 점점 거대해지자 내가 그 속으로 들어갔어요. 정말 대단했어요."

> 쿤달리니는 모든 사람 속에서 번개처럼 밝게 빛나지만,
> 요가 수행자의 가슴속에서만 자신을 드러내고
> 자신의 기쁨 안에서 춤을 춘다.
> ─〈샤라다 틸라카Sharada Tilaka〉

그 순간, 나는 명상의 궁극적인 비법을 터득한 것 같았다. '기운이 느껴지는 곳을 찾아서 기운이 인도하는 대로 따라가라.' 신체에서 느껴지는 미묘한 기운으로 자신만의 명상법을 찾아라. 그 방법을 찾으면 쿤달리니와 영적인 기운, 그리고 내면의 깨어난 **현존**이 당신의 명상을 인도하고 도와줄 것이다.

이런 깨달음은 내면 여행에서 깨우친 것들과 그리 다르지 않았다. 이런 깨달음은 명상의 기본이었고 처음 명상을 시작하며 받은 가르침이었다. 자신의 쿤달리니가 깨어났는지를 확인하려면 자신의 명상이 자연스럽게 일어나는가를 보면 된다고 탄트라는 말한다. 물론 세세한 부분은 사람마다 다르다. 명상이 일어나고 있는지는 대단히 미묘해서 세밀하게 주의를 기울여야 한다. 지인과의 대화를 마치고 나서야 나는 쿤달리니 샥티가 내면에서 어떻게 작용하는지 알아보지 않았음을 깨달았다.

물론 나는 항상 샥티의 현존을 느끼고 있었다. 특히 명상 중에 샥티가 나타나서 내 생각들을 녹이고 관조의 경지로 들어가게 하거나, 나를 하타 요가 자세로 밀어 넣고 그 자세를 유지하게 하거나, 내 의식을 행복의 바다 속으로 밀어 넣고 거기에 내맡기게 할 때 그 현존을 느꼈다. 샥티가 어떻게 특정 수련에 힘을 주는지, 가르침을 실제로 체험할 수 있도록 어떻게 생명력을 불어넣는지 깨달았다. 한편으로는 자식이 밥해주고 빨래해주는 엄마의 존재를 당연시하는 것처럼, 나도 샥티의 존재를 당연시하는 경향이 있었다. 그러면서 내 안에 있는 기운에게 나를 인도하고 싶어 하는지, 어디로 인도하고 싶은지 물어보지 않았던 것이다.

일단 내면에서 쿤달리니가 깨어나면, 테크닉을 넘어서 감미롭고 신비롭게 확장하는 경지로 들어오라는 부름을 받는다. 이 부름에 따라, 샥티의 신호에 주의를 기울이고 샥티의 인도를 따라가는 만큼 명상은 깊어지고 확장된다.

쿤달리니의 인도를 따른다는 것이 무엇을 뜻할까? 수동적인 자세로 뒤로 물러나서 무언가가 일어나기를 기다리는 것일까? 아니면 쿤달리니와 더불어 적극적으로 수련하며 쿤달리니의 안내를 따르는 것일까? 자신의 샥티와 올바른 관계를 형성하려면, 명상의 기본—좌정하기, 의식을 내면으로 향하기, 은총을 기도하기—을 넘어서 무엇을 해야 할까?

보통은 의식을 한곳에 모으는 집중의 문제다. 쿤달리니와 춤을 추든, 쿤달리니의 흐름을 따라가든, 일단 쿤달리니가 움직이면 샥티의 감각이 느껴지는 대로 파장을 맞춰야 한다. 쿤달리니는 고동친다. 쿤달리니는 고동치는 파동으로 우리와 소통하고, 우리를 내면으로 이끌어 보다 깊은 차원으로 안내한다.

샥티의 증거

내면의 샥티는 미묘한 자극과 느낌, 감각, 통찰, 심상, 체득 등으로 우리와 소통한다. 이런 소통 중에서 일부는 우리가 파장을 맞추기만 하면 곧장 인식할 수 있다. 예를 들어, 지금 명상을 하고 싶은 마음이 간절하다고 하자. 일과시간이라면 내면에서 강하게 끄는 힘이나, 내면으로 들어가려는 열망이 자주 올라온다. 이러한 명상의 욕구는 자연스러우며, 자신의 의식을 일깨우는 명상가에게는 허기나 갈증만큼 강하고도 자연스러운 충동이다. 내면으로 들어가려는 충동은 책상에 앉아 있을 때나 버스를 탔을 때도 일어날 수 있다. 또 몸이 무겁게 느껴지거나 졸리는 현상으로 나타날 수도 있다. 주의를 기울이지 않으면 낮잠을 자거나 커피를 마셔야겠다고 생각할 수도 있다. 그러나 진정으로 필요한 것은, 잠깐 몇 분이라도 명상을 하고 싶은 충동에 응하는 것이다. 필요하다면 욕실의 문을 잠그고 있어도 좋고, 운전 중이라면 차를 한쪽에 세워도 좋다.

쿤달리니가 작용하는 것을 보여주는 극적인 증거도 있다. 내면에서 빛이 나타난다거나, 자신도 모르는 사이에 자신의 경험을 관찰하며 관조하는 경지로 들어가는 경우가 그렇다. 사랑의 느낌이 떠오르고, 이 사랑에 관심을 기울이면 사랑이 커지는 사람도 있다. 각성이 몸의 경계를 넘어 확장되기도 한다. 호흡이 빨라지거나 멈추기도 하고, 머리를 흔들거나 앞뒤로 움직이기도 한다. 내면에서 다른 차원, 다른 경지로 떨어지거나 상승하기도 한다. 표면의식 뒤에 숨어 있던 **각성**이 전면으로 나타나는 것 같기도 하다. 환상이 나타나기도 한다.

샥티의 증거는 상당히 미묘하다. 심장에서 맥박을 느끼거나 이마에서 무언가가 찌릿찌릿하거나 옆구리에서 기운의 흐름을 느끼거나 만트라를 염송하고 싶은 생각이 치솟기도 한다.

마침내 기도와 명상의 진정한 본성을 깨달았으니
기도와 명상은 그대가 갈망하고 기대하는
그대만의 유희라네.
−람프라사드

극적인 증거들에 비해 미묘한 증거들은 두드러지지 않아서 관심이 가지 않을 때가 많다. 그렇다고 해도 미묘한 증거들은 극적인 증거만큼이나 중요하다. 이들은 내면의 샥티가 열리는 방향을 가리키는 흔적이자 발자국이기 때문이다. 우리는 자신을 위해 그러한 징후들에 관심을 기울이고 알아보는 법을 배워야 한다. 거기에는 교과서가 따로 없다.

지금 이 순간 눈을 감고 몸 안의 기운에 파장을 맞추고 싶은 마음이 들지도 모르겠다. 간단한 수련을 해보자.

Practice 샥티 감지하기

눈을 감고 몸에 힘을 뺀 다음, 상체를 바르게 한다. 내면으로 들어가서 자신의 몸을 느껴본다. 어느 부위에서 기운의 흐름이 느껴지는가? 그 기운의 느낌은 어떠한가? 특정 부위에서 고동치고 있는가? 사랑스러움, 두통, 열망 등의 느낌과 관련이 있는가? 압박감, 열기, 딱딱함, 부드러움 등의 감각이 느껴지는가? 소리가 들리거나 빛이 보이는가? 내면에 나타나는 것이 자신과 친숙한 것들인지 하나하나 살펴보라.

내면세계로 향하는 이정표

자신의 감정을 느끼고 정보를 처리하고 문제를 해결하는 방식이 각자 다르듯이, 명상세계도 서로 체험하는 방식이 다르다. 자신만의 방식이 틀리지 않다는 사실을 확인하기 전까지 대개는 자신의 명상 체험을 확신하지 못한다. 특히 자신의 체험이 스승이나 경전이 말하는 체험과 다를 때는 더욱 그렇다. 명상은 마음이 죽은 듯이 고요해지는 것이라거나, 훌륭한 명상은 환상을 보고 극적으로 의식이 전환되는 것이라고 듣거나 배웠다면, 소소한 통찰이나 기운의 움직임, 기분의 변화, 작은 느낌 등을 무시해버릴 수도 있다. 이런 것들이야말로 내면세계로 가는 데 더 없이 중요한 이정표인데도 말이다.

> 존재의 모든 영역에서 체험하는 최상의 지복은
> 우주의 어머니, 즉 지고하게 지복으로 충만한 이다.
> —람프라사드

테라바다Theravada(소승불교의 하나)나 선불교의 스승들은 위에서 언급한 체험들이 현상계의 단순한 현상에 불과하니 넘어가라고 말한다. 위의 체험들에 집착하거나 수행의 목적으로 삼아서는 안 된다고도 한다. 그러나 탄트라나 은둔자들의 명상 전통에서는 내면의 현상들을 보다 신중하게 다룬다. 따끔거림이나 압박감, 기운이 몸 밖으로 퍼지는 현상, 체온의 변화, 내면의 쾌감이나 황홀함, 환상, 내면의 노래나 소리를 듣는 현상, 몸이 저절로 움직이는 현상 등을 내면이 변화하는 징표로 생각한다. 이런 느낌이나 현상들은 모두 각성의 변화를 보여주며 그 다음 어디로 가야 하는지를 보여주는 이정표다.

쿤달리니 인식하기

시각이든 청각이든 운동감각이든 감각은 모두 쿤달리니의 특정한 면이 드러난 것이다. 이 쿤달리니는 행동하는 힘의 원천이며 '크리야 샥티 kriya shakti'라고 부른다. 간단하게 '크리야'라고도 하는데, '요가의 움직임'이라는 뜻이다.

그러나 크리야 샥티는 쿤달리니의 유일한 권능이 아니다. 쿤달리니가 활성화되면 네 가지 기운이 깨어나는데, 이는 크리야 샥티만큼이나 중요하다. 카슈미르 시바파의 스승들은 이 네 가지 기운을 **각성**의 권능(chit shakti), 지복의 권능(ananda shakti), 의지의 권능(iccha shakti), 지식의 권능(jnana shakti)으로 표현한다. 이 권능은 우주의 기운, 즉 생명을 창조하고 유지하는 샥티 안에 들어 있다. 시바파에서는 우주에서 벌어지는 움직임은 모두 샥티의 권능에 의한 것으로 본다.

여기에 핵심이 있다. 우리 안에서 쿤달리니가 활성화되면 그 권능은 내면세계에서 완전히 발현된다. 쿤달리니의 권능이 내면에서 활동할 때 우리는 영적인 체험을 하는데, 우리가 명상 중에 체험하는 것은 모두 쿤달리니의 네 가지 권능으로 일어난다.

예를 들어 의식이 확장되는 체험은 **각성**의 권능인 치트 샥티chit shakti에서 온다. 치트 샥티는 자연스러운 관조의 체험이나 '우리의 **각성**이 만물에 스며들어 있음'을 깨닫는 체험, 몸과 마음을 초월한 순수 존재의 체험 등으로 나타난다.

지복의 권능인 아난다 샥티ananda shakti는 사랑, 만족, 기쁨, 가슴이 끝없이 확장되는 느낌 등이 자연스럽게 솟아오르는 체험이다. 아난다 샥티는 일상의 기분이나 외적인 경험과는 관련 없이 심오한 차원에서 일어나기 때문에 아난다 샥티가 깨어난 기쁨은 일반적인 즐거움과는 비교할 수 없다. 일단 아난다 샥티가 솟아오르기 시작하면, 일이 잘 풀려가든 슬픔과 좌절을 겪든 상관없이 기쁨의 파동을 느낄 수 있게 된다.

신성한 의지의 권능인 잇차 샥티iccha shakti의 힘이 깨어나면 우리의 의지력이 향상되어 보다 편안하게 요가수련을 하고, 깊은 명상 상태에서 마음을 하나에 모으며, 일상생활도 한결같은 마음으로 할 수 있게 된다. 잇차 샥티는 마음을 내면이나 명상으로 향하게 하는 힘이다. 쿤달리니가 움직이기 시작하면, 내면의 힘으로 평상시보다 훨씬 일찍 일어나는 경우도 있다. 보이지 않는 내면의 힘이 '이제 일어나서 명상할 시간이 되었습니다'라고 알려주는 자명종 역할을 한다. 또한 잇차 샥티는 이끄는 힘, 특정 행동에 대한 옳고 그름의 판단, 양심, 명상 중이나 명상 후에 오는 직관의 형태로 나타나기도 한다. 내면의 힘이 인도하는 것에 파장을 맞추려면 일상적으로 마음에서 오는 충동과 내면의 힘이 보내는 신호를 분별할 수 있을 때까지 내면의 힘이 보내는 신호를 따르며 수련해야 한다.

지식의 권능인 기아나 샥티jnana shakti는 진리를 파악하는 힘, 이해, 통찰을 가져온다. 기아나 샥티는 존재의 순수**각성**인 참자아와 한계가 있는 자아 사이의 차이를 밝힌다. 체험의 의미를 보여주고, 미묘한 진리의 가르침과 암시와 깨달음을 보여준다. 기아나 샥티는 마음속 깊은 곳에서 올라오는 의문에 답하는 권능이며, 궁극적으로 우리가 **진리**를 알아볼 수 있도록 이끈다.

거듭 말하지만, 우리는 쿤달리니가 내면에서 존재를 드러내는 방식을 인식할 줄도, 존중할 줄도 알아야 한다. 한번은 친구가 자신의 체험은 빛, 지복, 극적인 내용이 없어서 항상 자신의 체험을 스스로 깎아내린다고 했다. 그러던 어느 날, 실제로 쿤달리니가 그녀에게 말이라도 거는 것처럼 통찰력 있는 목소리가 들렸다. "크리야 샥티는 너의 길이 아니다. 지성의 길인 기아나 샥티가 바로 너의 길이다." 그 후, 친구는 명상 중에 떠올랐던 미묘한 깨우침이 주는 의미를 인식하기 시작했다. 명상 중에 떠오르는 깨우침에 마음을 모으고 묵상했다. 그렇게 하자 그의 명상은 저변에 흐르는 **각성**의 중심에 뿌리를 내리기 시작했다. 그래서 본질적이고 강력하고 지속적으로 참자아를 체험하기 시작했다. 그렇게 샥티가 인도하는 길을 인식하고 따라가자 그의 명상은 10년 동안 했던 수행보다 더욱 깊어지기 시작했다.

왜 그렇게 많은 사람들이 명상 중에 나타나는 길과 이끎의 의미를 알려고 애쓰는 걸까? 우리는 자신의 체험을 객관화하려는 경향이 있기 때문이다. 마치 영화를 보는 것처럼 자신의 명상을 수동적으로 바라본다. 미묘한 체험—특히 순전히 기적인 체험—을 하면 그 체험을 무시하거나 당연하게 여기는 경우가 적지 않다. 또 체험이 크고 극적이면 무언가 특별한 일이 일어났다거나 명상의 경지에 오른 징표로 해석하려고 든다. 자신과 체험을 분리한다는 점에서 양쪽의 경우는 다를 게 없다. 우리는 체험을 전리품이라도 되는 양 집착하거나, 그냥 한쪽에 치워두거나, 분석하는 데 매달리거나, 뜻하는 바가 무엇일까 따져보기도 한다.

이와는 달리, 자신의 체험을 샥티가 직접 보내는 신호나 깊은 명상의 차원으로 향하는 문으로 받아들이고 그 길을 따라간다면, 어떤 길을 택해도 당신의 명상은 깊어질 것이다.

확장된 각성과 하나 되기

눈 뒤쪽에서 부드러운 불빛이 빛나는 모습을 떠올린다. 아주 부드럽게 그 빛에 의식을 모은다. 빛에 집착하려는 마음을 내려놓는다. 그냥 부드럽게 그 빛에 의식을 모은다. (불빛을 정면에서 바라보는 것보다는 측면에서 바라보는 것이 나을 때가 많다.) 부드럽게 불빛으로 호흡해도 좋다. 호흡을 하며 당신의 의식과 불빛이 하나가 되게 한다. 혹은 하나하나 살펴보아도 좋다. 불빛의 모습은 어떠한가? 그 결은 어떠한가? 무엇이 보이고, 무엇이 들리는가? 또는 자신의 시각을 달리 해서 할 수도 있다. 불빛을 밖에서 보면서 관찰하기보다는 자신이 불빛 안에 있다고 상상해본다. 사방에서 들리는 소리에 주의를 기울인다.

체험 속에 머무르면 좀 더 깊은 내면세계로 들어간다. 각성이 확장되는 느낌이 드는 경우도 있지만 그 느낌은 대개 어느 지점에서 멈추기 마련이다. 확장된 각성의 세계에 머물며 확장된 의식의 미묘한 결을 느끼거나 내면세계에 펼쳐진 의식의 장 속으로 들어가서 그 느낌을 감지할 수도 있다. 의식 속으로 들어가는 것은 곧 의식과 하나 되는 일이다.

> 타자他者로부터 벗어나 나 자신에게로 향할 때
> 대단히 경이로운 아름다움을 본다.
> 내가 차원 높은 운명의 부분임을 믿는 것은
> 바로 그 순간이다.
> —플로티노스Plotinos

물론 확장된 각성은 육체적 자아가 아니다. 그것은 마음으로 느껴지는 정묘한 자아다. 확장된 각성이 곧 자신이라고 여기면 당신은 확장된 각성이 된다. 그러므로 먼저 자신을 각성이라고 여겨라. (심신과 동일시하는 것을 끊는 과정일 수도 있다. '나는 피부나 뼈도 아니고, 피도 아니고, 기관도 아니다. 나는 감각도 아니고, 호흡도 아니고, 마음도 아니고, 생각도 아니다. 나는 각성이다. 나는 기운이다.') 언덕을 내려오면서 불어나는 눈덩이처럼 당신은 각성의 빛을 비추며 내면의 정묘한 세계로 들어간다.

샥티가 보여주는 길에 집중하고 그 길로 들어가면 내면의 길에 변화가 찾아오거나 아예 사라지는 일이 종종 있다. 기운의 감각이 넓어지거나 확산되기도 한다. 빛이 녹아들기도 한다. 내면의 소리는 어조가 변하기도, 미묘하게 고동치기도, 침묵 속으로 녹아들거나 빛이 되기도 한다. 이러한 감각의 느낌을 유지하면 체험은 계속 이어진다.

Practice 　　　　　　　　　　　　　기운의 맥박 따라가기

이마 한가운데 혹은 양 눈썹 사이에서 기운이 고동친다고 상상해보자. 이 부위에서 샥티가 자신을 드러내고 있음을 느낀다. 서서히 이 부위로 의식을 모아, 숨을 들이쉬고 내쉰다. 이 부위에서 느껴지는 기운이 자신의 것이라 생각하거나 '내가 바로 그 기운이다'라고 생각한다. 그러면 어느 순간 기운이 열리면서 당신을 내면으로 인도할 것이다. 이제 당신은 기운의 장이나 기운의 구球, 동굴과 같은 공간으로 들어간다. 그 공간에서 느낌을 감지하거나, 색이 보인다면 그 색을 바라본다. 그것과 함께 머물면 기운은 더 깊은 곳으로 당신을 안내한다. 어떤 형상이나 얼굴, 색깔, 사랑, 확장의 느낌으로 나타나기도 한다. 그러다가 갑자기 번개 치듯 통찰이 떠오른다.

그러고 나서 어느 시점이 오면 떠오르는 것은 무엇이든—빛이 되었든, 내면에 대한 이해가 되었든, 사랑의 느낌이 되었든—녹아들거나 차차 사라지거나 다시 줄어들어서 순수한 기운 속으로 들어간다. 순수 공간 속으로 들어간다.

샥티는 우리를 내면으로 인도하는 동안 형상이 자연스럽게 녹아서 사라지는 경향이 있다. 샥티는 우리를 거친 세계에서 정묘한 세계로, 더 나아가 더욱 정묘하고 심오하고 아름다운 의식의 세계로 이끈다. 그곳에서 형상은 무형의 세계로 사라지고, 마음은 그 근원으로 회귀한다. 샥티의 길에 서 있는 이정표들이 녹아들고 그와 더불어 당신 자신도 녹아든다. 의식 속에서 느껴지는 감각들을 호흡으로 내쉬며, 마음의 힘을 빼고 계속해서 내면의 공간이 열리는 대로 더욱 깊이 들어간다. 쉬지 말고 끊임없이 샥티가 유희하는 공간으로 깊이깊이 들어간다. 이것이 본질이다. 그렇게 쉬지 않고 들어가면 계속해서 심원한 내면세계가 펼쳐진다.

이 지점에서 각성을 놓치거나 졸거나 무의식에 빠지는 경우도 있다. 그러므로 계속 깨어 있는 것이 중요하다. 그렇다고 각성을 놓치면 어쩌나 하는 걱정을 할 필요는 없다. 마음만 안정되어 있으면 이 상태를 계속 유지할 수 있으며, 마침내 그 공간 속에서 안식할 수 있게 된다.

샥티의 인도 기원하기

샥티의 인도를 따라가는 것은 명상의 중심으로 들어가는 핵심 수련이기 때문에 쿤달리니 명상수련의 일부 종파에서는 어떤 기법도 수련하지 말라고 한다. 자신이 나서서 수련하기보다는 그냥 앉아서 샥티가 자신을 인도하도록 내맡겨야 한다는 것이다. 이를 성공적으로 해내려면 계속 깨어 있어야 한다. 깨어 있지 않으면 줄지어 나오는 생각의 유혹에서 빠져나올 수 없기 때문이다. 샥티 여신에게는 두 개의 얼굴이 있다고 한다. 하나는 마야maya(인간 의식이 분리와 분열을 경험하게 하는 환영)의 모습으로 분리를 낳고, 작은 자아와 동일시하게 한다. 다른 하나는 해탈의 모습으로 이중성을 모두 녹여버린다. 아마도 해탈의 얼굴과 하나 되고 싶지 않은 사람은 없을 것이다.

> 당신은 더 이상 제게서 숨거나 멀어질 수 없나이다.
> 저의 숨결과 당신의 강력한 신비로움이 하나 됨을 느끼는 저는
> 당신의 권능을 저의 신성한 힘으로 체험하나이다.
> ─람프라사드

어머니 신을 섬기던 라마크리슈나는 아이가 엄마에게 말하는 것처럼 샥티 여신에게 기도하곤 했다. 그는 간구했다. "마야의 모습을 보여주지 마시고 해탈의 모습을 보여주소서!" 간단하지만 강력한 기도였다. 나는 명상이 답답하고 들떠 있을 때 종종 이 기도를 한다. 한 마디 한 마디 할 때마다 나의 시각이 근원적으로 변하는 것을 느낀다. 어떻게 생각이 저변에 있는 의식에서 떠올라 형태를 취하며 잠시 머물다가 사라지는지를 본다. 그래서 생각에 빠지지 않고 마음 에너지가 노는 모습을 지켜볼 수 있다. 이 기도를 하면 생각과의 동일시에서 즉시 빠져나와 명상의 깊은 차원으로 들어갈 수 있다.

샥티에게 기원하는 방법 중 가장 좋은 것은 기도와 초대로 시작하는 것이다. 3장에서 살펴본 구루에게 드리는 기원처럼 여기서도 우리가 구하는 것은 간단하다. "쿤달리니 샥티여! 오늘은 어떻게 명상하고 싶은지 보여주소서!" 혹은 열정적인 시인들이 노래하는 찬가처럼 상상력을

동원하여 세련되게 표현할 수도 있다. "쿤달리니 어머니여! 당신은 내면의 체험이 나오는 근원입니다. 당신은 제 몸 안에서 태양처럼 빛나며 마음을 정화합니다. 제게 은총을 베푸소서. 저의 명상을 인도하소서." 여기에 음조를 넣어서 하고 싶으면 그렇게 해도 좋다.

그리고 명상이라고 해도 좋을 기도 방법도 있다. 마음속 깊은 곳에서 샥티의 현존이 나타나주기를 구하고, 아주 친밀하게 샥티의 현존을 느끼고, 그 현존과 함께 움직인다. 내가 해본 방법 중에서 가장 자연스럽고 직접적인 것은 4장에서 살펴본 내면의 진동, 스판다에 대해 명상하는 것이다. 거듭거듭 스판다의 진동으로 돌아가던 수련을 기억할 것이다. 스판다 명상은 자신의 샥티와 친숙해지고 친밀해지는 직접적인 방법이다.

다음 수련은 다소 시간이 걸린다. 미묘한 내면의 진동을 구분해내기 전에 먼저 시간적으로 여유를 갖고 외부로 향한 분주한 마음을 내려놓을 필요가 있다.

Practice · 샥티의 인도 기원하기

1단계·마음 가라앉히기

눈을 감고 몸에 힘을 빼고 자세를 바로 한 다음, 97~99쪽에 나오는 단계들을 따라한다.

호흡에 의식을 모은다. 호흡의 리듬을 바꾸려고 하지 말고 그냥 관찰만 한다. 당신이 호흡하고 있다고 느끼기보다는 쿤달리니가 당신을 호흡하고 있다는 마음으로 한다. 몸 안의 기운이 호흡을 끌어당기고 끌어낸다. 쿤달리니가 당신을 호흡하는 것이다.

생각이 떠오를 때마다 각 생각에 '**의식**' '**샥티**' 하는 식으로 이름을 붙인다.

이 명상을 15분 동안, 혹은 마음이 이완되어 고요해질 때까지 한다. 내면에 있는 체험의 장(의식)에서 휴식한다.

2단계·샤티의 맥박 체험하기

의식 안에서 고동치는 기운의 맥박, 미묘한 진동, 희미한 빛의 움직임을 느낀다. 각성의 장 안에서 진동이 느껴지는지, 그리고 거기에 의식을 모을 수 있는지를 살펴본다.

샤티의 맥박은 미묘한 진동으로 나타나지만 때로는 빛이나 소리로도 나타난다. 맥박은 주로 가슴 한복판이나 양 눈썹 사이, 목, 정수리 등의 부위에서 강하게 느껴진다. 맥박이 강하게 느껴지는 부위에 천천히 의식을 모은다. 어느 신체 부위가 되었든, 맥박이 느껴지는 부위에 의식을 모은다.

당신의 각성 안에서 맥박이 감지되면 그 맥박을 귀하게 받아들이고, 이렇게 말하라. "당신을 내면의 샤티, 신성한 쿤달리니로 받아들입니다. 당신이 내 안에서 고동치는 여신이요, 우주의 어머님임을 압니다. 당신에게서 신성한 소리, 만트라가 나옵니다. 당신에게서 환상과 빛과 지복이 나옵니다."

이제 당신 안에서 여신의 형상을 하고 있는 신성한 맥박에게 속으로 말한다. 여신의 인도와 그 도움을 간청한다. "오늘은 어디에서 유희를 즐기고 싶나요? 저를 어디로 데려가고 싶나요? 어느 방향으로 당신을 따르면 될까요? 제가 어떻게 명상하기를 원하나요?"

이런 질문을 한 다음, 활짝 깨인 의식으로 내면에서 올라오는 답을 기다린다. 미리 기대하지도 말고, 생각을 투사하지도 말고, 순수하게 기다린다.

답은 통찰의 형식으로 올 수도 있고, 대단히 미묘한 느낌으로 올 수도 있으며, 특정 수련을 하거나 특정 집중을 하려는 욕구로 올 수도 있다. 바른 답을 얻느냐 못 얻느냐에 대해 걱정하지 마라. 내면에서 올라오는 것이 무엇이든지 모두 샥티에게서 오는 것임을 신뢰하라. 특정 욕구, 방향, 수련, 체험이 올라오면 올라오는 대로 행한다. 거기에 의식을 모은다. 아무것도 떠오르지 않을 때는 계속 진동이나 샥티에 의식을 모은다. 샥티의 맥박과 하나 됨을 느낀다. 샥티의 맥박이 당신을 희미하게 빛나는 진동의 장으로 인도함을 느낀다.

나는 여러 해 동안 샥티에게 기원하는 명상을 수련했지만 이 명상이 수련에 활력을 불어넣는 모습을 볼 때면 언제나 경외심을 느낀다. 내면의 명상 기운에게 자신을 이끌어줄 것을 구하는 간단한 행위로도 새로운 기회와 깊은 명상의 공간이 열리는 듯하다. 이전에 본 적도, 들은 적도 없는 현상에 의식을 모으면 새로운 기회가 찾아온다.

> 모든 생명에 생명을 불어넣고, 모든 피조물을 움직이고
> 만물의 뿌리가 되고, 만물을 씻어주고
> 만물의 허물을 닦아주며, 만물의 상처를 치유하는 창조주여!
> 우리의 참된 생명이며, 빛나고 경이로운 당신이
> 태곳적부터 잠자는 가슴을 깨우나이다.
> ―빙엔의 힐데가르트Hildegard of Bingen

내 학생이 명상 도중에 샥티에게 자신을 인도해 달라고 기원하고 나서 머리 한쪽에서 기가 움직이는 것을 느꼈다. 평소 같으면 무시하고 지나

갔겠지만, 샥티의 신호를 기다리는 수련을 하고 있던 터라 그 기운에 의식을 모으고 그 안으로 들어갔다. 실제 안으로 들어가자 기운은 부드러워지고 넓어지면서 확장되었다. 그는 사랑의 물결에 둘러싸여 있는, 부드럽고 진동하는 기운의 세계로 이동했다. 신묘한 물속에서 안식하는 것 같았다. 그의 육체 감각은 용해되었다. 그리고 자신이 확장된 **의식**체임을 깨달았다.

한 젊은 여성의 경우, 처음 샥티의 도움을 기원했을 때 그녀 앞에 빛이 나타났다. 그녀는 명상할 때마다 이 빛의 장을 체험했다. 다른 여성의 경우, 미간에 있는 제3의 눈 센터에서 강한 압박감을 느꼈는데, 이 압박감은 저절로 파란빛의 구슬로 바뀌었다. 그 빛에 집중하자 거대한 빛의 바다가 나타났고, 그녀는 명상이 끝날 때까지 빛의 바다를 유영했다. 그 후로 이마 부위에서 느낌이 계속 강해졌다. 이마의 느낌과 그 압박감은 명상할 때는 물론 평상시에도 계속되었다. 그녀는 이마에서 압박감을 느낀 이후로 어떻게 마음이 맑아졌는지를 이야기했다. "낮에 눈을 감고 있어도 수정을 통해 보는 것 같아요. 마음이 분주할 때도 저변에는 어떤 밝음이 있는 거예요."

> 신의 권능을 신뢰하라!
> 그러면 신의 권능은 그대의 신성한 부분들을 해방시키고,
> 만물을 신성의 표현으로 구현할 것이다.
> ─스리 오로빈도Sri Aurobindo

몸이 저절로 움직이는 현상(요가 크리야)이나 관조하는 의식이 위에서 내려오는 체험을 하는 사람도 있다. 어떤 경우에는 단순하게 명상의 깊이와 그 아름다움을 체험한다. 한 명상가는 이렇게 말했다. "이전과는

완전히 다르게 명상에 끌리기 시작했어요. 그 체험이 제게는 참으로 소중해요."

샥티에게 하는 기원은 기도 명상의 중요한 세 가지, 즉 인식과 경배와 귀의를 수련할 수 있기 때문에 대단히 강력하다. 고동치는 신성한 기운을 인식할 때 내면에 있던 샥티 여신은 사랑과 해방의 정신을 드러내기 시작한다. 여신과 소통하고 기도하고 은총을 기원하며 헌신적인 자세로 임하면 당신은 쿤달리니와 사랑하는 관계로 들어간다. 여신에게 당신의 관심을 보이고 도움을 요청하면 이전에는 몰랐던 지혜와 인도의 길이 열린다. 당신이 귀의하면, 다시 말해 여신의 인도에 온전히 헌신하면 여신은 당신 앞에 나타나 깊은 사랑을 보여준다. 당신이 먼저 여신에게 내맡기지 않으면 쿤달리니도 당신을 어찌할 수 없다. 여신이 자신의 모습을 완전히 드러내게 하려면 먼저 여신에게 온전히 내맡겨야 하는 것이다.

귀의한다는 것은 늘 쉽지 않다. 명상에서든, 일상에서든 통제하려는 마음이 깊게 깔려 있기 때문이다. 그래서 샥티가 우리에게 명상의 깊은 차원을 보여주려고 하면 종종 뒤로 물러나거나 저항한다. 그런 순간에는 의도적으로 '내려놓기'나 '내맡기기'의 중요성을 자신에게 상기시킬 필요가 있다.

귀의는 본질적으로 우리가 '할 수 있는' 것이 아니다. 귀의는 **의식**의 자연스러운 활동으로, 오랜 시간에 걸쳐 명상이 깊어질 때만 찾아오는 열림이다. 집착을 놓는 수련에는 여러 가지가 있다. 대표적인 것이 호흡 수련이다. 호흡은 명상에서 발산하는 역할을 한다. 숨을 들이쉬었다가 내쉬면서 잡념이나 저항감, 분리, 한계 의식이 밖으로 나간다고 느낀다. 날숨으로 저항감을 내보내는 수련은 호흡에 지장을 주는 정신근육을 풀어줄 뿐 아니라 마음의 긴장을 풀어주고 샥티와 분리된 느낌을 해소해준다.

오 수행자여!
일천 장의 꽃잎으로 피어나 실재와 하나 되면
의식이 깨어나고 여신이 된다.
여신은 그대의 본질이요, 그대는 여신의 표현이다.
-람프라사드

여기서 귀의한다는 것은 외부 대상에 귀의하는 것이 아님을 유념해야 한다. 당신을 명상의 세계로 인도하는 샥티는 바로 자신 안에 있는 고차원의 기운이다. 의식을 진화하는 힘이다. 샥티는 참자아의 세계로 가는 여정을 완수하도록 이끌어주는 영혼의 기운이다. 샥티는 당신이 자신의 존재 자체로 확장하고 성장하여 최고이자 최상의 자아가 되도록 사랑으로 안내한다. 샥티는 당신의 참자아이기 때문에 그렇게 당신을 돕는다.

샥티에게 기원하고, 샥티의 징표들을 알아차리고, 명상의 문제를 내려놓고, 샥티의 발자국을 따라 내면세계로 들어갈 때, 우리는 때로 가던 걸음을 멈추고 저항감과 긴장을 날숨으로 내보낼 필요가 있다. 가던 걸음을 멈추고 우리 자신의 의식과 궁극 **의식** 사이의 흠 없는 조화를 기억할 필요가 있다. 그리고 우주의 기운은 곧 나의 기운이고, 궁극의 **각성**은 곧 나의 각성이며, 우리의 마음은 신의 마음이므로 궁극적으로 순수 **의식** 속으로 녹아 들어간다는 진리를 되새길 필요가 있다.

나 자신을
어디에서 찾을 것인가?

지금까지 여러 수련을 통해 내면세계와 관계 맺는 법을 알아보았다. 그리고 수련의 바다에서 자연스럽게 유영하는 원칙—수련을 억지로 하지 않고 자연스럽게 마음의 문을 열고 기법의 세계로 들어가는 자세, 수련과 수련 목적이 하나임을 느끼기, 내면의 기운을 감지하고 따라가기, 그리고 헌신과 유희—을 몇 가지 살펴보았다.

이번 장에서는 명상의 길을 가다가 만나게 되는 도로의 상태, 이정표, 표지물 등을 살펴보려고 한다. 다시 말해, 내면세계를 여행하면서 만나게 되는 문제와 경험을 담은 도로지도를 부분적으로나마 그려보고자 한다. 명상을 시작한 사람이라면 누구나 체험하는 기본에 대해서는 이미 설명했다. 이제는 겸손한 마음으로 명상여행의 고급 단계에 대해서도 간단히 살펴보자. 명상은 수련이면서 여행이기 때문에 여러 단계와 상황들이 있다.

내면의 경험은 직선적이지 않고 입체적이기에 명상여행은 일직선으로 계단을 오르거나 고속도로를 달리는 것과는 다르다. 여기에 나오는 명상지도는 외면세계를 위한 것이 아님을 유념하기 바란다.

영적 여행의 지도

앞에서 살펴본 것처럼 관심을 내면으로 돌려서 자신 속으로 침잠해 들어갈 때, 우리는 자연스럽게 **의식**세계에 마음의 문을 열게 된다. 지금까지 내면으로 향한 것은 일종의 녹아듦이다. 비교적 조밀한 일상의 마음을, '아는 자'나 '순수**의식**', '참자아'라고 부르는 각성의 상태로 되돌리는 과정이다. 사람마다 다르게 일어나는 이 과정은 내면의 체험을 아주 다양하게 일으킨다.

대부분 이쯤에서 의문이 떠오른다. 무엇보다도 우리는 '체험'이란 말이 무엇을 뜻하는지 알고 싶어 한다. 명상 중에 나타난 모습에 중요한 의미가 있는지, 빛은 무엇을 뜻하는지, 왜 머리는 자꾸 가슴 앞쪽으로 기우는지, 잠깐 왔다 가는 기쁨은 참자아의 기쁨인지 아니면 사소한 기쁨인지 등을 알고 싶다. 명상을 하다가 의식을 놓쳤을 때 자신이 잠든 것인지 아닌지가 궁금하다. 또 일상생활을 하면서는 명상을 지속하지 못하는 것이 염려된다.

이런 의문들 중 가장 중요하며 모두가 알고 싶어 하는 것이 있으니, 바로 '내가 하는 명상이 정말로 나아지고 있는가'다. 나는 여러 해 동안 실험적으로 수련해오면서 이런 의문이 끊이지 않고 떠올랐다. 명상이 진정으로 깊어지고 있는지, 아니면 자아도취에 빠져 꿈과 기운의 세계에서 표류하고 있는지 도무지 알 수 없을 때도 있었다. 이런 의문을 해소하기 위해 나는 현자들이 내면세계에 대해 말한 것들을 주의 깊게 살펴보고, 다양한 경전에 나오는 지도와 명상여행에서 얻는 나 자신의 직관을 비교해보았다.

다행스럽게도 여러 종교의 고명한 수행자들이 자신의 체험을 설명해

놓았고, 명상이라는 긴 여행을 떠나는 데 중요한 신호와 이정표 등을 세워놓았다. 물론 《슈베타슈바타라 우파니샤드Shvetashvatara Upanishad》에서 말하는 '요가의 성공'이라는 지표는 전통마다 세세한 부분이 각각 다르다. 대부분의 위대한 명상 스승들이 궁극적으로 가리키는 이정표, 영적 진보의 가늠자는 평정심을 유지하는 능력, 침묵을 유지하는 힘, 자비와 친절, 명료함, 존재의 중심을 유지하는 능력이다.

강인해져라.
그리고 그대의 몸으로 들어가라.
거기에 발을 굳건히 딛을 수 있는 곳이 있다.
그곳을 주의 깊게 사색하라!
다른 곳으로 달아나지 마라!
상상으로 떠오르는 모든 생각을 내려놓고
원래의 그대인 그것에 굳건히 서라.
—카비르

그렇지만 내면의 체험이 어디에 와 있는지, 그 체험이 무엇을 뜻하는지 파악하려면 각각의 종교가 가르치는 여행지도를 잘 살펴볼 필요가 있다. 체험을 제대로 이해하지 못하면 자신에게 매우 중요한 체험을 평가절하 하기도 한다. 정상적이고 심오하고 장애를 극복하는 요가 과정을 평가절하 하기도 한다. 그와 반대의 함정에 빠질 수도 있다. 이정표에 불과한 체험을 하고 나서 '나는 이제 목적지에 도달했구나'라고 착각하는 것이다.

　내 친구 하나는 처음 명상을 시작했을 때 가슴 부위에서 황금빛으로 타오르는 불빛을 봤던 체험을 종종 언급한다. '그래, 바로 이거야! 이제 나는 깨달았어. 이제 뭘 하지?'라고 생각하며 영적인 스승으로 활약하는 미래의 모습을 상상했지만 빛은 이내 사라지고 말았다. 후에 그녀의 스승이 "네가 본 영상은 심오하고도 의미심장하지만 너의 여정이 끝났음을 알리는 신호는 전혀 아니었다"라고 설명해주었다. 친구가 빛을 본 체험은 여정의 끝은 아닐지라도 하나의 은총이었던 것은 분명하다. 그 친구는 명상의 길을 가면서 그와 같은 은총을 많이 누렸을 것이다.

어떤 여성은 갑자기, 단번에, 영원히 '자아와의 동일시'에서 해방된 후 겪은 혼돈과 고통의 체험을 한 권의 책으로 엮어냈다. 자신의 체험을 설명해줄 책도 스승도 없었기 때문에 그녀는 자신의 상태를 질병이라고 생각하며 거의 10년 동안 고생했다. 그리고 10년 후, 그녀는 자신이 겪은 것들을 보다 넓은 시야에서 바라볼 수 있게 도와준 사람을 만나게 되었다.

최근에는 장기간 의식의 확장이나 지복을 체험했다는 이유로 참자아를 실현했다고(깨달았다고) 주장하는 사람들이 많아졌다. 그래서 지도가 필요하고, 다양한 형태로 자신의 체험을 검증하려는 의지와 묵상이 절실하다.

인도에서 가장 유명한 영적 여행의 지도는 척추를 따라 존재하는 일곱 개의 차크라chakra다. 인도에서 차크라는 기운 센터로 영적 진보를 가늠한다. 수행자들은 대부분 주요 차크라의 이름과 그 위치를 잘 알고 있다. 각 차크라가 특정한 감정적·영적 상태와 연결되어 있으며 신체 기관과도 관련이 있음을 잘 알고 있다.

쿤달리니와 차크라의 권위서인 《샤트 차크라 니루파나Shat Chakra Nirupana》의 기본 시각으로 보면, 인간적인 차원의 경험은 가슴 차크라 아래에서 일어난다고 한다. 1차크라(물라다라muladhara)는 잠자는 쿤달리니가 있는 자리이기 때문에 지복의 센터로 본다. 생식선 근처에 있는 2차크라(스바디스타나svadhisthana, 천골)는 정욕과 두려움을 주관한다. 3차크라(마니푸라manipura, 배꼽)는 힘의 충동을 주관한다. 4차크라(아나하타anahata)는 가슴 복판에 있는데, 이 차크라에서 차원 높은 각성의 단계로 들어간다. 각성의 차원이 높아지면 체험은 더 정묘해진다. 5차크라(비슛다vishuddha, 순수)는 목 부위에 위치한다. 6차크라(아즈나ajna, 지휘)는 양 눈썹 사이에 있다. 각성이 정수리에 위치한 7차크라(사하스라라sahasrara, 일천 장의 꽃잎)에 자리를 잡으면 우리의 의식은 완전히 확장되어 신성과 하나 되는 체험을 한다. 인도의 전통에 따르면, 7차크라에서 우리의 의식은 완전히 깨어나고 참자아를 실현한다.

이런 차크라를 다룬 최근의 서구 문헌들을 보면 차크라의 심리학적 측면이나 심신상관적인 측면을 부각하는 경향이 강한데, 본래의 의미는 차크라를 통해 보다 높은 차원이나 단계로 상승하는 데 있다.

또 카슈미르 시바파에서 나온 요가지도도 있다. 이 지도에서는 명상이 현현의 36단계(탓트바tattva)를 통해 진화한다고 한다. 이 패러다임에서 영적 여정은, 자신을 몸과 마음과 에고와 동일시하는 데서 출발해 점진적으로 **의식**의 전체성과 하나 되는 경지로 나아간다고 한다. 낮은 차원에서 우리는 실재를 딱딱하게 굳어 있는 상태로 경험하며, 전체와 분리되어 유한한 존재로 자신을 인식한다. 우리가 높은 차원으로 진화하면 실재하는 모든 것이 자신의 **각성** 안에 존재함을 깨닫게 된다. 각성 안에서 자신이 창조의 **의식**과 다르지 않음을 알고 완전한 자유와 기쁨을 누린다. 단계별로 진화해 나감에 따라 체험의 내용은 점차 정묘해지고 각 개인은 다른 존재와 통합되어 간다.

각각의 탓트바 그룹의 체험이 특정 차크라와 연결되기 때문에 이 두 지도는 서로 관련이 있으며 서로 잘 들어맞는다. 두 지도는 내가 이번 장에서 안내할 지도와 관련이 있다. 이는 베단타학파의 위대한 스승인 샹카라shankara가 제시한 네 가지 상태와 네 가지 신체로 이루어진 패러다임이다. 이런 특별한 기준으로 명상 체험을 살펴보기로 결정한 데는 다음의 세 가지 이유가 있다. 첫째, 그 기준이 따라 하기에 간단하고 쉽기 때문이다. 둘째, 내가 수련을 처음 시작했을 때 배웠던 것이기 때문이다. 셋째, 내면으로 들어가는 과정이나 존재의 다양한 층을 벗겨나가는 과정으로 명상의 과정을 이해하는 데 도움이 되기 때문이다.

> 이 몸 안에는 …… 선지자와 성인이 있다.
> 모든 별과 행성도 있고,
> 성스러운 순례, 성소, 성소의 주재신이 있다.
> ……
> 해와 달도 그 안에서 돈다.
> 에테르와 공기, 불, 물, 땅도 그 안에 있다.
> 우주 만물이 몸 안에 있다.
> 이 모든 것을 아는 자를 요기라고 한다.
> —〈시바 삼히타Shiva Samhita〉

네 가지 신체

베단타 경전은 우리 존재를 구성하는 육체와 마음 그리고 그 밖의 다양한 측면을, 우리의 중심핵인 참자아를 양파처럼 둘러싸고 있는 '껍질'이나 '신체'로 표현한다. 베단타 경전은 인간의 기본 경험을 깨어 있는 상태, 꿈꾸는 수면 상태, 숙면 상태, 각성 상태와 같이 네 가지 상태로 나눈다. 네 가지 상태는 위에서 말한 껍질과 관련이 있다. 보통 우리는 네 가지 중에서 어느 한 상태에서 산다. 다시 말해, 우리는 그 상태에 해당하는 '신체'로 산다. 그래서 명상을 하면서 내면으로 들어갈 때 우리는 실제로 네 가지 신체, 즉 네 개의 층을 거쳐서 간다. 신체는 안으로 들어갈수록 더욱 정묘해지며 안의 신체와 밖의 신체는 서로 연결되어 있다.

평상시 깨어 있을 때 우리는 육체에 기반을 두고 있다. 생각이나 공상 속에 빠지거나 명상의 특정 단계에 들어가면 육체의 감각이 없어지고 정묘체精妙體 속으로 들어간다. 그리고 숙면이나 깊은 명상 상태에서 원인체原因體를 경험한다. 초원인체超原因體는 우리가 참자아와 완전히 하나가 되었을 때 머무는 자리로, 명상 속에서 혹은 완전히 **각성**했을 때 나타난다.

명상에서 일어나는 일은 모두 네 가지 신체 중 하나에서 일어난다. 물론 이는 명상을 안내하는 하나의 지도일 뿐이다. 우리의 체험을 자세히 들여다보는 편리한 렌즈일 뿐이다. 요가에서 모든 범주나 이론의 틀은 각각의 체험에 이름을 붙이는 방식이다. 하지만 각각의 체험은 대단히 정묘하고 개인적이어서 이름을 달아 설명하기가 쉽지 않다. 우리는 언어를 떠난 차원에 대한 체험을 언어로 표현하려고 애쓴다. 그래서 개념이란 덫에 걸리기 쉽다. 한계가 없는 명상의 세계를 우리의 언어로 한계 짓는 우를 범하지 않도록 명상 언어를 유연하게 받아들일 필요가 있다. 우리가 명상을 통해 마주하는 세계는 구석구석이 다르고, 각각의 영역이 다르고, 체험의 맛이 다르기 때문에 내면세계 모두를 언어로 설명하거나 이론의 틀 속에 집어넣는 것은 불가능하다.

'영적 진보는 직선적이다'라는 함정에 빠지는 것을 주의해야 한다. 우리는 사다리에 오르거나 엘리베이터를 타고 각 층을 오르듯이 의식도 단계별로 올라가거나 내려가는 것이라고 생각할 때가 있다. 하지만 현실에서 우리는 그렇게 직선적으로 움직이지 않는다. 수련 초기에는 대단히 신묘한 경지를 체험하다가 10년이 지나고서는 각성이 육체를 벗어나지 못하는 경우도 있을 수 있다. 쿤달리니는 우리를 내면세계로 인도할 때 주어진 시간에 우리가 감당할 수 있을 만큼의 속도와 방향으로 움직인다. 쿤달리니는 여러 겹의 양파 층으로 작용하지 꼭 순서대로 작용하는 것은 아니다. 이 책에서는 이해를 돕고자 네 가지 신체에서 일어나는 명상 체험을 밖에서 본 것처럼 살펴보고자 한다.

제1신체·육체

시공을 초월해서 육체(physical body)에서 느끼는 명상 체험은 대개 고통이다. 맨 처음 요가 자세로 앉는 법을 배울 때면 여기저기가 떨리고 아프다. 무릎, 엉덩이, 등이 익숙하지 않은 자세에 저항한다. 이전보다 좀더 오래 앉아 있으려고 하면 몸은 싫은 소리를 하거나 한계를 넘으려고 애쓴다. 우리는 육체적인 체험에 상반된 감정을 동시에 지닌다. 그래서 명상을 하다가 몸이 느껴지면 명상에 깊이 빠져들지 못하거나 어딘가에 걸려 있다고 생각한다.

> 수행이 깊지 않은 자는 억지로 명상을 하려 해도
> 감각들 때문에 명상 속으로 들어가지 못한다.
> 신체를 고통스럽게 하거나 마음을 산란하게 하는
> 추위나 더위, 쾌감, 통증, 짜증, 모기 등으로
> 그의 명상은 쉽게 방해받는다.
> ─〈요가시카 우파니샤드Yogashikha Upanishad〉

하지만 그렇지 않다. 우리가 명상을 하면서 겪는 통증이나 불편함은, 믿건 말건 진실되고 중요한 명상 체험이다. 그것은 신체가 정화되고 있다는 증거일 수 있다. 신체는 명상수련의 바탕이다. 쿤달리니가 우리를 보다 정묘한 차원으로 이끌 때 쏟아지는 기운을 감당할 수 있도록 신체는 안정적이고 맑고 강해야 한다. 그래서 명상을 하려고 자리에 앉으면, 깨어난 샥티는 근육과 관절에 원활하게 흘러서 내면으로 들어갈 준비를 한다.

하타 요가나 바디워크, 마사지, 신체 테라피, 기공과 같은 고전적 몸 수련, 휄든크라이스와 같은 현대적 몸 수련이 신체의 고통을 극복하는 데 도움이 된다. 육체에는 과거의 상처, 질병, 환경 독소, 유해 음식, 정서적 충격 등의 기억이 층층이 쌓여 있다. 일단 샥티가 깨어나면 오래되었든 그렇지 않든 육체에 쌓인 긴장을 비롯해 앞에서 언급한 것들을 하나하나 제거해나간다.

내 친구는 척추 교정사도 손쓰지 못할 만큼 목이 결릴 때도 앉아서 명상을 하면, 내면의 샥티가 그녀의 머리를 돌면서 목 부위의 결림을 풀어낸다고 자랑한다. 이렇게 극적이지는 않더라도 앉아서 명상하면 굳었던 부위가 저절로 풀리는 사람들이 꽤 있다. 또는 그렇게 굳었던 부분이 풀리면서 약간의 불편함이나 강한 불쾌감을 호소하는 경우도 있다. 아무튼 이런 불편함은 수련 과정이다. 몸이 열리면 감각이 예민해지기 때문에 그런 현상들이 발생하는 것이다.

신체의 부위는 기혈이 소통되지 않아 막히거나 경직되어 있으면 아무 느낌이 없는 경우가 많다. 평상시에는 기혈이 막힌 부분이 있어도 신체적인 불편함을 느끼지 못한다. 하지만 맨 위의 층이 제거되고 신체 통증이 찾아오면 오랫동안 신체 깊은 곳에 쌓여 있던 고통이 드러난다. 그러면 이전에는 몰랐던 아픔을 느낀다. 그런 신체적 아픔과 더불어 그에 상응하는 감정적 아픔을 느낀다. 그 아픔은 질병의 아픔이 아니라 치유의 아픔이다. 대개 쿤달리니는 우리의 의식이 닿지 않는 곳에서 작용하지만, 우리의 의식이 미치는 곳에서 작용하는 경우도 많다. 쿤달리니가 자연스럽게 풀어내는 것을 느낌으로써 우리는 스스로 풀어내는 방법을 터득한다. 무의식 속에 있으면 그렇게 할 수 없다. 그러므로 명상하는 동안 몸에서 느껴지는 고통은 우리에게 무언가를 가르치며 몸에서 일어나는 일을 자각하도록 돕는다.

8장에서 살펴본 샥티의 신체적 징후들은 이러한 정화의 신호다. 이마나 정수리에서 느껴지는 강한 압박감은 기운이 머리에 있는 영적 센터를 여는 신호다. 기운이 가슴 차크라에서 작용하면 가슴 부위에서 무거움을 느끼기도 한다. 가슴에 코끼리가 올라타고 있는 것 같다고 말하는 사람도 있었다. 쿤달리니가 차크라를 활성화시키기 시작하면 척추의 기저부나 다른 부위에 열감이나 찌르는 듯한 느낌이 올 때도 있다.

특정 차크라가 활성화되면 그 차크라와 관련된 신체 기관에 영향을 주기도 한다. 배꼽 부위의 센터는 소화기와 관련이 있으며, 소화기가 정화될 때는 소화 기능에 일대 혼란이 올 수도 있다. (소화기에 쿤달리니 정화가 일어나기 전에 먼저 의료 검진을 받아보는 것이 좋겠다!) 목 센터가 열리면 목 근육이 과도하게 경직될 수도 있고, 인후염이 생길 수도 있다. 기운이 미간 센터로 이동해서 그 부위를 열기 시작하면 강렬한 압박감을 느낄 때가 많다. 이런 불편한 느낌의 본질을 이해하면 불편한 느낌을 참을 수 있다. 이런 느낌은 통상의 '아픔'이 아니라 깨어나는 힘 때문에 생기는 압박감이라고 본다. 이런 시각으로 보면 불편한 느낌에도 좋은 징조가 숨어 있다는 것을 알 수 있다. 그런 사실을 알면, 압박감으로부터 달아나지 않고 심신을 이완한 채로 압박감을 받아들이고 그 느낌 속으로 들어갈 수 있다. 심신을 이완하면 불편하게 느껴지는 부위에서 빠져 나올 수 있는 가능성이 많아진다.

25년 동안 샥티가 강하게 올라올 때마다 내 고개는 뒤로 젖혀진 다음 그 상태로 멈춰 있곤 했다. 때로는 고개 때문에 척추가 짓눌리는 느낌이 들었다. 수련 초기에는 목이 경직되어 있어서 이 자세가 매우 불편했다. 불편함이 참을 수 없을 정도가 되면 거기에서 빠져나오고 싶었다. 그러나 고개를 바로하려고 해도 원래의 상태로 되돌아가곤 했다. 이 자세의 가치를 확인이라도 하듯, 한번은 수련회에서 스승이 내게 다가와 내 머리에 손을 올려놓더니 고개를 뒤로 젖히는 게 아닌가! 또 다른 때는 주황색 승복을 입은 성자가 꿈에 나타나 내 고개를 뒤로 젖혀 놓고는 "이 것이 황금 자세다!"라고 일러주기도 했다.

어느 날 저녁, 이 자세로 강력하게 고정되어 있음을 깨달았을 때 나는 꼼짝도 할 수 없었다. 그냥 그대로 있을 수밖에 달리 도리가 없었다. 이 자세를 안 하려고 저항하면 더 아프다는 사실을 바로 깨달았지만, 저항을 어떻게 멈추는지 알 수 없었다. 그러던 중 생각이 떠올랐다. '이 자세는 쿤달리니가 주는 은총이야. 내 몸 안의 신성한 기운이 나를 자유롭게 해주려고 사랑으로 이렇게 하는 거야. 이해는 안 되지만 이건 분명 사랑에서 나오는 거야.' 계속 그 생각을 하고 있자 거대한 사랑의 기운이 나를 씻어 내리고 그와 동시에 목에서 무언가가 풀려나갔다. 격심한 통증을 일으키던 자세가 편안하고 상쾌해졌다. 그리고 몇 분 후에 내 머리는 저절로 바른 자세로 돌아왔다. 내려놓음, 상황의 이해, 받아들임이 쿤달리니가 내 목의 문제를 풀어낼 수 있도록 길을 열어놓은 것 같았다.

나중에 하타 요가의 경전을 읽다가 깨달았는데, 경전에 따르면 이 자세는 가슴 센터를 여는 고전적인 자세였다. 이를 증명이라도 하듯, 세월

이 흐르면서 나의 가슴 센터는 저절로 열렸다.

신체의 크리야, 깨어난 샥티의 운동 | 내가 고개를 뒤로 젖힌 자세(요가 크리야)처럼 자발적인 신체의 움직임은 상체를 잔잔하게 좌우로 흔드는 것에서부터 고개를 돌리며 마구 흔드는 동작이나 하타 요가의 아사나에 이르기까지 다양하다. 이 크리야들은 일정한 동작을 통해 육체와 정묘체에 영향을 미친다. 경직된 몸을 풀어내면서 정묘체의 막힌 기운을 뚫어낸다.

예를 들면, 자리에 앉은 자세에서 상체를 기울여 이마를 바닥에 대는 크리야가 있다. '마하무드라mahamudra'라고 부르는 이 자세는 신체의 중앙 통로인 수슘나나디sushumna nadi를 열고 쿤달리니를 활성화하는 데 매우 중요한 자세다. 수슘나나디는 쿤달리니가 차크라를 향해 나아갈 때, 지나가는 통로다. 일단 수슘나나디가 열리면 보통 콧구멍으로 드나들던 호흡이 수슘나나디로 드나들기 시작한다. 호흡이 수슘나나디로 드나들 때 비로소 호흡과 마음이 고요해지고 우리는 깊은 명상 상태로 들어갈 수 있다.

마하무드라 자세는 육체 차원에서 엉덩이 부위를 연다. 이마가 바닥에 닿으면 부비강副鼻腔(머리뼈에 있는 공기구멍)이 열리고 제3의 눈 센터인 6차크라가 열린다. 그 센터는 다양한 나디—프라나prana라고 하는 생명력이 지나는 미세한 통로—가 모이는 곳이다. 또한 그 센터는 내면의 그란티granthi가 거주하는 자리이기도 하다. 그란티는 차원 높은 의식의 경지로 가는 길목을 막고 있는 기운의 매듭이다. 제3의 눈에 있는 매듭은 평범한 각성이 정수리로 올라가지 못하게 막는 문지기 역할을 한다. 이 매듭 때문에 우리는 분리라는 환영의 세계에 갇혀 산다. 그런

데 이 매듭이 일단 풀리기만 하면 우리의 각성에는 엄청난 변화가 찾아온다. 이때야 비로소 우리의 의식이 육체의 한계에 갇혀 있지 않음을 체험을 통해 직접 깨닫기 시작한다. 평소보다 더 넓고 더 정묘하게 자신을 이해하게 된다. 에고의 한계와 두려움, 속박에 대한 집착을 내려놓고 타인 혹은 조물주와 하나 됨을 체험하기 시작한다.

크리야의 종류는 수백 가지가 넘는다. 그 중에서 몇 가지만 소개해보겠다.

- 고개는 그대로 둔 채, 턱만 좌우로 빠르게 움직여서 턱의 긴장을 풀어낸다. 이 운동은 목에 있는 5차크라를 여는 데 좋다.
- 엉덩이를 축으로 해서 상체로 원을 그리며 돌린다. 또는 골반으로 원을 그리거나 앞뒤로, 혹은 위아래로 움직여준다. 이 동작은 1, 2, 3차크라와 관련이 있다.
- 양손을 춤추듯이 움직인다. 손가락으로 이마나 가슴 부위를 누른다. 이런 동작은 이마 센터나 가슴 센터를 여는 데 도움이 된다.
- 하타 요가의 자세를 해도 좋다. 무릎을 꿇은 채로 상체를 뒤로 넘기는 자세(숩타파드마사나suptapadmasana)는 신장과 소화기관에 활력을 불어넣는다.

크리야가 자연스럽게 일어난다는 것은 쿤달리니가 강하게 움직이고 명상이 저절로 이루어지고 있다는 표시다. 크리야가 모든 사람에게 일어나는 것은 아니다. 보통은 명상을 시작할 때 크리야를 경험한다. 그리고 어느 시점에 가면 신체에 기운이 자유롭게 흐르고 명상이 고요한 차원으로 들어간다. 가능하다면 명상 중에 크리야가 일어나는 것이 좋다. 그러나 그 특정 동작이 지나치게 불편하거나 주위 사람에게 방해가 된다면 내면 깊이 내려가서 가슴 센터에 각성을 보내거나, 육체를 넘어서 정묘체에 각성의 빛을 보내라. 또는 샥티에게 자신의 내면이 고요해지기를 기원하라.

크리야가 신체 동작이 아닌 경우도 있다. 명상을 하면서 우리가 경험하는 불편함 중에는 원래부터 아프던 부위의 통증이 더 심해지는 경우가 있다. 이때 통증이 심해지더라도 흔들리지 않고 꾸준하게 명상을 하려면, 미지의 세계로 마음의 문을 열겠다는 큰 의지와 용기가 있어야 한다. 내면의 기운으로 생기는 체험은 무엇이든 받아들이겠다는 마음으로 앉아서 묵묵히 기다리는 명상가의 자세에는 고귀한 데가 있다. 이는 과녁을 향해, 성장을 위해, 장애를 극복하기 위해, 변화를 위해 돌진하는 요가의 무사, 영적인 전사의 자세다.

반면, 자신이 할 수 있는 것보다 빨리 가겠다거나 오래 앉아 있겠다고 생각하는 것은 금물이다. 당신의 인내나 극기에 누가 상을 주는 것은 아니다. 자신의 신체를 상하게 하면서까지 얼마나 강한 사람인지 보여주기 위해 이런 수련을 하는 게 아니다. 궁극적으로 사랑을 위해 하는 것이다. 그러니 너무 지나치다고 생각되면 자신을 신뢰하는 마음으로 뒤로 물러날 수도 있어야 한다. 지금 하는 자세가 경직되었다고 느껴지면 몸을 살며시 움직이거나, 몸이 편안해질 수 있도록 내면의 기운에 기원을 하거나, 그것도 아니면 자세를 풀고 몇 분 동안 휴식을 취한다. 명상을 하다 보면, 불편한 느낌이 찾아와도 밀어붙여야 할 때가 있는가 하면, 뒤로 한 발 물러나야 할 때도 있다. 이렇게 저렇게 실험적으로 수련을 하다 보면, 자신만의 감을 터득하게 될 것이다.

제2신체 · 정묘체

한참 동안 앉아서 수련을 하다 보면 대개는 육체를 지각하는 일이 줄어든다. 몸을 쓰는 크리야를 수련하다 보면 몸을 지각하는 순간이 줄어든다. 몸을 지각하는 대신에 생각은 물론 존재의 표면에서 흐르는 기운을 지각하기도 하고, 마음속에 떠오르는 이미지를 지각하기도 한다.

정묘체(subtle body)는 기운으로 되어 있다. 이 기운은 생명 에너지요, 생각과 감정과 지각의 에너지다. 《브리하다라니아카 우파니샤드Briha-daranyaka Upanishad》에는 죽음이 오면 정묘체는 육체를 벗고 다른 몸을 받아 살거나, 내세를 경험하거나, 윤회를 한다고 전한다.

정묘체를 이루는 요소는 다음과 같다.

- 프라나, 즉 생명 에너지
- 마음과 지성이 만드는 생각, 이미지, 지각, 감각-마음, 지성, 에고, 무의식의 마음 질료
- 외부 세계에서 정보를 받아들이고 꿈, 상상, 공상을 일으키는 감각의 힘
- 경험할 수 있는 실재의 정묘한 요소로 산스크리트로 탄마트라 tanmatra라고 함. 이 요소는 외부세계로 향하는 의식을 안으로 거두어들일 때 경험하는 내면세계—이미지, 소리, 맛, 감각 등—를 만듦. 이는 신경계가 상像을 만드는 능력에 상응
- 각 기관과 손발, 차크라, 기운 센터에 생명 에너지를 보내는 나디의 계통
- 쿤달리니 에너지

생명 에너지 | 정묘체의 기운을 가리켜 프라나마야 코샤pranamaya kosha(생명의 칼집)라고 한다. 그것은 당신의 삶에 생명력을 불어넣는 순수한 기운의 칼집이다. 요가의 성자들은 나무 수액이나 태양의 빛줄기, 대기의 이온, 물의 영양분 등을 가리켜 '프라나'라고 했다. 요가의 경전을 보면 우주의 창조 기운은 이 세계의 물질이 되기 전에 프라나로 진화했다고 한다. 이 프라나는 순수**의식**보다는 약간 거친 형태의 기운으로, 가득 차 있는 물리적 우주와 그 우주의 정묘한 본질을 이어준다.

> 제자가 내게 묻는다. "신은 무엇입니까?"
> 신은 숨 속의 숨이다.
> ―카비르

인체 안에서 프라나는 신체와 마음과 영혼 사이에서 기운의 가교 역할을 한다. 신체의 모든 계통과 연락하며 신경계, 내장, 근육에 원기를 공급한다. 프라나는 뇌를 통해 신체의 각 기관과 근육에 신경전달물질을 내보내는 원동력이다. 프라나는 감각으로 마음을 움직이고, 인상을 만들고, 생각을 형성한다. 우리는 호흡할 때 산소와 함께 프라나도 흡수한다. 명상을 하면서 호흡을 통해 직접적으로 프라나 수련을 할 수도 있다. 호흡이 느려지면(프라나야마pranayama라는 호흡법을 수행할 때 찾아오는 상태), 그에 따라 마음이 고요해진다. 그래서 호흡을 따라가는 수련이 마음을 가라앉히는 데 많은 도움이 된다.

정묘체는 육체를 관통하고 그물망처럼 연결된 나디 통로를 흐르면서 인체의 사지와 각 장기에 기운을 보내고 활력을 불어넣는다. 쿤달리니가 깨어날 때까지 우리는 정묘체를 잠재의식 속에서 지각할 뿐이다. 우리는 기운이 넘칠 때나 혹은 기운이 떨어졌을 때 지각한다. 그러나 하타요가나 태극권, 진동을 수반하는 힐링 수련을 하지 않은 경우에는, 평상시 걸어 다닐 때 신체에서 기의 흐름을 감지하기 어렵다. 그런데 쿤달리니가 깨어나면 신체에 대단한 기운이 흐르기 시작하므로 자연스럽게 프라나를 감지할 수 있다.

샥티의 섬세한 촉감, 즉 우리가 8장에서 살펴본 내면에서 움직이는 느낌은 쿤달리니가 활성화되어 프라나로 나타난 것이다. 이렇게 프라나가 나타나면 자신의 존재가 확장된 느낌을 받기도 한다. 각성의 장이 평소보다 두세 배 외부로 확장된 느낌이 든다. 또는 프라나가 무겁거나 탁하게 느껴지기도 한다. "완전히 녹다운된 것 같아요" "물속으로 잠기는 느낌이에요" "한없이 깊은 잠 속으로 빠지는 것 같아요"라고 표현하는 사람도 있다. 머리가 무거운 느낌, 피부 아래에서 기가 춤추는 느낌, 팔다리가 욱신거리는 느낌, 기운이 흘러넘치는 느낌, 가슴이나 이마 부위에서 느껴지는 압박감 등이 모두 프라나의 표현이다.

빛이 어둠을 삼켰습니다.
저는 내면에 홀로 있습니다.
가시적인 어둠을 뿌리는 저는 당신의 목표였습니다,
오, 동굴의 주여!
−알라마 프라부Allama Prabhu

프라나는 명상 중에 호흡의 패턴을 바꾸기도 한다. 명상을 하다 보면 호흡이 아주 느려지다가 거의 멈춘 것처럼 보일 때가 있다. 한없이 느려지기 때문에 멈춘 듯이 보일 뿐이다. 인간은 살아 있는 한, 호흡이 완전히 정지할 수는 없는 노릇이다. 요가의 경지에서는 숨이 코로 들어오고 나가는 게 아니라 신체의 센터에 있는 미묘한 통로인 수슘나나디에서 들락거린다. 보통의 경우에 숨은 수슘나나디와 나란히 흐르는 통로로 들어오고 나간다. 프라나가 이 통로를 흐르면 마음은 외부로 향해 활발하게 작용한다. 반면에 프라나가 수슘나나디로 흐르면 생명력은 내면으로 방향을 바꾼다.

호흡이 멈춘 것처럼 느려지고 마음이 고요해지면 삼매경에 든다. 그래서 프라나가 수슘나나디로 흐르는 일은 요가에서 대단히 중요하다. 이런 현상이 처음 일어날 때는 낯설거나 두려울 수도 있다. 호흡이 끊어질까봐 무서울 수도 있다. 혹은 공포에 휩싸여 숨을 크게 들이쉬고 후다닥 명상에서 빠져나오기도 한다.

> 요가 수행을 할 때면
> 안개, 연기, 불, 공기, 반딧불이, 번개, 수정, 해, 달 같은
> 형상이 보이기도 한다.
> 이런 상의 이면에는 신의 빛이 있다.
> ─〈슈베타슈바타라 우파니샤드〉

사실 두려울 것은 없다. 명상 중에 호흡이 느려지고 거의 멈춘 듯해도, 존재의 깊은 차원에서 프라나 샥티가 작용하기 때문에 생명에는 아무 지장이 없다. 이런 깊은 명상이 끝나면 우리 몸은 다시 코로 호흡한다. 그러니 일어나는 그대로 두고 그 과정이 내면에 어떤 영향을 미치는지 관찰하는 것이 좋다. 호흡이 정지할 때 생각이 정지하는 모습을 잘 관찰하라. 저절로 기운이 내면으로 들어가는 모습을 살펴보라.

쿤달리니의 효과를 일으키는 고전적인 방법으로 풀무호흡(바스트리카 프라나야마bhastrika pranayama)이 있다. 이는 복부 근육을 빠르고 리듬감 있게 수축·이완시켜 풀무질하듯 거칠게 헐떡이며 호흡하는 것이다. 이렇게 호흡할 때 자신의 마음속에 어떤 변화가 일어나는지 살펴보라. 전통적인 하타 요가에서는 쿤달리니를 의도적으로 활성화하기 위해 풀무

호흡을 수련한다. 풀무호흡이 자연스럽게 되면 몸 안에서 쿤달리니가 일어나고, 생각이 가라앉으며, 명상은 깊어진다.

명상이 깊어지면 프라나는 더욱 섬세해지고 확장되는 것 같다. 호흡은 여전히 코를 통해 서서히 들어왔다가 나가고, 동시에 수슘나나디 안에서 기운이 부드럽게 오르락내리락하는 '내면의 호흡'이 느껴지기 시작한다. 프라나의 흐름을 따라가면 내면으로 더욱더 깊이 가라앉는다. 이렇게 프라나는 보통의 깨어 있는 상태와 정묘한 세계 사이에서 다리 역할을 한다. 프라나는 우리를 샥티와 연결시켜주는 실과 같다. 깨어난 샥티가 정묘한 존재의 층으로 고요히 인도할 때 우리는 프라나를 타고 들어간다.

명상 중에 나타나는 영상 | 정묘체 명상을 하다 보면 꿈꾸는 상태와 비슷하게 느껴질 때가 종종 있다. 장면, 색채, 얼굴, 풍경, 영화 장면 등 정처 없이 떠도는 영상들이 내면의 스크린 위를 지나간다. 친숙한 영상도 있고, 한 번도 본 적 없는 영상도 있다. 어떤 영상은 꿈을 꾸듯이 줄거리를 갖고 이어지기도 한다. 사실 이렇게 떠오르는 영상은 꿈과 같다. 명상 중에 정묘체의 다양한 단계를 거치며 우리는 실제로 꿈의 상태에 들어가기도 하고 '영상 창고'에 들어가기도 한다.

정묘체 명상 속에서 떠오르는 영상들은 그냥 지나가도록 무심하게 지켜보아야 한다. 정묘체에는 생각과 감정뿐 아니라 수많은 영상들이 저장되어 있다. 생각의 장을 통과할 때처럼 우리는 내면으로 깊어 들어가서 영상의 장을 통과한다.

꿈에도 예지몽처럼 의미 있는 꿈이 있듯이 명상 중에 떠오르는 영상도 그런 경우가 있다. 대개는 영적인 것보다는 심리적인 것들이다. 말하자면 명상 중에 떠오르는 영상들은 주로 개인사나 정신적 성장, 현재 하는 일, 인간관계와 관련이 있다. 명상 중 무의식에서 오는 메시지는 그 나름대로 귀중할 때가 있다.

예를 들어보겠다. 몇 년 전, 한 변호사가 특허분쟁을 변호하러 법원에 가기 전에 명상을 하고 있었다. 명상을 하는데 '509조'라는 말이 떠올랐다. 오랫동안 명상을 해온 변호사는 그 메시지를 중요하게 생각하고 무슨 의미가 있는지 살펴보기로 했다. 법정에 들어가기 전에 법원 도서관에 들러서 특허법 509조를 찾았다. 그날 법정에서 상대편 변호인이 509조와 관련된 문제를 제기하자 그는 509조를 적절히 인용하여 상대편 주장을 반박할 수 있었다. 판사는 그의 주도면밀한 변호 준비에 감명받은 듯했다. 그래서 그는 명상 중에 떠오른 509조에 대해 사전에 준비한 덕에 유리한 판결을 이끌어냈다고 확신하게 되었다.

또 다른 사례도 있다. 여러 사람이 모여서 명상할 때면 생각을 각성 속으로 녹여내는 명상부터 한다. 어느 날 한 남자가 놀라운 경험을 했다. 생각을 녹여내고 있는데 갑자기 우물 속에서 악마의 모습이 나타났다는 것이다. 그는 주변에 있는 차원 높은 존재의 현존을 감지하고 자신을 악마에게서 보호해달라고 부탁했다. 그리고 명상 중에 나타난 영상에 대해 깊이 묵상했다. 그는 악마의 모습이 무의식 깊은 곳에 묻혀 있다가 명상이 깊어지자 나타난 자신의 감정이었음을 깨달았다. 그의 무의식은 너무 무서워서 감정을 악마의 모습으로 그려냈던 것이다. 또한 그는 존재를 보호하는 신성한 현존과 깊이 연결되어 있다고 느꼈다. 그래서 그 현존이 강력한 힘을 발휘해 자신의 부정적인 감정을 없애주기를 기도했다. 나중에 그 영상을 묵상하면서 악마에 대한 태도도 바꿀 수 있음을 깨달았다. 또한 악마는 없애야 할 대상이 아니라 **의식**의 한 측면임을 깨달았다. 이런 경험을 하고 난 뒤, 그는 자신의 내면세계를 사랑스럽게 포용하는 자세로 대하게 되었다.

우리 주께서 나의 영적인 눈을 열고
가슴 한복판에 내 영혼을 뿌려주었네.
그 영혼은 무한한 세계인 것처럼
축복받은 왕국인 것처럼 드넓게 보였네.
−노르위치의 줄리앙

명상을 하고 난 다음, 명상한 내용을 꼬박꼬박 기록하는 것은 꽤 유익하다. 어리석게 보였던 영상이 때로는 당신의 삶에 메시지를 던져주기도 하기 때문이다. 반면에 명상 중에 떠오른 영상이 묵상할 가치가 있다고 해서, 별 생각 없이 이를 실행에 옮겨서는 안 된다. 마음이 온전히 정화되기 전까지는 내면에서 올라온 메시지를 신뢰할 수 없다. 그 메시지가 당신을 잘못된 길로 이끌 때가 종종 있기 때문이다. 내 친구 하나는 이렇게 말한다. "명상 중에 떠오른 영상 메시지는 100퍼센트 정확한 것 같지만 실제로 들어맞는 것은 50퍼센트다."

탄드라, 요가 니드라 | 명상을 하다가 나타나는 영상들 중에는 질적으로 매우 다른 영상이 있다. 그 색채가 너무 밝아 그 빛이 다른 영상과 다르다. 이 영상은 우리가 정묘체를 여행할 때 내면의 스크린 위를 두서없이 오가는 영상들과는 사뭇 다르며 진실한 맛이 있다.

명상 중에 니타나는 영상들 중 보다 생생하고 다채롭고 객관적인 영상을 탄드라tandra라고 한다. 꿈에 나타나는 영상은 주로 개인의 무의식에서 나오는 반면, 탄드라의 영상은 안팎의 중요한 일이나 상징적 인물, 혹은 세상에서 일어나는 사건들을 실제로 담아낸다. 그래서 좌정하고 명상하거나 꿈을 꾸면서 탄드라의 경지로 들어가는 명상가들이 많다. 성경에 나오는 요셉이나 델포이에서 기도하는 고대 그리스인들처럼 예지몽을 꾸거나 신성한 꿈을 꾸는 사람들도 많다. 유대교에서는 이런 꿈들을 '예언의 꿈'이라고 한다. 예언의 내용이 있다는 뜻에서가 아니라, 지혜와 초월의 세계에서 온다는 뜻에서 그렇게 부른다.

안토니오 마차도Antonio Machado의 시는 이러한 예지몽을 아름답게 묘사했다.

> 지난밤 꿈을 꾸다가
> 내 가슴에 꿀통이 들어 있는
> 꿈—놀라운 실수—을 꾸었다오.
> 나의 옛 실수로
> 황금빛 꿀벌들이 하얀 벌집을 짓고
> 감미로운 꿀을 물어왔다오.
> 지난밤 꿈을 꾸다가
> 내 가슴에서
> 불타는 태양이 빛을 발하는
> 꿈—놀라운 실수—을 꾸었다오.
> 난로처럼 따뜻한 불이 빛을 발하며
> 눈물샘을 자극했다오.
> 지난밤 꿈을 꾸다가
> 내 가슴 속, 여기에 신이 있는
> 꿈—놀라운 실수—을 꾸었다오.

명상 중에 나타날 수 있는 계시나 예지몽, 내면의 빛과 소리에 대한 기록은 여러 종교에서 찾아볼 수 있다. 이와 같은 체험은 한 인간의 삶을 영원히 바꿔놓을 수 있는 통찰이 담겨 있다. 또한 내적인 인식에 혁명적인 변화를 일으키는 도화선이 되기도 하고, 평범한 사람을 진리로 빛나는 인간으로 변화시키는 매개체가 되기도 한다. 한밤중에 천국으로 여행을 떠난 예언자 마호메트에서부터 불꽃을 일으키며 황금색으로 빛나는 천사의 창에 가슴을 찔린 채 황홀경에 빠졌던 아빌라의 테레사 수녀에 이르기까지, 체험의 당사자뿐 아니라 이를 들은 사람에게까지 얼마나 많은 영감을 불어넣었는가.

쿤달리니가 깨어나서 명상에 깊이가 생길 때 '신비 체험은 공상이 아니라 우리 삶의 자연스러운 일부'라는 확신을 심어준다. 성자나 신비가뿐만 아니라 당신과 나도 이런 체험을 할 수 있다는 확신 말이다.

> 그 순간 내 가슴은
> 신의 은총과 왕의 영적인 도움으로 열렸다.
> 그리고 내면에서
> 뒤집어 놓은 컵과 같은 것을 보았다.
> 그것이 바로 섰을 때
> 나라는 존재는 무한한 행복으로 흘러넘쳤다.
> ─테베쿨 베그Tevekkul-Beg

스승의 안내를 받으며 명상에 들어간 한 남자의 체험담을 들어보자.

"좌정을 하고 스승이 안내하는 말을 듣고 있는데 쿤달리니가 깨어나는 거예요. 척추 맨 아래에서 느낌이 왔어요. 그리고 등 위로 나선형을 그리며 올라가고, 그 부위가 샥티로 채워졌어요. 쿤달리니가 위로 올라가면서 샥티의 느낌이 더욱 뚜렷해졌어요. 웃음이 터져나오는데, 그 느낌이 정말 놀랍더라고요. 쿤달리니가 좀더 위로 올라가자 눈물이 나오더군요. 누가 그런 체험을 억누를 수 있겠어요? 이내 샥티로 온몸이 충만해졌어요. 내가 샥티가 된 것 같았어요. 그런 상태로 계속 있었는데 형용할 수 없는 체험이 이어졌어요. 내가 바닷가에 서서 하얗고 광대하게 펼쳐진 바다의 건너편을 바라보고 있더군요. 바닷속으로 걸어 들어가다가 끝내는 바다에 잠겼습니다. 내가 아는 것 모두를 넘어선 자유가 쏟아지더군요. 저는 속박에서 해방되었어요. 모든 한계로부터 해방이요. 저는 무아경의 바닷속에서 헤엄치며 놀았습니다."

그는 나중에 명상 속에서 그런 광경을 보고 나서 인생관, 자아관, 직업관이 완전히 바뀌었다고 했다.

명상에서 어떤 모습을 본다고 해서 모두 이와 같은 강력한 효과를 보는 것은 아니다. 그저 궁금증을 자아내는 영상이나 이상한 모습들도 많다. 그렇다고 해도 명상 속에 나타난 모습은 모두 놀랍도록 다양한 내면 세계를 보여준다.

한 여성은 명상을 하다가 자신의 몸 밖으로 나와서 우주의 중심 속으로 들어갔으며, 거기에서 예수의 형상을 보았는데 그 모습은 자신이 평생 사모하던 얼굴이었다고 한다.

> **영혼이 우주 안에 있는 게 아니라**
> **우주가 영혼 안에 있는 것이다.**
> −플로티노스

뉴욕에 사는 한 남성은 명상 중에 물결치는 문양이 중심부를 회전하는 기운을 보았다. 그날 아침 그는 일기예보 채널에서 같은 문양을 보았다. 그것은 대서양 해안을 따라 북상하는 허리케인의 문양이었다.

하와이에 사는 여성은 눈앞에 파란 벽이 솟아오르는 모습을 보았다. 그 벽 안에서, 같은 집에 사는 사람들이 옆방에서 요리하는 모습을 보았다. 자세한 모습까지 모두 보았는데 나중에 확인한 결과, 실제로도 그랬다고 한다.

어느 수련회에서 관조하는 법을 배운 여성은 자신의 체험담을 다음과 같이 전한다.

"명상을 이끄는 분이 '당신은 영원한 관조자입니다'라고 하더군요. '관조'라는 말에 의식을 집중할 때마다 내가 한 발자국씩 생각 뒤로 물러나는 거예요. 그렇게 툭, 툭 떨어지다가 깊은 침묵 속으로 들어갔어요. 그 침묵은 만물을 포괄하고 무한하고 충만하고 평화로워서 '여기 있을 수 있는데 뭣 하러 밖에 나가' 하는 생각이 떠오르더군요. 그 생각에 대한 대답처럼 어떤 모습이 나타났어요. 먼저 밤하늘에 무한한 공간이 펼쳐졌어요. 그 공간은 충만하면서도 텅 비어 있고 기운으로 가득하면서도 형상을 떠나 있었어요. 이번에는 무한한 우주공간에서 많은 손들이 지구로 내려오는 거예요. 손들은 무수히 다양하게 움직였어요. 손들이 각각 혼자일 때도 있고, 함께일 때도 있고. 서로 얽혀서 다툴 때도 있고. 그런 모습이 내 앞에서 펼쳐지다가 '무슨 행동을 하든지 모두 같은 곳에서 떠오른다. 모든 것은 무한에서 떠오른다'라는 말이 들려왔어요."

신성한 기분, 내면세계의 맛 | 우리가 하는 명상 체험은 대부분 정묘한 느낌의 영역에서 일어난다. 영상으로 보이는 것처럼 설명하기는 어렵지만, 이 느낌은 충만하면서도 변화를 일으키는 경우가 많다. 내면세계만의 자연스러운 기분과 맛이 느껴진다. 명상 체험이 기분과 느낌의 영역에서만 일어나는 사람들도 있다. 한 남성은 자신의 체험을 이렇게

전한다. "20분 동안 명상하고 나니까 엄청난 평화가 제 위로 내려왔어요. 이건 제가 늘 하는 체험이에요. 명상이 끝난 후에도 평화의 느낌이 계속되어서 그 체험을 아주 소중하게 생각합니다." 어떤 여성은 다음과 같은 체험을 했다고 한다. "앉아서 명상을 하면 하나의 느낌이 다른 느낌으로 변하는 체험을 가끔 해요. 우울하거나 걱정스러운 느낌이 희미하게 어른거리는 빛으로 바뀌고, 그 빛이 멀어지다가 제게 평온한 마음을 남겨두고 떠나가요."

'다 괜찮다. 나는 보호받는 존재다. 나는 사랑받는 존재다.' 이런 사실을 깨닫고 우주의 자비 아래 귀의하거나 신뢰하는 순간이 찾아오는 경우도 있다. 세상은 모두 자신의 부분이며 자신은 세상의 모든 존재와 이어져 있음을 깨닫고 합일의 각성 속으로 들어가는 사례도 있다. '무엇보다 중요한 건 사랑이다' '나는 용서할 수 있다' '그 상황은 이렇게 다뤄야 한다' 등등의 통찰이 떠오르기도 한다. 통찰의 내용이 완전히 새롭거나 놀라운 것은 아니지만 변화를 일으키는 확실한 기운으로 오는 경우도 있다.

우리의 명상 체험을 뒤돌아보면, 이와 같은 통찰이 삶에 장기적으로 강력하게 영향을 미치는 것을 깨닫게 된다. 명상 중에 떠오르는 깊은 통찰은 순수**의식**과 참자아의 영역에서 오기 때문이다. 참자아는 내면에서 우리를 가르친다. 일단 명상 속에서 사랑의 근원이 자신 안에 있음을 보게 되면 더 이상 외부 대상에 심리적으로 의존하지 않는다. 내면으로 원수를 축복하고 자신의 화와 분노가 다 녹아버렸음을 깨달으면 '나는 희생자다'라는 감정에서 해방된다. 이렇게 명상에서 오는 통찰은 우리의 삶 자체를 바꿔놓는다.

정묘체의 영역은 거대하기 때문에 우리의 체험을 무한히 담을 수 있다. 정묘체는 그 자체로 광대한 우주다. 요가 경전은 "외면의 우주에 보이는 것은 무엇이나 내면의 정묘체에 있다"라고 말한다. 많은 명상가들이 정묘체의 영역 어딘가에서 여러 해 동안 지체한다. 그러나 정묘체의 영역을 우회해서 다음 차원인 원인체의 영역인 '공空'의 경지로 곧장 나아가는 명상가들도 있다.

제3신체·원인체

명상을 하다 보면 의식을 완전히 잃어버린 것처럼 느껴지는 때가 있다. "자리에 앉아 눈을 감았어요. 그 다음은 아무 기억도 없는데, 명상이 끝났다고 종이 울리더군요." "어디에 갔다 왔는지 모르겠어요." "안으로 깊이 들어가기는 했는데 아무것도 모르겠어요. 의식도 없었던 것 같아요." 그런 상태에서 느낌이 어땠는지 기억하려고 하면 그저 휴식과 평화와 편안함 등의 느낌만 떠오른다. 몇 시간 동안 호흡이 고르게 가라앉은 상태에서 고개를 숙이고 있었거나 머리를 벽에 대고 있었을 수도 있다. 잠든 상태인 것 같지만 사실 알고 보면 잠든 상태도 아니다. 혹은 포근한 어둠을 보기도 한다. 그냥 아무것도 보이지 않고 느낌만 좋을 때도 있다.

> 어둠 속의 어둠.
> 모든 깨달음으로 들어가는 문.
> ─노자

한편 아무것도 없는 것 같은 허공 속에서 수많은 명상의 시간을 보내고 나면 당혹스러울 수 있다. 특히 몇 달 혹은 몇 년 동안 그런 상태가 지속되면 자신이 명상을 제대로 하고 있는지 어떤지 알 수 없는 경우도 있다.

명상을 제대로 하고 있는 것만은 분명하다. 이런 명상을 원인체(casual body) 명상이라고 한다. 원인체는 완전히 어둠─깊고 충만한 상태의 어둠─으로 이뤄진 존재의 층이다. 보통 꿈도 꾸지 않고 숙면에 들 때 우리는 원인체에 존재한다. 원인체의 두드러진 특징은 엄청난 지복의 자리라는 점이다.

원인체는 참자아에 가깝다. 그래서 원인체에서 명상하면 그렇게 충만할 수가 없다. 깊은 어둠 속에서 명상을 하고 나면 활력과 원기, 행복으로 충만해진다. 원인체가 주는 은총이다. 하지만 원인체가 최후의 경지는 아니다. 원인체는 아직도 무의식이 남아 있는 경지이고, 참자아는 의식과 각성이 활짝 깨어난 경지다.

'원인체'라는 이름을 갖게 된 데는 두 가지 이유가 있다. 첫째, 원인체는 우리의 삶을 형성하는 인상, 성향, 욕망, 신념, 개념이 모여 있는 신비계의 부분이라는 점이다. 둘째, 원인체에는 본질적인 합일과 빛의 세계를 보지 못하도록 마야의 어둠이 장막을 드리우고 있다는 점이다. 마야는 틀에 갇힌 존재만을 경험하도록 강요하는 강력한 기운이자 힘이다. 또한 마야는 우리의 존재를 개개인으로 분리하고 세상을 대상으로 체험하게 한다. 마야는 우리가 개인으로 존재하는 '원인'이기 때문에 원인체는 대단히 강력한 자리가 될 수밖에 없다.

마야의 장막이 걷힐 때라야 비로소 우리는 세상과 자신을 있는 그대로, 순수의 빛과 각성, 지복으로 경험할 수 있다. 마야를 넘어선 경지─초의식의 신비계─에 도달하려면 우선 마야의 어둠을 뚫고 지나가야 한다. 이는 결코 상징적인 여행이 아니다. 원인체는 '어둠의 본체'다. 이 어둠은 융 심리학에서 말하는 집단무의식의 어둠이고, 모든 형상이 현현하는 허공의 어둠이며, 깊은 수면의 어둠이다.

어느 시점에 이르면 우리는 어둠의 본체를 부드럽고 어두운 빛과 허공의 불꽃으로 경험한다. 이 빛을 두고 명상하면 더욱더 깊은 경지로 들어간다. 무의식의 상태에서 원인체를 경험할 때도 매우 중요한 일이 일어난다.

원인체 명상이 왜 그토록 중요한지 살펴보자. 깨어난 쿤달리니의 주요 기능은 카르마와 과거의 인상, 깊은 곳에 쌓인 기억, 신비계(특히 원인체)의 곳곳에 잠복하고 있는 두려움을 제거하는 것이다. 우리 대부분은 장구한 세월 동안 카르마와 기억의 세계를 다양하게 경험했다.

어떤 면에서 우리는 10년 전에 사서 매년 겨울에 신는 부츠와 비슷하다. 이 부츠가 좋고 신기 편해서 여기저기 떨어져도 깁고 수선해서 신는다. 하지만 10년이 지나자 부츠는 긁힌 자국, 찢긴 상처, 터진 곳, 구멍, 해진 안감 등 낡을 대로 낡았다. 우리도 이와 마찬가지다. 그럭저럭 유지는 하고 있지만 여기저기 닳고 해졌다.

명상의 시간은 쿤달리니가 육체의 긴장뿐만 아니라 그 긴장의 미세한 원인을 쓸고 닦고 털고 녹이는 시간이다. 그 긴장은 오랫동안 혹은 평생동안 생각, 견해, 감정 등이 켜켜이 쌓여서 만들어진 것이다. 그런 긴장을 해소하는 데 얼마만한 정화가 필요한지 알아보려면 당신이 평생 얼마나 많은 생각을 했는지 살펴보면 될 것이다. 축구팀을 만드는 것보다 중요한 일은 없다거나, 내가 믿는 종교가 아닌 다른 종교를 믿는 사람은 다 속은 것이라거나, 특정 정치 노선만이 진리라고 얼마나 많이 생각했는지 기억해보라. 열다섯 살 때 사랑했던 첫사랑을 떠올려보고, 10년 후에 그 사람이 어떻게 변했는지도 기어헤보라. 당신이 즐겨 듣던 음악, 사랑하는 사람에게 해준 말, 사랑하는 사람이 당신에게 해준 말과 함께 모든 것이 신비계에 저장되어 있다. 좋은 생각, 나쁜 생각 모두 다 있다.

당신의 꿈도, 희망도 있다. 네 살 때 가게에서 사탕을 훔치다가 붙잡혔던 창피한 기억도 있다. 편도선 제거 수술을 받고 난 후 목의 통증도, 왕따당하던 아이를 동정하는 마음도, 자전거를 타고 내리막길을 달리던 희열, 결혼이 파경에 이르렀을 때 느끼던 가슴 쓰라린 기억까지도 신비계에 다 있다.

매일 명상을 하면서 쿤달리니를 자극하면 옛 기억들을 남김없이 뽑아내고 다시는 들어오지 못하게 막는다. 그렇다고 기억이 아예 없어지는 것은 아니다. 자식들의 이름도 기억하고, 토요일 아침에 먹은 아침식사도 기억할 수 있다. 사실 기억은 더 좋아진다. 사라지는 것은 기억 속에 남아 있는 나쁜 것들이다. 즐거웠던 때로 돌아가고 싶어 하는 욕구, '지금 여기'에 현존하지 못하게 하는 갈망 등이 기억에서 사라진다. 사라지는 것은 경험과 관련된 심리적 부담—당신을 심리적 구렁텅이로 몰아넣는 힘—이다. 쿤달리니의 정화를 통해 기억 중 일부가 사라진다고 해도 그리 큰 문제는 없을 것이다.

> 만물은 끝없는 무無 속으로
> 끝없이 가라앉는 것에 기대어 있다.
> ―요하네스 타울러Johannes Tauler

이런 기억과 인상, 즉 삼스카라samskara는 모두 신비계와 물질계 곳곳에 저장되어 있지만, 대부분은 원인체에 있다. 원인체는 깊고 깊은 층, 내면에서 당신을 조종하는 바사나vasana(성향)가 자리하는 곳이다. 한번은 내가 거대한 저택에서 사는 꿈을 꾸었다. 그 집 지하실에는 어떤 남자가 살았는데 위층으로 올라오는 법이 없었다. 그는 그 집의 살림살이를 도맡았다. 모든 결정을 내리고 시설 관리에 신경을 쓰며 집안사람들에게 은밀한 지시를 내렸다. 무의식에 묻혀 있는 삼스카라가 바로 이 남자처럼 작용한다. 삼스카라는 내면에서 우리를 지배한다. 대단히 친숙하기 때문에 우리는 쉽게 삼스카라와 친구가 된다.

명상을 하며 쿤달리니가 원인체 안에서 작용하면, 쿤달리니는 은밀하게 우리를 조종하는 폭군을 제거한다. 내면의 폭군이 우리를 은밀하게 조종하기도 하기 때문에 우리는 명상을 하면서 아무 의식 없이 깊이 휴식하는 것이 꼭 필요하다. 그때 우리는 의식적으로 수면 상태로 들어갈 수도 있다.

몇 년 전의 일이다. 친구 하나가 명상 중에 습관적으로 깊은 무의식 상태에 빠지곤 했다. 그는 명상 중에 제대로 깨어 있기 위해 뭔가 조치를 취해야겠다고 마음먹었다. 어느 날 아침, 명상을 하기 전에 커피 한 잔을 마셨더니 명상이 끝날 때까지 깨어 있었다. 명상 시간이 끝나갈 무렵, 마음속에 신비한 여인의 모습이 나타났다. 그녀는 친구의 가슴을 청소해주는 사람인 것 같았다. 그녀가 친구에게 물었다. "왜 깨어 있는 거예요? 지금은 내가 일할 시간이에요. 그래서 매번 당신의 혼을 빼놓았는데." 그리하여 친구는 원래 하던 방식으로 되돌아갔다. 얼마 후 친구는 명상을 하다가 원인체의 차원을 체험했다. 그 후로 명상 중에 의식이 더욱 맑아지기 시작했다.

그렇지만 명상여행은 늘 직선으로 곧장 가는 게 아니다. 말하자면 우리의 여정은 단계별로, 순차적으로만 진행되는 게 아니라 두 발 앞으로 갔나가 한 발 뒤로 불러서기도 하기 때문에 여러 해 수련을 하다보면 깊은 무의식 상태에 빠지는 일이 거듭해서 발생한다.

제4신체·초원인체

명상이 극적이거나 고요하거나 상관없이 우리는 결국 수련의 목표인 보는 자, 순수한 참나로 돌아와야 한다. 어떤 명상을 하든 대체로 앞에서 설명한 세 가지의 신체를 거친다. 우리는 명상을 하려고 앉았을 때, 자세를 바로하거나 잠시 경직된 부위로 호흡하거나 크리야 샥티의 움직임—머리를 흔들거나 상체를 좌우로 움직이는—을 관찰한다. 잠시 동안 샥티를 따라 좀더 깊고 정묘한 곳으로 들어가면 정묘체 명상에서 꿈같은 영상들을 보거나 기운의 흐름을 타기도 한다. 갑자기 고결한 영상이 나타나거나, 빛이나 통찰이 잠깐 스쳐 지나가기도 한다. 명상 상태에서 빠져나오기 전까지 자신이 어디에 있는지 전혀 모른 채, 원인체의 부드러운 어둠을 체험하기도 한다.

어떤 상태, 어느 순간에든 순수**각성**과 참자아를 체험할 수 있는 가능성은 늘 열려 있다. 체험은 아주 다양하게 일어난다. 밝은 **각성**의 장으로 비상하거나, 평화롭고 드넓은 하늘에 앉아 저 밑에서 생각이 재잘거리는 모습을 지켜보기도 한다. 또 생각이 충만함의 호수 속으로 녹아들기도 하고, 작은 자아로서의 '나'는 사라지고 크고 넓은 존재가 나타나기도 한다. 자기 자신에게 "이 와중에 참자아는 어디에 있는가?" "참나는 누구인가?"라고 자문하며 차츰 지켜보고 있는 존재를 자각하기도 한다. 그 존재는 '몸-인격-자아'를 둘러싸고 있거나, 머리 위에서 아무런 평가 없이 그냥 지켜보기도 한다. 순수한 나, 위대한 **각성**이 그 정묘한 얼굴을 드러낼 때 우리는 그 **각성** 안에 있기만 하면 된다. 그냥 그 **각성**이 되기로 마음먹으면 된다.

베단타 경전은 지고한 참자아에 머무는 경지를 투리야turiya라고 한다. '4'를 뜻하는 투리야는 깨어 있는 상태, 꿈꾸는 상태, 숙면 상태를 초월한 경지다. 깨달은 시인인 기아네슈와르 마하라지는 이 경지를 '공空이 끝나는 눈 안의 눈'이라고 표현했다. 이는 인간이 할 수 있는 가장 심오한 체험으로, 그곳에서 인간은 자신을 광대하고 비인격적이고 신성한 존재로 인식한다. 이런 경지는 한계도 형상도 떠나 있다. 하지만 일부의 탄트라 싯다Siddha(참자아를 실현한 스승)들은 이런 무한한 경지에도 '신체'가 있고 형상이 있다고 말한다. 4신체인 초월인체(supracasual body) 체험은 명상가가 할 수 있는 더없이 고귀하고 내밀한 실현이다.

기쁨으로 타오르는 가슴을 뚫어지게 응시하라.
그러면 그대는 모든 현상의 모체인
지복의 '어머니'를 만나게 될 것이다.
어머니는 인습의 장벽을 불태우고
빛으로 마음과 세상을 뒤덮으며
자신의 고귀한 아름다움을 드러낸다.
그곳에서 연인들은 '어머니의 실재'와 하나가 되고
불이不二의 참맛을 체험한다.
─람프라사드

기아네슈와르는 어떻게 초월체가 깨알만 한 파란 빛으로 보이고 명상가의 시야를 재빠르게 들락날락하며 명상하지 않을 때도 나타나는지를 기록으로 남겼다. 이는 "하늘나라는 겨자씨와 같다"는 예수의 말과 일맥상통하는 것 같다.

탄트라에 따르면 '빈두bindu'라는 파란 빛의 점은 우주가 떠오르는 현현의 지점이라고 한다. 탄트라 경전들은 현현의 배후에 있는 권능, 즉 우주의 창조 기운이 진동하는 옴Om의 소리에 모였다가 작은 빛의 점

(빈두)이 되는 순간을 언급한다. 기운이 강렬하게 응축된 점에서 물질과 에너지로 이루어진 우주가 분출해 나온다. (이런 창조관은 물리학의 빅뱅설과 닮았다는 것을 눈치챘을 것이다.) 명상 중에 파란 빛의 점이 보인다면, 이는 당신이 강렬하게 응축된 태고의 기운을 보고 있는 것이다.

탄트라 경전을 집필한 현자들은 자신이 체험한 신비 환상에 형이상학적 기반을 두고 있기 때문에, 그들 자신이 작은 기운의 빈두를 직접 보았을 것으로 짐작할 수 있다. 사실 거대한 권능을 지닌 푸른 광구光球의 모습은 여러 종교 문헌에서 발견된다. 빙엔의 힐데가르트도 파란 빛을 그렸다. 카슈미르 시바파의 성자들과 마하라슈트라의 성인들도 시집 속에서 파란 빛을 묘사했다. 현대 수피즘의 작가인 A. H. 알마아스는 존재의 정수精髓가 나타나는 환상을 묘사하면서 '값으로는 헤아릴 수 없는 보물'이라고 했다.

이 성자들을 비롯해 다른 종교 출신의 사람들도 투리야의 경지에서 나타난 환상에 대해 기술했다. 대개는 신이 사람과 빛의 형상으로 나타난 모습이다. 빙엔의 힐데가르트는 신의 모습을 파란 광채로 보았다. 그 광채의 형상은 예수, 크리슈나, 붓다, 여신 등으로 현현한다. 그 형상이 투리야의 경지에서 나타나면 명상가의 육체와 합일하는 것처럼 보일 때가 있으며, 명상가는 실제로 특정 형상으로 신의 모습을 체험한다. 탄트라에서는 이런 경험을 개인과 절대자의 합일로 본다. 이런 경험을 하고 나면 인간의 정수는 신의 정수와 다르지 않음을, 인도 전통의 언어로 말하자면 지바jiva(개인)는 시바Shiva(절대자)와 다르지 않음을 확신하게 된다.

그러나 세상 종교들은 하나같이 신성을 형상으로 체험하는 것이 궁극적인 체험은 아니라고 한다. 이런 체험은 수행의 길에서 만날 수 있는 심오한 차원이지만, 형상을 초월한 실재가 빛의 몸으로 나타난 환상일

뿐이다. 명상 체험의 중심에 존재하는 진리는 이 모든 것을 초월해 있다. 바라봄이 자신 속으로 녹아들고, 더 이상 알아차림의 대상이 존재하지 않을 때 떠오르는 광대한 **현존**, 동요하지 않는 **여여**如如 속에 진리가 있다.

눈은 그것을 보지 못하고
귀는 그것을 듣지 못하며
혀는 그것을 말하지 못한다.
깊이 몰입했을 때라야
순수하고 고요하게 성숙한 마음이
무형의 진리와 하나가 된다.
그것을 찾은 자는 자유롭다.
그는 자신을 발견했다.
크나큰 수수께끼를 풀었다.
그의 가슴은 영원한 안식에 든다.
전체가 된 그는 전체계로 들어간다.
−〈문다카 우파니샤드〉

대상이 없는 알아차림은 순수**의식**이요, 순수 앎이요, 순수 존재—보는 자, 참자아 속으로 녹아드는 경지—다. 이런 경지를 사마디, 완전히 합일한 경지라고 한다. 또는 사마베샤samavesha라고도 하는데 이는 '신성한 현존과 같음'을 뜻하며 자신의 **의식** 속으로 녹아드는 경지를 가리킨다. 물론 사마디 체험에는 여러 차원이 있다.

첫 번째 차원은 사비칼파 사마디savikalpa samadhi(형상의 흡수)로, 대상과 하나가 되거나 만트라 속으로 완전히 흡수되거나 빛과 하나가 되거나 지복감 속으로 녹아 들어간다. 사비칼파의 경지에서도 생각은 여전히 남아 있을 수 있다.

더 깊은 두 번째 차원인 니르비칼피 사마디nirvikalpa samadhi(무형의 흡수)로 들어가면 생각은 사라지고 완전한 정적만 남는다. 더없이 충만하고 지복이 넘치는 공空만 남는다. "니르비칼파는 치트, 즉 무위와 무형의 **의식**이다"라고 라마나 마하리시는 전했다. 마하리시의 말을 더 들어보자.

오랫동안 수행하여 마음이 무르익은 사람에게 니르비칼파는 홀연히 홍수처럼 쏟아지지만, 그 밖의 사람에게는 꾸준한 수행으로 장애가 되는 생각들이 제거되어 순수**각성**을 가리는 장막이 벗겨질 때 찾아온다. 더욱 정진하면 **각성**을 가리던 장막이 영원히 사라진다. 이게 바로 참자아의 실현이며……

사마디만이 진리를 드러낸다. 인간의 생각은 실재를 가리는 장막이기 때문에 사마디 외에는 진리를 실현할 방도가 없다. 사마디의 경지에서는 '나는 존재한다'는 느낌만 있을 뿐, 아무런 생각도 떠오르지 않는다. '나는 존재한다'는 경지는 만물이 고요하게 가라앉은 상태를 말한다.

이런 경지는 역설적이다. 인간에게는 더없이 역설적이다. 초월의 경지, 영혼의 자리, 참자아의 거주지는 일상의 의식을 '초월'하면서 동시에 그 안에 있다. 그것은 눈(eye) 중에서 가장 깊은 눈이다. 일상에서 오는 생각도 그것을 건드리지 못하며 느낌, 야망, 혼란, 제한된 시각도 그것을 건드리지 못한다. 덧없이 지나가는 꿈의 영상도 건드리지 못하고 원인체의 어둠과 공도 건드리지 못한다. 그것은 완전히 깨어난 **각성**의 경지로 지극히 정묘하고 섬세해서 만물을 그 본질로 환원하고 빛으로 우주에 현현한다. 간단히 말해 그것은 일상을 완전히 초월한 경지다.

그와 동시에 초원인체의 초월적 경지는 모든 인간의 경험에 스며 있기 때문에 언제나 누구에게나 그 문이 열려 있다. 그 경지는 우리 경험의 이면에 숨어 있다. 우리의 경험에 자신의 모습을 비추고 원래의 자리로 돌아간다. 모든 생각과 감정, 나아가서 숙면의 상태에서도 현존하는 앎 자체다. 라마나 마하리시가 아끼던 경전인 《트리푸라 라하시아Tripura Rahasya》는 우리가 하루에도 여러 번 사념이 없는 관조의 상태를 체험한다고 지적한다. 호흡과 호흡 사이에서 숨이 멈추는 순간에, 우리 눈이 근거리 대상에서 원거리 대상으로 옮겨 다시 초점을 맞추는 순간에, 고요하게 충만한 순간에 관조의 상태를 체험한다는 것이다. 깨어 있는 사람은 순간에 지나가는 사마디를 참자아로 꽃피워낼 수 있다.

마하리시가 말하는 요점은 '당신은 언제든지 초원인체의 경지를 체험할 수 있다'는 것이다. 그 경지는 항상 현존하기 때문에 그 경지를 경험하기 위해 굳이 명상하지 않아도 된다. 내가 아는 여인 중에는 매번 한밤중에 '깨어나' 칠흑 같은 어둠의 상태를 체험한다고 한다. 숙면 속에서 '깨어 있을' 수 있는 사람은 영원히 현존하는 관조의 경지로 들어갈 수 있다.

실재의 결이 뒤집혀서 통째로 자신을 드러내는 것처럼, 섬광처럼 스치는 순간이나 일상의 깨어 있는 상태에서 참 실재를 일견하는 사람들이 적지 않다. 대형마켓에서 쇼핑하면서 처음으로 실재를 체험한 내 친구는 이를 '마트 사마디'라고 불렀다. 그는 마켓의 10번 통로에 있던 아침식사용 시리얼 봉지를 보는 순간 건조식품과 쇼핑 카트, 형광등, 그리고 유모차에서 졸고 있는 딸아이 속에서 사랑으로 빛나는 지성이 깨어 있음을 깨달았다.

《시바 수트라》의 주석서인 《우디아모 바이라바하Udyamo bhairavaha(신성이 빛을 발하다)》에서 체마라자는 신성한 **의식**과 최상의 직관과 관조는 숨어 있다가 갑자기 빛을 발하며 우리의 각성을 휘어잡는 것처럼, 홀연히 나타날 수 있다고 했다. 우리는 명상하다가, 저변에 흐르는 **각성**과

자아를 아는 자, 관조의 의식이라는 투명한 공간성이 갑자기 일상의 의식을 삼키는 순간에 이를 경험한다. 샹카라차리아는 "나의 마음은 싸락눈처럼 녹아 지고한 절대자의 바닷속으로 들어갔다"는 유명한 말을 《비베카 춘다마니Viveka Chundamani》에 남겼다. 현대의 어느 명상가는 명상 중에 자신의 마음이 위로 올라가서는, 고요하게 주위를 알아차리는 각성으로 자신 위에 앉아, 떠드는 마음을 관찰하는 체험을 기록으로 남기기도 했다.

> 다시 빛이 나를 향해 타오른다.
> 그리고 빛이 선명하게 보인다.
> 그리고 빛이 하늘을 연다.
> 그리고 빛은 어둠을 몰아낸다.
> 그리고 빛은 만물을 드러낸다.
>
> —신新신학자 시메온Simeon, The New Theologian

초월의 경지와 참자아의 경지가 우리 명상 속으로 들어오는 길은 다양하고, 또 어느 때고 들어올 수 있다. 그 경지는 깊은 지복이나 사랑의 느낌으로 떠오르기도 하고, 본질적인 자비심으로 떠오르기도 한다. 일전에 인도의 치담바람 신전을 방문하고 나서 명상을 한 일이 있다. 명상을 끝내고 나서 내 운전기사의 모기 물린 자국과 길가에서 곡식을 타작하는 사람들의 수고로운 근육을 보며 뭔가를 느꼈다. 그러다가 연못에서 헤엄치는 아이들의 모습이 눈에 들어왔을 때, 아이들의 신체 위를 미끄러지던 물이 내 몸 위에서 미끄러지는 것처럼 느껴졌다. 나는 강렬한 친밀감과 한량없는 기쁨과 슬픔으로 울음을 터트렸다.

우리는 투리야를 빛의 장으로 체험하기도 한다. 오랫동안 명상을 해온 여성이 자신의 체험담을 이렇게 전했다. "자리에 앉아서 명상을 하면 평화롭고 고요한 공간 속으로 들어가는 걸 느껴요. 시간이 지나면서 그 공간 속으로 파란 빛이 들어오고, 빛의 장이 넓게 형성돼요. 그런 다음 빛의 장 안에 다양한 모습들이 나타나요. 하얀 광채가 눈부시게 분출하는 경우도 있는데, 마치 태양을 보는 것 같아요."

아빌라의 테레사는 내면의 빛을 다음과 같이 묘사했다.

지금 출현한 빛은 지상의 빛과는 아주 달라서, 그 빛과 비교하면 태양은 빛을 잃기 때문에 다시는 태양의 빛을 보고 싶은 마음이 생기지 않는다. 마치 수정처럼 맑게 흐르는 시냇물에 햇빛이 찬란하게 부서지는 모습을 보다가, 구름 그림자가 드리워지고 흙바닥 위를 흐르는 진흙탕 물을 보는 것과 같다. 내면의 빛은 자연스러운 빛인데, 이것과 비교하면 다른 빛들은 모두 인공적이다. 내면의 빛은 어둠에 의해 물러가는 그런 빛이 아니다. 그 어느 것도 그 빛을 어지럽히지 못한다. 제아무리 지성이 뛰어난 사람이라 할지라도 내면의 빛이 어떤지는 상상조차 할 수 없다.

단순히 이런 체험담을 읽는 것만으로도 물질적 체험 이면에 흐르는 **각성**과 빛의 체험이 일어나는 경우도 있다. 그래서 빛을 명상하는 수련—파란 빛의 장이 자신의 마음을 채운다고 상상하는—이나 다음 수련도 그런 체험을 일으킬 수 있다.

Practice	체험 뒤에 있는 각성의 빛 느끼기

두 눈을 감고 잠시 호흡에 의식을 모은다. 마음속으로 자신에게 말한다. "내 생각 뒤에 순수**각성**의 빛이 있다. 내 생각은 바로 그 빛에서

나와서 다시 그 빛으로 돌아간다. 내 호흡 뒤에 **각성**의 빛이 있다. 호흡은 그 빛에서 떠올랐다가 그 빛 속으로 가라앉는다. 내 몸의 감각은 **각성**의 빛에서 나온다. **각성**의 빛이 있기에 나는 지각할 수 있다. 그리고 내가 지각하고 느끼고 듣는 것 속에 **각성**의 빛이 있다."

생각이 올라오고 지각이 일어날 때 이들은 모두 신성한 근원과 순수 **각성**의 빛 안에서 떠오르고 가라앉음을 기억하라. 눈을 떴을 때 당신은 **각성**의 빛으로 사물을 보고 보이는 대상 모두에 각성의 빛이 들어 있다고 느낀다.

신은 자신을 자신에게 드러내며
아는 자는 아는 대상이 된다.
─마이스터 에크하르트

투리야가 떠오르면 점진적으로 내면과 외면의 경계가 녹아들면서 나는 안팎의 만물을 내 의식의 일부로 체감한다. 명상하면서 이런 체험을 종종 하는데, 보통은 눈을 뜬 상태로 체험한다. 실내에서 여러 사람들과 명상을 하다 보면 갑자기 시각이 뒤바뀔 때가 있다. 명상실을 둘러보며 방 안에 있는 나를 지각하는 게 아니라, 명상실이 내 안에 있는 것이다. 주변의 소리도 밖에서가 아니라 내 안에서 난다. 공기의 흐름 자체가 내 안의 파장과 하나가 된다. 누군가가 움직이면 그 자극에 나의 각성이 반응한다. 《시바 수트라》에서는 초월의 경지에서 자신의 신체가 우주가 되는 것을 감지한다고 한다. 탄트라의 전통에서는 완벽하게 참자아를 실현한 존재는 명상을 하든 안 하든 언제나 이런 경지에서 머물며 언제나 지복이 넘치는 **각성**으로 세상을 알아차린다고 한다.

때로는 강렬한 열망과 집중력으로 투리야의 경지에 진입하기도 한다.

어느 날 아침, 한 남자는 명상 중에 '깨달은 사람의 내면은 어떨까?'라는 생각이 들었다. 궁금증이 강렬해지자 굉음이 들렸다. 그의 각성은 뒤로 물러나다가 파란 빛의 세계로 들어갔다. 그의 주위에서 빛의 물결이 요동쳤다. 기운이 증폭되다가 마침내는 그의 의식이 강렬하게 진동하는 것을 느꼈다. 굉음이 점점 더 커지다가 갑자기 바다의 물결이 고요해졌다. 굉음이 각성의 파동—나는 존재한다, 나는 존재한다, 나는 존재한다—으로 바뀐 것이다. 그 파동에서 사랑의 물결이 그를 휩쓸고 지나갔다.

> 내 안의 '나'는 신이며,
> 나의 신은 바로 나 자신임을 안다.
> —제노바의 카테리나Catherine of Genoa

다른 초월적 체험이 모두 그렇듯이, 이 체험도 요가 경전과 현자의 글 속에 나오는 요소들을 다 갖추고 있다. 파란 바다는 인도의 시인이자 성인들의 노래 속에 자주 등장한다. 라마크리슈나는 자신이 사랑한 칼리 여신을 푸른색의 무한한 장으로 체험했던 이야기를 자주 했다. 그 굉음은 라야 요가laya yoga(용해의 요가, 대단히 미묘한 형태의 명상 수련)의 경전들이 사마디로 인도하는 소리로 묘사하는 천둥소리였을 것이다.

> 나는 참자아가 어디 있는지도 모르고,
> 그것을 찾지도 않는다.
> 바닷속 깊이 잠겨 온 사방이 물 외에 아무것도 보이지 않는 것처럼
> 나는 신의 무한한 사랑 속으로 들어가 잠긴다.
> —제노바의 카테리나

'나는 존재한다'는 각성은 자신을 순수 존재로 인식하는 것으로, 완벽

한 자아의식이라고도 한다. 많은 성인들은 이를 신성한 주관성을 궁극적으로 체험한 것이라고 문헌에 남겼다. 신성한 주관성은 모세가 시나이 산에서 들은 소리, '나는 스스로 존재하는 자'의 주관성이고, 《비기아나 바이라바》 등의 경전이 말하는 지고한 경지다. 고대의 저술가들은 은유의 언어로 최고의 역설을 표현했다. "무無 속에 만물이 있고, 텅 빌 때, 충만해진다." 그들은 그 경지를 '빛이 빛 속으로 녹아든다' '아주 작은 것까지 연소되고 난 후 남은 공간' '하나에서 하나를 빼고 남은 것'이라고 은유적으로 표현했다.

그와 같은 경지는 언어를 초월한 차원이기 때문에 직접적으로 설명할 길이 없다. 기아네슈와르 마하라지는 다음과 같이 묘사한다. "여기에서, 지적인 능력은, 당황하여, 마음과 감각과 더불어 물러간다." 십자가의 성 요한은 자신의 시 〈영혼의 어두운 밤〉에서 "모든 것을 경험하는 자리에 가려면 무가 되는 길을 가야 한다"고 노래했다. 기아네슈와르 마하라지는 다음과 같은 기록을 남겼다. "잠시 동안 참자아는 지각의 대상으로 보인다. 그러나 보는 자와 보이는 대상이 하나가 될 때 둘은 모두 사라진다. 그때 보이는 대상은 보는 자와 같고, 보는 자는 보이는 대상 속으로 융합된다. 둘 다 사라지고 실재만이 남는다."

초원인체의 경지는 우리가 오르거나 성취할 수 있는 것이 아니다. 그 경지는 은총을 통해 스스로 나타난다. 그렇지만 그 경지는 항상 현존하기에 우리는 그 경지가 스스로 나타나도록 상황을 만들 수는 있다. 쿤달리니가 깨어나면 간헐적으로 떠오르기도 한다. 2장의 수련들은 대부분 보통의 의식과 사마디의 경지 사이에서 징검다리가 되어준다. 이에 관한 간단한 수련법을 소개하려고 한다. 이 수련을 할 때는 눈을 떠도 좋고, 감아도 좋다. '신'이라는 말을 '순수 현존', '사랑', **'각성'**, '공' 등의 단어로 바꿔서 해도 좋다.

Practice 만물 안에서 신을 느끼기

편하게 앉아 자세를 바르게 하고 눈을 감는다. 잠시 몸의 힘을 빼고 경직되거나 긴장된 부위로 호흡한다. 긴장이 날숨과 함께 몸 밖으로 나간다고 상상한다.

먼저 호흡에 의식을 모은다. 들이쉴 때 숨의 시원함을 느껴보고, 내쉴 때는 콧구멍으로 숨이 나갈 때의 따뜻함을 느껴본다.

다음과 같은 각성의 말을 되뇐다. "만물에 생명을 주는 현존, 신은 내 숨 속에 있다. 신은 내 생각 속에 있다. 내 마음이 가는 곳마다 신이 있다. 신은 내 육체 안에 있다. 신은 대기 중에 있다. 신은 내가 앉아 있는 의자 속에 있다. 신은 내가 입고 있는 옷 속에 있다. 신은 내 눈으로 세상을 보고, 내 마음으로 생각한다. 생각이 어디로 향하든, 마음이 어디로 가든, 그곳에 신이 있다. 보는 자가 신이다. 듣는 자가 신이다. '나'라고 하는 자가 신이다."

잠시 후 눈을 뜨고 이와 같은 각성의 눈으로 주위를 둘러본다.

이와 같은 수련으로 초월의 경지를 완전히 체험할 수는 없겠지만, 각성의 문이 열리고 성숙해가면서 완전한 경험의 길로 가는 바탕을 마련할 수는 있을 것이다. 단 한 번만의 경험으로도 자신에 대한 시각이 영원히 바뀐다. 특히 우리가 그 체험을 떠올리고 각성의 빛으로 바라보고 기억을 더듬어 그 체험으로 돌아갈 수 있을 때 자신에 대한 시각이 영원히 바뀐다. 이런 초원인체의 경지를 경험하다 보면 더 가야 할 길이 있음을, 명상의 여정이 사마디에서 끝나지 않음을 깨닫게 된다. 투리야 너머에 또 다른 경지가 있다. 힌두교의 싯다 전통과 카슈미르 시바파의 전통에서 참자아 실현은 사하자 사마디sahaja samadhi(자연스러운 사마디)라고 한다. 싯다에서 전하는 사하자의 경지에 따르면, 불이不二의 각성은 결코 변하지 않는다. 여기서 '불이'라는 말이 대단히 중요하다. '불이'라는 말은 사마디의 경지에서 만물이 하나로 통합된다는 뜻이 아니라, 보통의 깨어 있는 상태에서도 절대자 아닌 것이 없음을 인식한다는 뜻이다. 사하자의 경지에서 당신은 사람과 사물의 특색을, 독특성과 다양성의 특색을 알아차린다. 그러면서 영혼과 물질, 절대와 상대 등은 서로 다른 별개의 실재가 아니라 내면에 있는 하나의 의식에서 떠오르는 것임을 인식하게 된다.

> 그분은 그대의 형상으로 유형의 세계를 보며
> 자신의 형상으로 온 우주를 채우고
> 기쁨으로 영원히 넘쳐흐른다.
> ─웃팔라데바

19세기의 위대한 각자인 라마크리슈나는 감각이 없는 무정물을 비롯해 생물과 무생물의 세계가 모두 무아경 속에서 신성, 빛, **의식**으로 자신을 드러낸다고 했다. 라마나 마하리시는 이런 경지의 사마디는 명상을 하든, 밥을 먹든, 잠을 자든, 길을 걷든 결코 흔들리는 법이 없다고 했다.
카비르는 노래한다.

마음속에 아무런 두려움 없이
지복에 잠겨 있으니
소소한 일상에서도

합일의 정신을 놓치는 법이 없구나.

무한한 존재의 무한한 거주지는

땅, 물, 하늘, 대기 중…… 어디에나 있구나.

안에 있는 자는 밖에 있고

나의 눈에는 '그 사람'만 보이는구나.

한 스승의 이야기가 전해져 온다.
그 스승이 하나의 사물에 대해 명상을 할 때는
영적으로 보이는 것을 막기 위해 안경을 써야 했는데,
안경을 쓰지 않고 명상을 하면
세상의 모든 사물이 하나로 보였기 때문이었다.
―마틴 부버Martin Buber

여러 종교의 깨달은 스승들은 사하자의 경지를 각기 다른 방식으로 설명한다. 크리슈나무르티는 "이 경지에 도달한 사람은 각자 자신이 살던 시대의 용어를 사용해 자신만의 방식으로 설명한다"라고 말했다. 그러면서 자신의 체험을 "클러치에서 발을 뗀 상태"로 표현했다. 그 상태에서는 생각이 물러가고, 관념적인 지식을 통하지 않고 직접적으로 세상을 경험하지만 하나하나의 행동은 물 흐르듯 자연스럽다. 그는 《깨달음의 신비The Mystique of Enlightenment》에서 "자신 안에 엄청난 평화가 넘쳐흐르고 있고, 그것이 자연 상태의 자신이라는 것을 이해하지 못할 것이다"라고 말했다. "그것은 애를 써서 어찌할 수 있는 존재가 아니다. 그것은 거기 있다. 살아 있는 상태로 있다. 그것은 감각의 삶으로, 생각의 개입 없이 자연스럽게 작용한다. …… 여기 있는 것은 자연스러운 상태로 살아 있다. 그것은 당신이나 내가 애써 차지할 수 있는 것이 아니다. 그것은 그저 꽃처럼 피어날 따름이다."

명상을 하면 궁극적으로 내면의 사하자(궁극적인 합일)가 나타난다. 단하나의 맛으로 빛나는 세상, 보통의 생각으로 구속받지 않는 세계에 눈을 뜨고 그 세계를 경험한다. 그래서 시간이 지날수록, 우리는 명상으로 평화나 기쁨을 체험하거나 순수**각성**을 맛보는 것만으로는 충분치 않다고 깨닫는다. 우리는 그런 경지가 일상 속으로 스며들어서, 오가는 생활 속에서도 깨어 있기를 원한다. 달리 말하면, "참자아는 항상 현존한다. 투리야의 경지, 사마디의 경지는 깨어 있을 때나, 꿈을 꿀 때, 나아가서 숙면 상태까지도 스며들어 있다"는 성자들의 말을 직접적으로 체험하고 싶어 하는 것이다. 그러므로 우리는 명상이 끝난 직후에 각성을 일상으로 끌어오는 방식에 세심한 주의를 기울여야 한다.

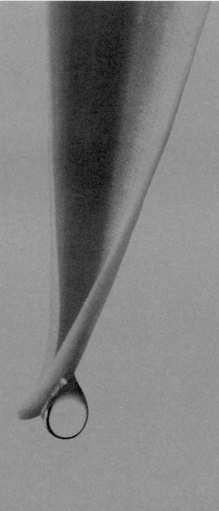

10

명상 후에
할 일

이른 아침이다. 나는 지금 가슴 부위에서부터 펼쳐지는 고요한 호수 속에 앉아 있다. 오래 앉아 있을수록 고요함은 넓어지고 부드러워진다. 몸이 그 고요 속으로 사라지고 나는 감미롭게 진동하는 물속에서 포근하게 휴식한다. 그러다가 알람이 아주 요란하게 울린다. 알람 소리가 너무 귀에 거슬려 후다닥 명상에서 뛰쳐나와 알람 버튼을 누른다. 의자와 몸이 느껴진다. 어기적어기적 일어나서는 창가로 간다. 블라인드를 더듬다 비틀거린다. 아직도 명상에서 다 빠져나오지 못한 모양이다. 다시 명상으로 돌아가서, 서서히 명상 상태에서 나와야겠다. 그렇게 하지 않으면 하루 종일 명상과 일상 사이에서 정신을 못 차릴 것이다.

어떤 사람이 꽃을 보고,
꽃들이 그를 본다.
소박한 가슴이 소박한 가슴을 들여다본다.
- 손불이孫不二

명상 속으로 다시 들어가는 것을 배우는 데는 오랜 시간이 걸렸다. 명상 속으로 깊이 들어가지 않은 것 같을 때도 명상에서 나올 때는 느긋하고 천천히 나와야 함을 깨닫는 데도 많은 시간이 필요했다. 그렇게 천천히 명상에서 나오면 그 여운으로 놀라운 일이 생길 때가 있다. 내 친구의 경우는 명상 시간이 전부 끝나고 눈을 뜬 상태에서 잠시 앉아 있으면, 세상이 한 점에서 나타나 마치 처음인 것처럼 눈앞에 펼쳐진다고 한다. 그녀는 만물이 자신의 의식에서 떠올랐다가 그 속으로 가라앉는다는 말이 무엇을 뜻하는지 알고 있다.

우리는 보통 명상이 끝나고 나면, 잠시 동안 한 시간 정도의 명상을 정리하고 마음을 모으면서 생각을 가라앉힌다. 때로는 평화를, 때로는 지복을 느낀다. 또는 자신의 각성을 일상의 깨어 있는 상태로 되돌리기도 한다. 명상을 깊이 하고 나서 마음이 불안하거나 지나치게 민감하다면, 명상 상태에서 너무 빨리 나와 일상 의식으로 돌아갔기 때문일 것이다.

명상 후의 시간을 중요시하는 데는 또 다른 이유가 있다. 우리가 명상의 결과를 잘 갈무리하고 내면의 고요를 일상 속에서도 이어가는 법을 터득하는 때가 바로 명상이 끝난 직후의 짧은 시간 동안이기 때문이다.

명상을 처음 하는 사람은 "어떻게 하면 명상 상태로 들어갈 수 있어요?"라고 묻는다. 명상을 조금이라도 해본 사람은 "어떻게 하면 명상 상태를 유지할 수 있을까요?"라고 묻는다. 명상 코스나 워크숍이 끝나고 나면 많은 참가자들은 나에게 이런 말을 한다. "명상할 때는 기분이 정말 좋아요. 하지만 명상이 끝나고 눈을 뜨면 다시 삶이 짓누르거든요. 명상에서 체험한 것을 채 누리기도 전에 생활 속에 묻혀버려요. 그리고 명상 체험은 모조리 사라져버려요. 그런 체험이 전혀 없었던 것처럼 말이에요."

우리들 대부분도 이런 푸념을 늘어놓는다. 깊은 명상 속으로 들어갔을 때는 좋았는데 일상의 생활 속으로 들어가면 명상의 고요와 평화가 한순간에 사라지고 마는 것이다. 명상을 하다 보면 누구나 이런 이유로 자신에게 실망할 때가 있다.

명상 중에 경험하는 체험은 모두 지나간다. 그것이 달콤하든 고통스럽든, 기분을 살리든 꺾든, 왔다가 가기 마련이다. 그래서 우리는 명상을 통해 '하나의 경험이 오면, 이를 누릴 줄도 알아야 하고 놓을 줄도 알아야 함'을 배우게 된다. 명상하는 사람들 중에는 하루 종일 명상 상태를 유지하려고 애쓰는 사람도 있다. 보통 눈빛이 반짝이는 모습에서 그런 경우를 찾아볼 수 있다. 싱크대에 올라온 설거지 그릇이나 주차 공간, 일시정지 표지판 등 일상의 소소한 대상을 대하는 태도에서도 찾아볼 수 있다. 모든 일을 의도적으로 천천히 하려는 모습이나 아주 간단한 질문에 답할 때도 시간을 끄는 경우에서도 찾아볼 수 있다. 명상에 취해 정신 나간 사람처럼 멍해 있던 시절이 지금도 생생하게 기억난다. 그때는 생필품을 사러 마트에 가면서도 명상을 하려고 노력했다. 한번은 친구 차를 몰고 나갔던 나는 한참 동안 운전하고 나서야 사이드브레이크를 풀지 않았음을 깨달았다.

명상 상태와 평상시 의식의 상태에는 차이가 있기 마련이다. 명상 중에 일어난 일은 잊어버리더라도, 내면으로 들어가 있던 동안 진행되는 명상은 일상에서도 밑바닥에 흐르며 의식의 연금술을 행한다. 쿤달리니를 각성시키는 수련을 하면, 수련을 하지 않을 때도 의식의 밑바닥에서는 수련의 작용이 계속된다. 내면의 지성은 자연스럽게 명상의 경험을 정리하여 일상의 깨어 있는 상태 속으로 통합한다. 무슨 일이 벌어지는지도 모르고 말이다.

그런 내면의 명상 상태―언제든 뜻대로 퍼 올릴 수 있는 생명의 샘처럼 맑고 광대한 **각성**의 상태―로 살 수 있다면, 그것은 틀림없는 영적 성장의 징표라 할 수 있다. 우리의 명상수련이 내면의 건강 체조나 취미 생활과 같은 현실도피 이상의 무엇이라면 궁극적으로 우리는 일상생활에서 참자아의 각성을 어떻게 이어나가야 할지를 배워야 한다. 그것이 바로 깨어 있는 생활을 위한 수련법이다.

위대한 요기는 보통의 의식 상태에서도
사마디의 상태로 가득 차 있다.
보통의 의식 상태에서도,
조각구름이 가을 하늘로 사라지는 것처럼,
만물이 '의식'의 하늘로 녹아드는 것을 보기 때문이다.
−체마라자Kshemaraja

깨달은 존재는 일상생활에서도 내면의 체험을 이어갈 줄 안다. 여기에 깨달은 존재와 일반 수행자와의 차이가 있다. 영성을 추구하는 삶에서 내면의 세계와 외면의 세계를 융합하는 능력은 대단한 경지다.

그렇다면 어떻게 내면세계와 외면세계를 융합할 것인가? 첫째, 명상 일지를 기록해 의도적으로 명상 체험을 기억하고 묵상하는 습관을 들일 필요가 있다. 둘째, 지난 명상 체험을 다음 명상에 이어가거나, 아니면 명상과 명상 사이에서 바로 앞 명상의 체험을 되새기고 심화할 필요가 있다.

명상 직후에 묵상하기

카슈미르 시바파의 경전인 《프라티아비기아 흐리다얌》에는 명상 직후의 시간에 명상의 체험을 음미하고 반추하는 법이 나온다. 명상 시간에 쌓았던 기운을 음미하면 기운은 하나로 통합된다. 그렇게 하기 위해서 명상을 마무리하는 방법이다.

먼저 명상을 하기 전에 스톱워치를 맞춰서 명상이 끝나기 10분 전에 울리도록 한다. 스톱워치가 울리면 몇 분 동안 조용히 그대로 앉아 있거나 팔과 다리를 자연스럽게 벌린 채로 편안하게 눕는다. 이 시간이 자신의 체험을 다시 기억해내기에 좋다.

> **존재하라!**
> 만물이 나온 공空의 자리,
> 그대의 강렬한 진동으로 생동하는 무한한 근원을 알라.
> 그 근원을 온전히 받아들일 수 있도록.
>
> ─라이너 마리아 릴케Rainer Maria Rilke

지금 이 순간, 느낌이 어떠한지 자신의 상태를 점검해본다. 가슴에서는 무엇이 느껴지는가? 몸에서 특별히 느껴지는 감각이 있는가? 마음속에 무엇이 보이는가? 당신의 기운은 어떠한가? 몸은 긴장을 풀고 있는가? 생기가 넘치는가? 졸리는가? 이 모두를 하나하나 느껴보라. 명상을 하던 시간으로 되돌아가보라. 그때의 특징, 기분, 결을 떠올려보고 특별했던 부분을 살펴보거나 명상의 순서를 되짚어보라.

그러고는 각성의 빛으로 명상 직후의 상태를 있는 그대로 받아들인다. 각성의 빛으로 품에 안는다. 이제 편하게 일상의 의식 상태로 되돌아오면서 명상의 느낌을 각성해본다.

처음에는 몇 분 동안 각성을 유지하기가 힘들 수도 있다. 하지만 수련을 하다 보면 완전히 일상의 의식으로 되돌아가도 명상 후 각성이 지속되는 시간이 늘어난다. 명상 상태의 사진이 당신 안에 있다. 그 사진을 새롭게 찍을 때마다 사진의 모습은 더욱더 선명해진다. 명상 체험을 거듭해서 반추하다 보면 그 체험을 기억하는 것만으로도 체험 속으로 다시 들어갈 수 있게 된다.

체험 기록하기

명상 직후의 시간이 명상일지를 기록하는 데 가장 좋은 때다. 명상을 하고 나서 눈을 뜨자마자 명상 체험을 떠올리며 기록하면 명상 상태를 유지하면서 그 느낌을 생생하게 글로 옮길 수 있다. 명상 체험은 대단히 정묘한 데가 있어서 기록으로 남겨놓지 않으면 눈을 뜨기도 전에 사라진다. 하지만 정묘한 깨달음들을 잘 붙들고 있다면 삶을 통째로 변화시키기도 한다. 몇 달이나 몇 년 후에 다시 명상일지를 읽어보면 그 기록이 우리를 다시 경험의 세계로 돌아가게 하는 보물임을 깨닫게 될 것이다.

　명상 체험을 기록할 때 관건은 매우 정묘한 부분을 정확히 전달할 수 있는 언어를 찾는 것이다. 명상은 언어가 도달하지 못하는 신비의 세계를 여행하는 것이다. 그래서 영적인 체험을 표현하는 데 환상이나 소리, 정신의 현현 등의 말이 자주 등장한다. 모든 것을 통섭해서 사랑으로 넘치는 현존이나 각성의 장막을 넘어 앞으로 전진하는 느낌이나, 위축되고 답답한 상태에서 밝고 맑은 상태로 승화하는 상태를 설명하는 것보다는, 내면에 나타난 반짝이는 별을 설명하는 것이 훨씬 쉬울 수밖에 없다. 기운의 변화와 미묘한 느낌을 표현할 길이 없을 때도 있다. '감미로움', '내면의 꿀단지', '깊은 공간', '지복' 등 지나치게 자주 등장하는 한

정된 단어로만 표현하고 싶지 않다면 내면의 체험을 새롭게 표현하는 방식을 찾아봐야 할 것이다.

영적인 세계를 표현하는 언어를 찾는 노력은 우리 마음을 체험에 붙박아 놓기 때문에 대단히 소중하다. 분명하게 표현하지 않은 것은 우리에게 현실로 다가오지 않지만, 언어로 분명하게 표현한 내용은 현실이된다는 것은 엄연한 사실이다. 당신이 쓰는 언어가 아름다운지, 다른 이들에게 의미가 있는지는 그다지 중요하지 않다. 명상일지는 다른 사람에게 보여주기 위해 기록하는 게 아니다.

> 오직 사랑하는 가슴만이, 떠오르고 가라앉는 '나'의 안식처다.
> 근원의 가슴은 만물의 시작이요, 중간이며 끝이다.
> 지고한 공간인 가슴은 결코 형상이 아니다.
> 그것은 진리의 빛이다.
> ─라마나 마하리시

나는 명상 상태를 기록하는 것뿐만 아니라 명상 상태에 들어가기까지의 과정을 기억하고 기록하기를 좋아한다. 만트라를 염송했는가? 호흡을 지켜보고 있었던가? 상황 전환을 일으키는 기법을 생각했는가? 아니면 그것은 순수한 은총이었는가? 아무 일도 없었는가? '아무 일도 없는' 느낌은 어땠는가? 한순간만이라도 생각과 분리되었는가? 생각과 생각 사이에 틈새를 알아차렸는가? 기운의 변화를 느꼈는가? 통찰이 떠오르거나 위안의 느낌을 받았는가? 떠나지 않는 걱정이나 불안에 민감하게 반응했는가? 나의 각성이 날카로워지거나 밝아진 순간이 있었는가? 이들 모두는 기록할 만한 가치가 충분하다.

내 명상일지의 일부를 옮겨본다.

가슴에서 사랑이 부풀어 오르고 호흡이 그 사랑의 느낌에서 일어난다. 사랑이 숨 쉬는 것처럼 호흡한다. 숨을 내쉴 때마다 부드러운 샥티와 더불어 고동치고, 가슴 부위에서 느껴지는 기운이 감미롭다. 이 기운이 곧 '나'라는 느낌 …… 내 가슴 안에 있는 샥티에게 꽃을 바쳤다. 참자아를 경배하라. 가슴에서 고동치는 기운을 경배하라는 것, 이것이 바로 그 뜻인가?

이 글을 쓴 지 1년 후, 명상이 그다지 즐겁지 않게 느껴졌을 때 위 구절을 읽자 당시의 헌신하는 마음이 새록새록 다시 올라왔다. 언어가 내 안의 신성과 나를 연결해주었다. 내 안의 신성을 내가 느끼지 못하더라도 언제나 내 안에 있다는 사실을 상기시켜주었다.
　시詩라는 형식으로 자신의 통찰을 기록한 명상가의 글을 보자.

　　지금 구현하라!
　　들숨에 만물을.
　　날숨에 사랑을.

이 명상에서 그는 몸 안에 있는 것만으로도 사랑의 느낌을 체험할 수 있었다. 우주를 들이쉬고 사랑을 내쉬는 호흡 수련은 통찰의 결과로 자연스럽게 떠오른 것이다.
　일단 명상 체험을 기록해 놓으면 묵상을 하거나 더 깊은 체험으로 들어가는 발판으로 활용할 수 있다. 내 명상일지를 보면, 당시의 체험들은 대단히 미묘한 데가 있지만 묵상할 수 있는 요소가 적지 않았다. 또 그런 체험 속에서 자아에 대한 시각을 조금씩 바꿀 수 있는 깨달음이 올라왔다.
　자신의 정묘한 세계—실제 감정도 하나의 기운이라거나, 생각의 이면에 있는 공간이 '참나'라거나, 숨 쉬는 자는 당신이 아니라 우주라고 느끼는—를 깨달으면 작은 '나'에 대한 집착을 놓기가 쉬워진다. 명상을 하는 중에 작은 깨달음이나 통찰이 올 때마다 의식은 새로운 모습으로 바뀌어 간다. 기억이 그곳에 있다. 그것은 자유롭게 드나들 수 있는 기억이다. 그 기억 속으로 다시 들어가서 의식을 새로운 모습으로 더욱 심화시킬 수 있다. 이렇게 하나의 명상 체험은 다음 명상수련의 대상이 될 수 있다.

명상의 길 따라가기

명상과 요가의 훌륭한 기법들은 대체로 어떤 사람이 자연스럽게 얻은 체험에서 비롯했다고 볼 수 있다. 어떤 수행자가 내면에서 올라오는 가르침을 듣거나 통찰했을 것이다. "나는 누구인지 자문하라." "호흡의 흐름을 따라가라." 혹은 내면의 소리나 환상이 저절로 올라와서 수행자를 깊은 경지로 인도했을 것이다. 나중에 그 수행자는 이전에 경험했던 명상의 길을 이번에는 혼자서 되짚어 들어갔을 것이다. 이렇게 닦인 수행의 길이 여러 수행계의 토대가 되었을 것이다.

그렇다고 성자나 스승이 되어야만 자신의 경험이나 기법을 수행에 활용할 수 있는 것은 아니다. 어느 날 명상 중에 당신이 자신의 생각과 감정을 지켜보는데, 그때 의식이 레이저 광선처럼 머리 중앙의 한 점에 모인다고 가정해보자. 그러면 다음 명상 시간에 머리 중앙에 의식을 모으고 그 자리에서 자신의 생각을 지켜보는 수련을 할 수 있다.

또는 '위대한 힘이 나를 호흡하는' 체험을 했다고 가정해보자. 다른 명상 시간에 그 통찰이 떠올라서 '위대한 힘이 나를 호흡하는' 수련을 본격적으로 한다. 자신의 호흡을 알아차리며 위대한 힘이 자신을 호흡하는 느낌을 떠올려 본다. 숨을 들이쉬고 내쉬는 위대한 힘의 현존을 느껴본다. 위대한 힘의 현존을 기억하고 거기에 파장을 맞춘다. 거기에 마음의 문을 연다. 그 속으로 들어간다. 그 안을 탐색해본다. 한 명상가는 어느 날 명상을 하다가 우주의 모든 힘이 자신의 호흡과 함께 들고나는 체험을 했다고 한다. 내 경우를 예로 들면, '신이 나를 호흡한다'는 다라나를 몇 년 동안 수련하다가 어느 날은 정말로 명상 중에 그 체험을 할 수 있었다.

> 내면의 소리를 들어라.
> 그러면 몸과 마음이 하나가 되고
> 만물이 하나 됨을 깨닫게 될 것이다.
> ─도겐 선사禪師

각각의 명상 체험은 새로운 명상의 길을 인도한다. 삶에 생기가 없을 때, 자극이 필요할 때, 혹은 모험을 하고 싶을 때 명상일지를 넘겨보라.

명상에서 얻은 통찰을 계속 유지하는 수련을 하면 일상의 깨어 있는 시간에도 영향을 미친다는 사실을 이미 눈치 챘을 것이다. 합일, 깨어 있음, 내면에 현존하고 있음이 당신의 각성에 확고하게 뿌리를 내릴 것이다. 그래서 필요할 때마다 떠오르고, 분노나 슬픔을 치유하고, 분리감이 들 때나 마음이 산만할 때 당신을 도와줄 것이다. 그때 비로소 내면에서 진정한 변화가 시작되고 사물을 바라보는 시각도 진정으로 변할 것이다. 그때 명상가들은 명상에서 배운 기술을 다른 데에도 응용할 수 있음을 자각하기 시작한다. 말하자면 정좌 명상에서 배운 것을 실제로 현실 생활에 실천하기 시작하는 것이다.

11

생활 속의
명상

명상수련이 어느 정도 진행되면 명상이란 방석 위에서만 하는 게 아님을 깨닫게 된다. 결국 우리의 삶 전체가 존재의 중심에서 살아가는 수행이 될 때까지 명상은 밖으로 퍼져나가야 한다. 명상의 고유한 연금술은 우리의 의식과 성격을 정묘하게 변화시키는 동시에 명상에서 얻은 기술과 통찰과 체험 등을 일상생활에 적용하라고 가르친다.

수련이 얼마나 견고한지는 일상의 매 순간마다 시험받는다. 명상에서 체험한 사랑을 행동으로 옮길 수 있는가? 일할 때나, 움직일 때, 좋아하는 사람이 당신을 실망시킬 때도 각성을 유지할 수 있는가? 존재의 깊은 차원에서 말하거나 생활할 수 있는가? 아니면 깊은 차원의 존재와 연결되지 않거나 사랑과 영감의 느낌 없이 기계적으로 생활하는가?

물론 영감과 비전으로 충만한 내면세계가 바로 눈앞에 있는 것처럼 보일 때도 있고, 사방이 온통 사랑의 물결로 출렁이는 것처럼 보이는 순간도 있다. 별안간 '흐름'의 상태 속으로 들어가 애쓰지 않아도 마음은 고요하고 행동은 빈틈없이 흘러간다. 논쟁하거나 위기 상황 속에서도 관조하는 여유가 생기고, 평소 같으면 감정이 격해질 상황에서도 차분하게 평정심을 유지한다. 어느 날 아침 눈을 떠보니 세상이 성스러움으로 빛나거나, 길가에 뒹구는 낙엽에서 인생의 의미를 발견하거나, 지저분한 신문이 넘쳐흐르는 행복과 함께 고동치는 것처럼 보인다. 버스 안에서 우연히 엿들은 대화나 간판에 쓰인 광고 문구에서 특별한 영적 메시지를 깨달을 때 마법과도 같은 동시성(서로 다른 일이 동시에 일어나는 것)을 체험하기도 한다. 그런 때는 하찮은 일도 예배로 승화되고, 숲속의 산책이 순례의 행렬로 탈바꿈한다.

아직 살아 있을 때 명상하라.
어두운 곳에 숨어서만 하지 말고
서 있을 때나, 앉아 있을 때나, 움직일 때나, 쉴 때나
항상 명상하라.
깨어 있을 때나 자고 있을 때도 명상이 계속되면
어디에 있든 그곳이 천국이다.
–하쿠인Hakuin

이와는 달리, 열심히 수련해야 명상의 맛을 조금 느끼는 경우도 있다. 명상을 한다고 해서 갑자기 정신적 고통이 사라지지는 않는다. 자신감 부족, 감정의 기복, 타인과의 문제가 금세 없어지지도 않는다. 명상을 하는 사람도 다른 사람들처럼 삶의 기복에 영향을 받기 마련이다. 하지만 명상을 하는 사람과 그렇지 않은 사람 사이의 주된 차이는 자신의 기분과 감정을 대하는 태도, 자신의 기분과 감정을 관리하는 능력에 있다. 슬픔, 분노, 좌절 등의 감정이 올라오면 능숙한 명상가는 본래의 자아와 감정을 잘 구분해낼 줄 안다. 자신의 중심은 감정의 변화에 아무런 영향을 받지 않음을 안다. 그뿐 아니라 어려운 상황에 직면하거나 머리가 어지러울 때 이를 해결할 수 있는 기술을 명상에서 터득한다. 자신의 감정

을 다스리거나 욕망, 두려움, 위기 등을 다스릴 수 있는 방법들을 안다.

자기 자신의 중심에서 살아간다는 것은 노력이 필요하지만 무척이나 흥미로운 일이다. 삶을 하나의 수행으로 받아들일 때 평범한 생활도 심오한 빛을 발한다. 승리냐 패배냐, 성공이냐 실패냐를 따지지 않는다. 그 대신 내면에 있는 사랑과 밝음으로 돌아와, 내면의 가치를 현실에서 실행하는 노력을 끊임없이 한다.

그러고 나면 수련의 두 번째 차원이 온다. 이는 자신의 중심을 유지하고, 자신의 특성을 함양하고, 묵상하고, 삶이 우리에게 선사하는 상황에서 배우고, 기법이나 가르침 또는 규칙을 발견하는 깨어 있는 수련이다. 참자아의 각성으로 살 수 있도록 일상에서 두 눈을 뜨고 행하는 수련이다.

내면의 각성 유지하기

시바파 요가의 전통에서 깨달은 존재는 두 눈을 뜨고도, 변화 없이 빛나는 **각성**의 장에 자신의 의식이 모이는 샴바비 무드라shambhavi mudra 경지에서 산다고 한다. 이는 깨달음의 경지를 적절하게 표현한 것으로, 눈을 뜨고 하는 수련의 열쇠이기도 하다. 눈을 뜨고 하는 수련은 게임과 비슷한 면이 있다. 당신이 실제로 깨달음의 경지에 있는 것처럼 생각하고 행동하는 수련이다.

이 수련의 핵심은 내면의 각성을 지속적으로 유지하는 것이다. 당신이 파장을 맞추는 존재나 현존의 느낌에, 자신의 각성에 집중하는 것이다. 기본적인 수련 대부분이 그렇듯이 이 수련도 대단히 간단하다. 내면의 각성에 계속 주의를 기울이면, 걱정하거나 흥분하거나 압박을 받는 것 같은 긴박한 문제가 녹아버린다. 본질적인 **각성**은 순간에 경험하는 것이기 때문에 평상시 찰나에 그 속으로 들어갔다가 나오기도 한다. 그래서 시간을 달리 해서 다양한 명상을 수련하는 것이 좋다. **각성**의 빛은 직접적으로 마주칠 때도 있고, 호흡이나 신체의 자세를 통해 간접적으로 만날 때도 있다.

> 진정한 신의 사람은 동료들과 앉아 있어도,
> 일어나고, 잠자고, 결혼하고, 사고팔고, 주고받아도 ……
> 단 한 순간도 신을 잊는 법이 없다.
> ─아부 사이드 이븐 아빌 카이르Abu Sa'id Ibn Abi'l Khayr

자신의 내면에 꾸준히 집중하기 위해서는 세 가지 노력이 필요하다.

첫째, 내면에 집중하기 위해 많은 수련을 하거나 참자아를 기억해야 한다. 당신의 상황에 맞는 수련을 골라 규칙적으로 해야 한다.

둘째, 성격을 비롯한 자신의 특성을 정리해서 수련 동기와 자세를 점검하고 참자아의 성질─자비, 온유, 친절, 지혜, 진리 등─을 표현하는 법을 배워야 한다.

셋째, 자신이 언제 중심을 잃고, 어떻게 다시 중심을 잡는지 알아보기 위해 자신의 상태를 면밀히 점검하는 습관을 들여야 한다.

눈 뜨고 수련하기

이 책에 소개된 많은 수련들─만트라, **각성** 알아차리기, 관조하기, 호흡에 의식을 모으기, 생각을 기운으로 보기—은 일상에서도 수련해야 하는 것들이다. 명상할 때 수련하는 다양한 바바와 자세들 또한 그렇다.

자신의 수련을 신이나 인류의 발전에 봉헌하는 것처럼, 당신의 일상생활도 하나의 기도로 봉헌할 수 있다. 그렇게 간단한 생활수련으로 어떻게 자기중심의 생각을 바꾸고 결과에 집착하는 성향을 바꾸는지 살펴볼 수 있다. 앉아서 **각성**을 알아차리는 수련, 생각을 관조하는 수련, 명상 체험의 내용 전체를 샥티로 바라보는 수련은 일상에서도 기본 수련으로 실천할 수 있다. 그렇게 하면 힘든 감정과 산만함, 병적인 사고 패턴에서 벗어나는 데 도움이 된다. 하나 됨을 기억하고 물질로 보이는 세계도 사실은 에너지(기운)임을 이해하면, 열린 자세와 유연한 마음으로 세상에서 살 수 있다. 타인과 자연, 그리고 컴퓨터나 자동차처럼 생명이 없는 물체와도 다정하게 살 수 있다.

바쁜 일과와 일정 속에서도 만트라 염송이나 **각성**의 알아차림, 하나 됨의 기억 수련을 위해 따로 시간을 마련하면 좋다. 평소에 일을 시작하기 전과 후에 자신의 행동, 생각, 감정을 봉헌하는 의식을 매일 두 번 해볼 수 있다. 한 시간에 한 번씩 가슴에 의식을 모으는 습관을 들일 수도 있다. 정시 5분 전마다 손목시계에 알람을 맞추고 그 5분을 활용해서 가르침을 묵상하거나, '나는 누구인가?' '나의 참자아는 어디에 있는가?'를 참구할 수 있다. 매일 다른 수련을 시험해보다가 자신에게 맞는 수련이 있으면 그 수련을 한동안 깊게 해본다. 진료를 기다리며 독서를 하는 대신에 수련을 해본다. 길을 걸을 때도 수련을 해본다. 내가 좋아하는 걷기명상은 내 곁을 지나가는 것을 모두 따뜻한 마음으로 받아들이는 것이다.

눈을 뜨고 명상수련을 하면 그 효과를 금세 알아볼 수 있다. 무엇보다도 먼저 자신이 통합되는 느낌이 든다. 앉아서 하는 명상과 일상에서 하는 명상 사이의 차이가 줄어든다. 앉아서 명상에 들어가기가 더욱 편해지고, 일과에서 온 스트레스를 내려놓는 시간이 줄어든다. 그러고 나면 일상의 깨어 있는 시간에는 삶이 더 아름다워지고 세상을 열린 자세로 여유 있게 대할 수 있다. 타인과의 관계가 가까워지고, 불안한 마음이 줄고 고요해지며, 더욱 활력이 넘칠 것이다. 걱정 근심에 휩싸여 있을 때나 정신없이 바쁠 때, 인생이 무너져 내리는 것 같을 때, 이런 수련들이 참다운 안식처가 되어줄 것이다. 어려운 상황을 헤쳐 나가는 데 힘이 되어줄 것이다.

수련이 필요한 순간 알아차리기

우리는 자신의 내면에 얼마나 꾸준히 주의를 기울이고 있는가를 시험하는 상황과 대면해야 한다. 오랫동안 수련해온 사람이라면 다들 알 것이다. 병이 나서 며칠씩 침대 위에서 지내는 상황이 생기기도 한다. 이때 자신이 얼마나 까다로운 사람인지를 제일 먼저 알아차리게 된다. 그 까다로운 마음에서 잘 나오지도 못하는 것이다. 이런 당신에게 어쩌면 사춘기 아이가 "엄마는 왜 또 소리를 지르고 그래?"라고 따지거나, 직장 동료가 "지금도 명상을 하고 있나요?"라고 매서운 질문을 할지도 모른다.

특별히 차분하지 못한 자신의 모습에 짜증이 나는 경우라면, 그런 알아차림의 순간은 대단히 귀중하다. 그 알아차림은 어떤 부분을 중점적으로 명상해야 하는지를 보여준다. 바람직하지 않은 기분이나 행동을 알아차리는 것은 그런 기분이나 행동을 고칠 수 있는 첫걸음이 된다. 자신의 상태를 정확히 알아차리는 각성이 그 상태를 변화시키는 원동력이 되는 것이다.

마음을 어지럽히는 감정이나 행동은 대부분 자신이 무의식 속에서 붙잡고 있는 정신 영역에서 나온다. 이런 무의식적이고 미숙한 성향을 힌두어로는 '카차kacha(설익은)'라고 한다. 우리 모두는 거의 카차의 상태에 있다. 쿤달리니가 점화되고, 수련에 불이 붙고, 타파스(고행)를 해서 무르익어야 한다. 무조건 의식儀式이나 집중 수련을 많이 한다고 해서 우리가 성숙해지지는 않는다. 우리의 의식을 변화시키는 것은 알아차림과 각성의 수련이다. 각성은 그 투명성과 초월성, 공간성 그리고 만물을 아우르는 포용성으로 설익은 감정과 행동을 잘 익혀서 요리하는 불이다. 그냥 아무런 사심 없이 자신의 감정을 **각성**—감정을 바꾸거나, 억압하거나, 감정의 내용 속에서 정신을 잃지 않고 초연하게 관조하는—의 자리에 놓으면 설익은 감정이 무르익는다.

> 순간에 주의를 기울이는 것은
> 곧 영원에 주의를 기울이는 것이다.
> 부분에 주의를 기울이는 것은
> 전체에 주의를 기울이는 것이다.
> '실재'에 주의를 기울이는 것은
> 건강하게 사는 것이다.
> ─〈피르케 아보트Pirke Avot〉

이런 원리는 그 상황이 외면적이든 내면적이든 언제나 들어맞는다. 우리의 각성은 만물의 저변에 흐르고 있는 **각성**의 자식이기 때문에, 자신이나 타인에게 고통을 일으키는 대상에 대해 분별하는 마음 없이 주의를 기울이면 우리의 기분, 행동, 상태 등에 각성의 빛을 비출 수 있다.

각성은 정신의 어두운 구석을 비출 뿐 아니라 그 구석에 잠복하고 있는 이상한 기운과 설익은 감정들을 변화시킨다. 그러면 묶여 있던 기운과 감정이 풀려 창조적인 활동에 쓰일 수 있게 된다.

얽히고 막힌 기운과 감정이 모두 풀리고 원활하게 흘러서 지혜와 힘과 사랑으로 표현될 때 우리는 드디어 영적으로 무르익어 성숙해진다. 이 과정을 통해 우리는 의식의 신비를 체험한다. **각성**을 내면의 기분이나 상태, 감정으로 향하게 하는 수련은 신비의 연금술이 스스로 작용할 수 있도록 터를 닦는 것이다.

자아 탐구하기

베단타의 성자들은 자신을 각성하는 수행을 '아트마 비차라atma vichara (자아 탐구)'라고 한다. '비차라'는 대상을 생각하는 것도, 정신적인 분석 행위도 아닌 자신을 성찰하는 요가 수행이다. 내면의 현상에 의식을 모아 지속적으로 주의를 기울이는 수행법이다.

비차라에는 기본적으로 두 가지가 있다. 첫째는 심오한 지혜를 얻거나, 계시의 공간을 열거나, 영적인 가르침을 깨닫거나, 참자아를 만나기 위해 우리가 하는 묵상이다. 고전적인 질문인 '나는 누구인가?'는 이런 유형의 비차라다. 이는 라마나 마하리시를 비롯한 여러 스승의 가르침이기도 하다.

둘째는 무엇이 참자아로 가는 길을 막고 있는지 묵상하는 것이다. 마음이 편치 않을 때, 그 편치 않은 감정에 휘말려들지 않고 그 감정에 주의를 기울인다. 그 감정을 충분히 의도적으로 경험한다. 그 감정과 더불어 오는 생각들을 알아차린다. 기운의 상태와 신체의 감각을 관찰한다. 그 감정의 뿌리로 올라가본다. 불편한 감정을 불러일으켰을 법한 좌절감을 살펴본다. 여기서 무엇보다 중요한 것은 중심에서 벗어나는 모습을 알아차리는 일이 제2의 본성이 될 때까지 내면에서 떠오르는 감정과 기운의 상태를 중단 없이 알아차리는 노력이다.

본래의 자신과 어긋나 있는 상황을 정확히 인지하고 확인할 때라야 비로소 우리는 본래의 자신을 만날 수 있다. 이런 인지 없이는 '나는 불편하다'는 사실만 알 뿐, 이런 상황을 개선할 수 있는 가능성은 희박하다.

이렇게 상상해보자. 이른 아침이다. 당신은 지난밤 마감이 임박한 프로젝트로 밤늦게까지 일했다. 아침 일찍 출근해서 팀 회의를 통해 중요한 부분을 마무리해야 한다. 이제 막 커피포트로 물을 끓이려는데 열 살 된 딸아이가 아프다고 칭얼댄다. 고열에 기침까지 심하다. 딸아이는 침대에서 쉬어야 한다. 그리고 병원에도 가봐야 한다. 하지만 지금 당장 딸아이를 돌볼 사람은 당신 말고는 아무도 없다. 당신이 집에서 딸아이를 간호할 수밖에 없는 상황이다. 그러나 당신은 지금 출근하지 않으면 프로젝트를 제때 마무리할 수 없다. 생각이 여기까지 미치면 거의 정신이 돌아버릴 것 같다. '왜 내가 하는 일은 늘 이 모양이지?' 속에서 부글부글 끓어오른다. '내 삶은 왜 이렇게 산 너머 산이냐고!' 불안, 좌절, 분노, 절망이 한꺼번에 밀려온다.

그 순간, 당신은 요가 수련을 선택한다. 당혹감과 분노에 사로잡혀 행동하기보다는 차분하게 상황을 정지시킨다. 그리고 자신의 현재 상황에 주의를 기울여 수습하기로 마음먹고 이를 실행에 옮긴다.

두세 번 심호흡을 하고 나서 자신을 다시 살펴본다. 신체의 각 부위들을 점검하고 호흡의 리듬에 주목한다. 호흡이 거칠다. 사실 호흡이 거칠어진 것이 아니라 호흡을 참고 있었던 것이다. 횡격막과 복부의 근육이 단단하게 뭉쳐 있고 가슴 부위가 답답하다. 가슴 부위가 딱딱하게 막혀 있으며 거기에서 두려움의 감정이 올라온다. 당신의 기운은 두근거림과 가라앉음을 반복하고, 때로는 두려움이 당신을 훑고 지나가며, 때로는 절망감으로 온몸의 힘이 빠진다. 피해의식이 당신의 머릿속을 어지럽힌다. '이건 너무 불공평해! 이럴 때 도와줄 사람이 내 곁에는 왜 없는 거야? 왜 항상 이런 식이야?'

각성이 깊어진 만큼 신과 가까워진다.
—루미

생각을 멈추고, 내면으로 들어가서 자신을 점검하고 느낌을 살피며, 생각에 말려들지 않고 생각을 관찰하는 순간은 요가에서 대단히 의미 있는 시간이다. 그렇게 수련하면 어려운 상황에 단순하게 반응하기보다는 여유롭고 훌륭하게 대처할 수 있는 힘이 생긴다. 그러면 불편한 느낌을 억압하거나 딴 데 정신을 팔지 않고, 자신의 감정을 무시하며 무작정 뛰어들지도 않으며, 딸아이에게 폭발하거나 분노와 편집증으로 부들부들 떨지 않으면서 잠시 멈춰서 정신을 차릴 수 있다.

자신의 상태를 정확히 인지할 때 당신은 일을 제대로 처리할 수 있다. 이를 위한 다양한 방법이 있다.

호흡 속에서 안식하기

걱정이나 욕망, 조급한 마음에 사로잡혀 있을 때, 나는 맨 먼저 차분하고 확신에 찬 어조로 마음속으로 말한다. '일단 멈춰! 그리고 숨을 쉬어!' 때로는 만트라처럼 말할 때도 있다. '멈춰. 멈춰. 숨을 쉬어. 숨을 쉬어.' 호흡은 보통의 마음과 참자아를 연결한다. 호흡을 붙잡아서, 마음의 중심을 호흡에 놓으면 가슴 부위가 각성된다. 그래서 자신의 중심을 잡고 싶을 때는 언제나 호흡으로 시작하는 것이다.

단순하게 호흡에 주의를 기울이며 자연스럽게 숨을 들이쉬고 길게 내쉰다. 심장박동이 네 번 뛰는 동안 한 번 들이쉬고, 여덟 번 뛰는 동안 한 번 내쉰다. 혹은 심장박동이 네 번 뛰는 동안 들이쉬고, 네 번 뛰는 동안 참고, 여덟 번 뛰는 동안 내쉰다. 5분 동안 이렇게 호흡한다. 혹은 한 번의 호흡을 세 부분으로 나눠서 할 수도 있다. 허파를 밑에서부터 세 부분으로 나눈다. 숨을 들이쉬며 먼저 밑의 1/3을 채우고, 다음에는 중앙의 1/3을 채우고, 그 다음에는 위의 1/3을 채운다. 숨을 내쉬며 위의 1/3을 비우고, 다음에는 중앙의 1/3을 비우고, 그 다음에는 맨 아래의 1/3을 비운다.

가슴에 집중하기

안정되고 침착한 호흡을 몇 차례 해서 정신을 맑게 한 다음, 가슴 한복판의 가슴뼈 안쪽에 내면의 추를 드리우고 의식을 그곳에 모은다. 이완되면서 가슴 공간이 확장된다고 느낀다. 기운이 머리 쪽에 걸려 있으면 생각이 계속 맴돌면서 문제의 해결 방안을 기계적으로 내놓는다. 의식이 가슴으로 내려가면 자동적으로 직관과 연결된다. 그곳은 영적인 지혜와 각성이 거주하는 센터다. 그 자리에 편안하게 머물면서 필요한 수련을 얼마든지 할 수 있다.

가슴 센터에 의식을 모은다. 앞에서 살펴본 것처럼 이 영적인 센터는 빗장뼈에서 10~12센티미터 아래(대략 손가락 여덟 개를 붙인 너비), 가슴뼈 안쪽에 위치한다. 가슴 센터에 손을 얹어 그곳에 각성을 불러온다. 가슴 센터에 중심을 잡을 때까지 그 부위로 숨을 들이쉬고 내쉰다. 배꼽 아래의 센터로 호흡해서 중심을 잡는 게 편한 경우는 배꼽에서 손가락 세 개 너비의 아래쪽에 있는 센터로 호흡을 한다.

가슴 부위의 기운이 막혀 있는 경우에는 막힌 부분에 구멍이 생기는 것을 상상하면서 그 부위로 각성을 보낸다. 막힌 부분이 완전히 뚫릴 때까지 구멍에 기운을 흘려보낸다.

가슴에 주의를 기울이면, 걱정하고 공상하며 세상과 분리되어 있다고 생각하는 마음의 지배에서 저절로 벗어나게 된다. 가슴 센터와 만나면 사랑과 영감, 지혜의 원천인 **의식**, 존재의 중심, 진실한 가슴의 세계로 통하는 문이 열린다. 감정이 북받칠 때는 그 감정을 감정의 공간에 두고 **의식**의 힘으로 녹여서 원래의 자리로 돌려보내라. 또는 가슴 센터에 접근하기 쉬운 직관에게 가장 좋은 방법이 무엇인지 물어보라. 지금까지 다양한 가슴 수련 중에서 두 가지를 알아보았다.

또 다른 가슴 수련법을 알아보자. 때로 불안한 생각이 들면 긍정적인 생각이나 만트라로 자신을 위로할 필요가 있다. 만트라로 위로한다면 우선 그 만트라에 주의를 기울인다. 만트라가 기운의 장을 진정시킬 때까지 만트라에 각성의 빛을 비춘다. 잠시 가슴의 자리에 앉아 생각과 감정, 내면의 감각이 떠오르는 대로 알아차리며 '깨어 있음'을 수련할 수도 있다. '이 생각을 그냥 지나가도록 놓을 수 있는가'라고 자신에게 물어볼 수도 있고, 아니면 생각과 감정이 떠올랐다가 지나가는 모습을 자연스럽게 바라보며 기다릴 수도 있다.

공포와 분노, 좌절과 같은 감정의 이면에 있는 기운을 직접 다룰 수도 있다. 먼저 '감정은 순수한 기운에서 온다'고 자신에게 상기시킨다. 사실 알고 보면, 두려움이란 특정 형태의 기운이다. 분노에도 그 기운이 있고 절망이라는 감정 또한 그렇다. 감정의 내용물을 내려놓고 해당 감정이 심신에 일으키는 감각에 집중해 있는 그대로 기운을 느껴보라. 그 감정 안에 있는 기운을 살펴보라. 그러면서 동시에 이면의 기운과 각성을 알아차려라. 이 각성 안에서 감정은 떠올랐다 가라앉는다. 두려움과 분노의 감정에 **각성**의 빛을 비추고, 어떻게 두려움과 분노의 기운이 자연스럽게 **각성**과 **의식** 속으로 녹아 들어가는지 살펴보라.

진리에 의지하기

당신이 할 수 있는 또 다른 수련은 자신에게 진리를 상기시키는 것이다. 진리란 '모든 것은 하나'라는 궁극적 진리를 말한다. 당신 딸이 칭얼대거나 까탈을 부리면 당신 안에 있는 참자아, 기운, **의식**이 딸에게도 있음을 기억하라. 딸의 기분이든 당신의 좌절감이든 모든 것은 하나의 기운으로 되어 있음을 기억하라. 잠시나마 이런 바바나를 유지하면 당신의 상태를 변화시키는 데 긍정적인 효과가 찾아온다. 자비심이 올라오고 강렬한 두려움이 사라지며 현명하게 대처할 수 있다. 세상이 당신을 버린다는 감정에 더 이상 사로잡히지 않기 때문이다.

근원을 깨닫지 못하면
혼돈과 슬픔에 빠진다.
자신이 나온 자리를 깨달으면
자연스레 할머니처럼 다정하고
왕처럼 위엄 있으며
관대하고 공평하고 즐거워진다.
―노자

특정한 영적 가르침이 어떤 상황이나 당신에게 특별한 공명을 일으키기도 한다. 대학교의 학과장을 맡아서 힘든 한 해를 보내는 여성이 있었다. 회의 때만 되면 적대적인 동료들이 트집을 잡으며 그녀를 괴롭혔다. 그러면 그녀는 '나는 신의 평화로운 마음속에 있다'고 자신에게 되뇌며 그 힘든 시기를 무사히 넘겼다고 한다.

낙담하면 흥분하는 성향의 남자가 파탄잘리의 《요가 수트라》에 나오는 '반대로 수행하기'라는 유명한 수련을 했다. 그는 내면에서 화가 치밀어 오르는 모습을 발견하면 차분하게 분노의 감정을 알아차린 다음, '나는 이 사람들을 존경하고 용서한다'라고 반대되는 생각을 했다. 항상 그랬던 것은 아니지만 긍정적인 생각을 하면 그의 마음은 고요해지고 울컥하는 마음이 줄어들었다.

내가 특별한 성과를 바라는 마음에 사로잡힐 때면 《바가바드 기타》에 나오는 "그대에게는 수행의 권리만 있을 뿐, 수행의 열매에 대한 권리는 없다"라는 구절을 떠올린다. 신기하게도 이 가르침을 묵상하면 두려움이나 결핍감, 기대감에서 떨어져 나와 좀더 객관적으로 생활할 수 있었다.

그래서 일단 멈춰서 자신을 점검하고 중심에서 벗어난 이유를 인식하면 다시 자기 자신에게로 돌아오는 길이 보인다. 알아차림, 자아탐구, 수련의 세 과정을 꾸준히 해나가면 자기 자신이라는 거친 파도를 항해하는 법을 배워서 언제나 그곳에 있는 내면의 항구를 발견하게 될 것이다.

어떤 경우에는 당신의 감정을 직접적으로 다룰 필요가 있다는 것도 알게 될 것이다. 또 걱정이나 두려운 감정을 일으키는 문제가 무엇인지 살펴볼 필요도 있다. 그러려면 충분하게 시간적인 여유를 갖고 고요히 앉아서 명상해야 한다. 우리가 7장(180~181쪽)에서 살펴본, 강렬한 감정을 다루는 수련을 하거나 만트라와 함께하는 다음 수련을 할 수도 있다.

Practice **가슴으로 감정 다루기**

일단 가슴에 중심을 잡으면(280쪽 참조) 해당 감정을 가슴 공간에 놓고 가슴의 기운으로 감싼다. 계속 가슴에 집중하면서 각성을 확장시켜 체험이 일어나는 **각성**의 장을 알아차린다. 자신의 몸을 비롯한 방 안 전체를 알아차린다. 해당 감정을 가슴 공간에 그대로 유지한 채, 당신의 몸을 감싸고 있는 **각성**의 장을 계속 느낀다.

감정의 기운을 느낀다. 사실 감정은 기운의 덩어리임을 알아야 한다. 기운 덩어리에 구멍이 난 모습을 떠올리고 그 속으로 들어간다. 계속해서 당신의 상태가 어떻게 변하는지 살펴보라.

원한다면 여기에 만트라를 더해서 수련해도 좋다. 만트라의 기운이 어두운 감정을 부수거나 녹인다고 상상한다. 여기서 중요한 점은 만트라와 감정을 서로 대립하게 하면 안 된다는 것이다. 어두운 감정을 마구 후려 패는 방망이로 만트라를 사용하지 마라. 만트라를 감정 속에 넣어서 만트라가 연금술을 행할 수 있도록 맡겨라. 어떤 식으로 일어나든 억지로 하려들지 마라.

중심에서 벗어나 있다가 다시 가슴으로 되돌아가면 상당히 기적적인 일들이 일어나기도 한다. 그러면 우리가 하는 일들이 훨씬 더 즐거워진다. 이제 무리하지 않아도 결과는 자연스럽게 따라온다. 직관의 지혜가 열리고, 그 지혜에 대한 신뢰가 깊어지며 그 지혜를 따른다. 자신이나 타인에게로 향한 조급한 마음이 줄어든다. 이제 책임은 무거운 부담이 아니며 일상은 생기가 넘친다. 그래서 많은 사람들이 우리 주위로 모여든다.

산은 산이요,
길은 옛 시절과 같이 변하지 않았다.
참으로 변한 것은
내 가슴뿐이다.
-쿠마가이Kumagai

우리는 계속해서 자신의 중심 속으로 들어가고, 그 중심에서 행동한다. 우리는 힘과 이해와 사랑을 당연하게 받아들일 수 있게 된다. 우리는 근원에서 영혼의 양식을 섭취하기 때문에 힘과 이해와 사랑이 늘 곁에 있다. 이제 명상이 본격적으로 우리의 삶을 바꿔놓기 시작한 것이다.

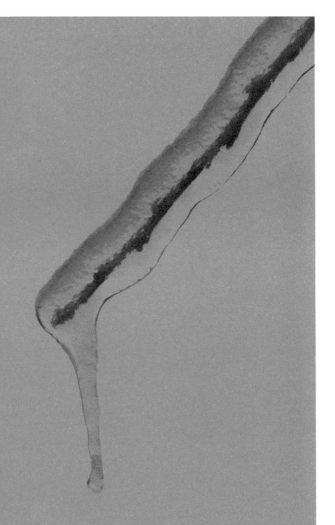

12

3주
도약 프로그램

깊은 명상 상태로 들어가겠다는 결심은 한 번 하고 마는 게 아니다. 단 한 번의 결심으로 끝나는 게 아닌 줄 알기 때문에 우리는 차원이 깊어져도 여전히 더 깊이 들어가고자 결심한다. 우리가 날마다 결심을 새롭게 하고 변화를 주고 집중하지 않으면 이번 달의 결심이 다음 달의 불안으로 변질된다. 우리는 매일 의지를 새롭게 다지면서 동기부여를 다시 한다. 인생이 얼마나 짧은지, 그 짧은 인생에서 오는 기회는 또 얼마인지, 세상이 변하는 속도는 얼마나 빠른지, 자신의 중심에서 벗어났을 때 받는 고통이 얼마나 심한지, 내면세계는 또 얼마나 아름다운지, 지속적으로 깨어 있으면 어떤 효과가 있는지 등을 자신에게 되뇐다.

그러나 수련이 강렬할 때도 있고 집중이 잘 되지 않을 때도 있다. 명상을 하다가 잠 속으로 빠지기도 하고, 수련을 습관처럼 받아들이거나 일상의 기계적인 틀에 갇히기도 한다. 바로 이런 이유로 우리는 별도의 시간을 내서 '도약'해야 한다.

당신은 내면의 참자아와 내면세계의 부름을 듣고 있다. 그래서 자신이 도약할 준비가 되었다고 생각한다. 의식을 가로막는 벽이 곧 무너져 내리고 의식으로 향한 문들이 열릴 것을 감지한다. 그래서 헌신적으로 노력을 기울인다. "이번 주, 이번 달, 올해에는 좀더 열심히 명상을 하겠어. 그래서 기필코 한 단계 도약하고야 말겠어." 이렇게 말하면서 열심히 수련한다.

'무기력'이라는 군대를 성공적으로 무찔러본 사람이라면, 모든 것은 얼마만큼 헌신하느냐에 달려 있음을 알 것이다. 온 마음을 다해 계획이나 목표에 헌신하고자 하면 우주가 당신을 위해 변하기 시작한다. 길이 열리고 일이 순탄하게 풀려간다. 특히 무한히 흐르고 확장하는 내면의 우주를 다루는 명상 속에서는 더욱 그러하다. 내면의 **의식**은 무한히 창조적이기 때문에 단 한 번만이라도 마음을 굳게 먹으면 마법과도 같은 효과가 나타난다.

그래서 도약의 1단계는 굳은 의지를 내는 것이다. 의지는 열정적이고 진지할 때 강력한 도구가 된다.

전통적으로 깊은 명상에 들어가고자 하는 사람들은 일정한 기간 동안 한적한 곳에 머무르면서 수행하는 안거安居를 했다. 다음에 소개하는 프로그램은 안거에서 하는 것이다. 그러나 일을 하거나 자녀가 있는 경우라면 안거를 위해 따로 시간을 마련해야만 한다. 주어진 일이 너무 많아서 단 몇 분의 시간도 내기 어렵다면 일주일에 하루, 한 달에 하루만이라도 안거 시간을 갖도록 한다.

이 프로그램은 일일생활에 맞게 디자인했다. 생활 속에서 이 프로그램을 잘 실천한다면 많은 효과를 볼 것이다. 안거에서 명상하기는 비교적 어렵지 않다. 일상의 업무와 바쁜 도시 생활을 떠나서, 명상하기에 좋은 조용한 곳에서 한다. 하지만 안거의 장소가 아무리 조용하고 좋다 할지라도 끝나는 시점은 있기 마련이다. 안거가 끝나면 안거 동안의 생활과 일상생활을 조화롭게 할 필요가 있다. 안거와 일상의 괴리감이 크면 클수록 일상의 바쁜 생활 속에서 수련을 이어가기가 어려워지기 때문이다.

진주는 굴 속에 있다.
굴은 바다의 바닥에 있다.
깊이 잠수하라.
–카비르

도약 프로그램을 집에서 하는 경우라면 집 안에 따로 공간을 마련해 수련할 수 있는 분위기를 만든다. 새롭게 하루 계획표를 짜서 안거 공간에서 실행하고, 수련하는 습관을 들이면, 이 프로그램이 끝난 뒤에도 수련을 계속 이어갈 수 있다.

준비하기

서약하기

도약 프로그램을 시작하기에 앞서 다음 사항을 약속한다.

1 가능하다면 매일 한 시간 반에서 세 시간 동안 명상한다.
한 시간 반에서 세 시간은 한 번에 할 수도 있고, 두 번에 나눠서 할 수도 있다. 한 번에 한 시간 이상 앉아 있기에는 너무 바쁘거나, 돌봐야 할 어린 아이가 있거나, 급한 일이 있으면 자신의 상황에 맞게 시간을 적절히 조절해도 좋다. 한 번에 이삼십 분만 명상해도 프로그램은 효과가 있으며, 빠지지 않고 지속적으로 하면 자신도 모르는 사이에 수련에 가속도가 붙는다.

2 수련 중에 일어나는 것은 무엇이든 명상일지에 기록하고, 매주 시간을
따로 내서 자신의 체험을 읽으며 묵상한다.

3 명상에 도움이 되는 정신세계에 대한 책을 매일 10분 이상 읽는다.

특히 바쁜 사람이라면, 매일같이 그 정도의 시간을 명상에 할애하기가
벅찰 수 있다. 그래서 도약 프로그램은 3주간만 하도록 했다. 잘 계획한
다면 생활이 분주한 사람도 3주 정도는 집중수련에 투자할 수 있으리라
생각한다.

명상의 도약을 위해서는 수련의 지속성이 대단히 중요하다. 하루에
두 번 명상하면 하루를 명상으로 마무리할 수 있으며, 첫 번째 명상에서
체험한 바를 두 번째 명상에서 심화시킬 수 있는 기회가 생긴다. 밖으로
향하는 마음을 붙잡고 우주를 떠돌아다니는 성향을 자신의 내면으로
향하게 해 본래의 자아로 되돌아가려면 시간이 필요하다. 적어도 한 시
간 정도는 앉아서 자신의 명상을 심화해야 한다. 활동적인 사람일수록
일과 중에 경험한 것들을 소화하는 데 많은 시간이 필요하다. 그러나 충
분히 오랫동안 앉아 있으면 **의식**은 자연스럽게 시끌시끌한 생각의 층들
을 뚫고 올라와서 그 고요한 모습을 드러낼 것이다.

명상 시간 정하기

저마다 명상하기에 좋은 시간이 따로 있다. 항상 이른 아침이어야 한다
는 법칙은 없다. 아침저녁으로 그 기운이 다르고, 그에 따라 기운의 장
에 미치는 영향도 다르다. 전통적으로 명상하기에 가장 좋은 시간은 산

디아sandhya(낮과 밤이 바뀌며 그 기운 또한 바뀌는 시간대)다.

산디아는 세 가지가 있다. 아침의 산디아는 일출 직전부터 직후까지 새벽 시간대다. 정오의 산디아는 오전이 오후로 바뀌는 시간대로, 대략 11시 30분부터 12시 30분까지다. 저녁의 산디아는 일몰 직전부터 직후까지, 어둠이 깔리는 시간대다.

우리는 반드시

......

일을 하는 중에도
우리 자신 속으로
물러날 줄 알아야 한다.

―아빌라의 데레사Teresa of Avila

들숨과 날숨 사이의 공간이 **의식**의 중심으로 들어가는 문인 것처럼, 하나의 시간대에서 다른 시간대로 바뀌는 시간은 두 세계 사이의 틈새라고 볼 수 있다. 내면의 기운이 하루의 기운 변화에 따라 바뀌면서 내면 세계로 들어가는 통로가 열리는 시간대와 시간대 사이에 난 틈새다.

그렇다고 해서 다른 시간에 명상하면 깊이 들어갈 수 없다는 말은 아니다. 단지, 대체로 산디아 시간에 우리의 기운이 자연스럽게 내면으로 향한다는 것이다. 하루의 리듬을 살펴보면, 산디아 시간이 되면 졸리고 혈당량이 낮아지는 경향이 많다. 이는 산디아의 힘이 당신을 내면으로 이끄는 표시라고 볼 수 있다. 그러므로 다양한 시간대에 명상을 해보는 편이 좋다. 이른 아침이 명상하기에 좋은 사람도 있고, 점심이나 저녁 시간이 명상하기에 좋은 사람도 있다.

일단 자신이 명상하기에 최적의 시간대를 찾았다면 느긋하게 내면으로 들어갈 수 있도록 그 시간대에 넉넉한 시간을 마련한다. 하루에 한 번, 적어도 한 시간 동안 명상하되, 때에 따라서는 좀더 오래 앉아 있고 싶을 때가 있을 테니 시간을 넉넉히 준비한다. 두 번째 명상은 경우에 따라 30분 정도의 수련도 괜찮다.

생활 규칙

우리의 명상이 돌파구를 찾아 한 단계 점프하려면 생활양식도 중요하다. 물론 수도원의 시간표를 따르거나, 채식주의자가 되거나, 독신 생활을 하거나, 요가의 계율로 무장할 필요까지는 없다. 그렇더라도 명상 체험에 확연한 차이를 줄 수 있는 기본 규칙은 필요하다고 생각한다. 그럼 몇 가지 규칙을 살펴보자.

1 이른 아침에 명상한다면 시간에 맞춰 편하게 일어날 수 있도록 일찍 잠자리에 든다. 잠자리에 들기 전에는 정신을 고양하는 글을 읽거나 만트라를 염송한다.

아침 명상을 위해 일어나려면 정신이 맑은 상태에서 일찍 잠자리에 들어야 한다. 이것이 이른 아침에 명상할 수 있는 비법이다. 자기 전에 텔레비전을 보거나 신문을 읽거나 자극적인 소설을 읽으면 수면에 영향을 미칠 뿐 아니라 다음날 아침에 일어나는 데도 영향을 준다.

잠잘 때 다음 실험을 한번 해보자. 잠들 때 자신이 무슨 생각을 하는지 살펴보고, 다음날 아침에 일어날 때 어떤 생각이 맨 처음으로 떠오르는지 지켜본다. 잠에서 깨어날 때 꿈자리가 사납지 않다면 잠에서 깨어날 때 맨 처음 드는 생각은 전날 밤에 잠들 때 했던 생각이기 십상이다. 전날 밤 직장 문제를 생각하거나, 한창 계획 중인 프로젝트에 대해 생각하거나, 자신이 응원하는 농구팀이 플레이오프에 진출할 가능성에 대해 생각하며 잠들었다면 다음날 아침에 똑같은 생각을 하며 잠에서 깰 확률이 높다.

잠들기 전에 루미의 시집을 읽거나 스승의 책을 읽거나 다른 정신세계 서적을 읽었다면, 다음날 아침잠에서 깨어날 때 그 생각을 하기 쉽다. 더 나은 방법으로는 잠들면서 명상을 하면 다음날 잠에서 깰 때 그 명상이 떠오를 것이다.

2 잠들기 전과 잠에서 깨어날 때 만트라를 염송하거나 호흡에 의식을 모은다.

3 아침이 되면 즉각 일어난다.

알람이 울렸는데도 침대에 그대로 누워 있으면 좀더 자고 싶은 마음과 타협하고 다시 잠 속으로 빠질 위험이 있다.

4 명상을 시작하기 전에 샤워하거나 세수한다.

명상 전의 샤워나 세수는 비단 몸을 씻을 뿐 아니라 마음까지 씻는 것이다. 물이 몸에 닿을 때 속으로 만트라를 염송한다. 또는 물이 마음의 때를 씻어주는 빛이라고 상상한다.

5 식사량을 조절한다.

요가 식단에서 가장 핵심은 과식을 삼가는 것이다. 단식하라는 말이 아니다. 배가 완전히 부르기 전에 식탁에서 일어나는 것이 이상적이다. 배가 부를 때까지 식사하면 소화계에 무리를 주고 명상에 써야 할 기운을 소화에 빼앗기기 때문이다.

완전 채식을 하거나 부분 채식을 하는 명상가들이 많다. 하지만 채식을 하더라도 단백질은 충분히 섭취해야 한다. 단백질이 부족하면 정신이 몽롱해지는 사람이 많기 때문이다. 한동안은 이런 몽롱한 상태가 기분 좋을지도 모르겠다. 그러나 궁극적으로는 자신의 체험을 갈무리하기가 어려워진다.

식사는 정해진 시간에 하고, 식사 전후에 가벼운 의식을 행하는 것도 좋다. 가능하다면, 적어도 한 번쯤은 묵언하며 식사한다. 식사를 하며 텔레비전을 보거나 책을 읽지 않는 게 좋다. 식사할 때는 먹는 행위에만 온 마음을 모은다.

입에 넣은 음식물은 잘 씹는다. 적어도 50번은 씹는다. 소화에 도움이 될 뿐 아니라 식사에 마음을 집중하기에도 좋다. 오래 씹을수록 의식이 깨어나고 존재의 중심을 잡아갈 것이다. 또 한 가지, 식사량도 어렵지 않게 줄일 수 있다.

음식을 먹는 동안, 또는 요리를 하는 동안, 만트라를 염송하거나 호흡을 각성한다. 만트라의 기운이 음식과 조화를 이루면서 물질적 영양뿐 아니라 영적인 자양분을 줄 것이다.

> 음식이나 오락을 절제하는 사람은
> 행동에도 절제가 있고,
> 잠자거나 깨어 있을 때도
> 절제가 있다.
> 요가는 모든 슬픔을 없애준다.
> ─〈바가바드 기타〉

6 사회생활을 관리한다.

지금 자신에게 묻는다. "도약 프로그램 동안 가정생활, 인간관계, 사회생활을 방치하지 않으면서 하지 않아도 괜찮은 일은 무엇일까?" 어떤 면에서는 시간의 문제다. 시간이 많은 사람이 수련하고 싶을 때 가장 쉬운 방법은 사회생활이나 취미생활의 시간을 떼어서 하는 것이다.

명상을 함께 하는 사람은 당신의 내면에 적지 않은 영향을 준다. 명상수련에 도움을 주는 훌륭한 사람만 가까이 하기가 쉽지는 않을 것이다. 적어도 마음을 산란하게 하거나 내면으로 들어가는 데 방해가 되는 사람이나 일은 멀리하는 게 좋다.

만일 당신의 마음을 산란하게 만드는 장본인이 가족이라면 문제는 호락호락하지 않다. 동거자나 배우자, 자녀 때문에 조용한 시간을 내기가 어려울 수도 있다. 또는 당신과 가까운 사람들―배우자, 동거자, 룸메이트, 자녀―은 당신이 수련하는 모습을 보고 위험하게 생각할 수도 있다. 어쩌면 수련에 당신을 빼앗길지도 모른다는 생각에 질투할 수도 있다. 명상은 어리석은 것이라고 생각할 수도 있다. 그들이 당신의 수련에 도움이 될지 어떨지는 모르겠지만, 그들이 명상하기에 좋은 분위기를 만들 거라고 기대하기는 어렵다.

처음 명상을 시작하던 어느 주말, 나는 친구 집에 가서 며칠을 묵었다. 당시는 70년대여서 명상은 많은 사람들의 눈에 이상한 짓으로 비쳤다. 매일 아침, 수련이 중반으로 접어들 무렵이면 친구는 옆방에서 그릇을 시끄럽게 덜그럭거렸다. "너 아직도 명상하니?" 친구는 시간 간격을 두고 계속 물었다. 나의 신경질적인 반응은 친구의 방해만큼이나 마음을 산란하게 만들었다.

아주 가까운 사람이 당신의 수련을 열심히 돕더라도 따로 시간을 내어 그들과 충분히 이야기하는 편이 좋다. 당신이 무엇을 하는지, 왜 하는지를 설명하자. 사생활과 시간에서 어떤 것이 필요한지 말해주자. 그들에게 도움을 청하라. 그리고 당신의 수련을 그들이 어떻게 느끼는지, 편안한 분위기 속에서 당신을 도우려면 무엇이 필요하겠는지 충분히 표현하게 하자. 수련 기간 중 그들과 무리 없이 지내는 데 필요한 것은 무엇이 되었든 기꺼이 하라.

7 독서, 텔레비전 시청, 영화 관람 등을 조절한다.

마음속에 있는 이미지나 생각, 인상은 우리 기분, 내면 상태, 감정을 결정한다. 우리 마음속에는 이미 의식을 흐리게 하고 내면을 어지럽히는 영상, 생각, 인상이 많다. 그래서 도약 프로그램을 진행하는 동안에는 마음을 맑게 유지해야 더 깊이 명상 속으로 들어갈 수 있다.

안거를 하는 많은 수행자들은 명상과 관련이 없는 책은 읽지 않는다. 당신이 도약 프로그램에서 그렇게 할 수만 있다면 더 없이 좋다. 직업상 조간신문이나 저녁뉴스를 보지 않을 수 없는 경우도 있다. 그런 경우라면, 필요한 부분만 최소한으로 보고 나머지 불필요한 부분은 보지 않는 편이 좋다.

> 모든 말과
> 소란, 소음, 움직임, 욕망은
> 베일 밖에 있다.
> 베일 안에는
> 침묵과 고요와 평화가 있다.
> —아부 야지드 알바스타미Abu Yazid Al-Bastami

잡다한 정보나 연예 뉴스를 보지 않으면 마음이 편해서 3주 프로그램이 끝나고도 보지 않을 수도 있다. 우리 중에는 영화, 소설, 잡지, 인터넷 정보에 취해 사는 사람들이 많다. 우리는 거의 무의식적으로 독서를 하거나 텔레비전을 보면서 삶의 고통이나 우울을 피하려고 한다. 그래서 권태와도 편하게 지낸다.

하지만 그런 회피의 대가는 만만치 않다. 내면을 소음, 색깔, 각종 이야기와 정신을 산만하게 하는 것들로 채우면 자신과 하나 될 때 마주하게 될 기쁨과 직관에서 멀어지게 된다. 그러므로 침묵의 힘을 체험해보라. 침묵 속에서 그동안 피해왔던 정신적인 문제에 귀를 기울이거나 자신이 보지 않으려고 감춰둔 감정을 직접 대면해야 하는 일이 생길지라도 말이다.

8 일과 중 틈을 내어 만트라 염송, 묵상, 요가 호흡과 같은 수련을 한다.

일이나 인간관계로 마음이 분주하지 않을 때—길을 걸을 때, 운전을 하거나 버스를 탔을 때, 요리하거나 청소할 때—당신의 알아차림을 내면세계로 돌린다. 내면의 참자아를 부르는 느낌으로 만트라를 염송한다. 호흡과 리듬을 타면서 알아차림으로 수련한다. 신성한 사랑이 포근한 담요처럼 당신을 감싼다고 상상하거나, 알아차림으로 상대의 눈을 보면서 상대도 나와 같은 **의식**으로 바라보고 있다고 상상한다. 광대한 세계로 걸어 들어가는 느낌으로 걸어라. 타인을 위해, 지구의 치유를 위해 당신의 행동을 신과 참자아에게 바쳐라. 그리고 일과 중 기억이 날 때마다 관조하는 **각성**을 알아차려라.

시작 전날 할 일

3주 집중수련에 들어가기 전날에는 혼자 있는 시간을 마련해서 마음의 준비를 한다. 다음에 나오는 질문을 통해서 명상을 하는 목적을 분명히 하고, 그동안 해왔던 자신의 명상을 되돌아보는 시간을 갖는다. 질문에 대한 답과 집중수련에 임하는 마음가짐을 명상일지에 적는다.

자신에게 다음을 질문한다.

- 내가 하는 명상수련의 장점은 무엇인가?
- 어느 부분에서 발전이 있다고 생각하는가?
- 왜 명상을 하는가? 명상에서 무엇을 얻고 싶은가?
- 명상을 하면서 단기간의 목적은 무엇인가?
- 장기간의 목적은 무엇인가?
- 명상에서 가장 즐거운 때는 언제였는가?
- 당시 내 인생에서 어떤 일이 일어나고 있었는가?

명상을 하며 가장 즐거웠던 때를 뒤돌아보며, 어떤 수련이나 자세 때문에 즐거웠는지 자신에게 물어본다. 또 명상 속으로 들어가는 데 어떤 기법이 가장 많은 도움이 되었는가?
시간은 원하는 만큼 갖고 위 질문들을 묵상하고 결과를 적어본다.

이제 명상일지에 자신에게 하는 약속을 적는다.

나(　　이름　　)는 앞으로 3주 동안 명상수련을 최우선으로 삼겠다고 나 자신에게 약속합니다. 하루에 (　숫자　)시간씩 규칙적으로 명상하는 시간을 정해 일과표에 넣겠습니다. 이 기간에 식단과 수면시간, 사회생활이 명상에 도움이 될 수 있도록 생활하겠습니다. 나는 이 약속을 내면의 참자아에게 하며 모든 존재의 이익을 위해서 합니다. 나의 내면과 만물의 내면에 살고 있는 지고한 참자아가 내가 약속을 실천할 수 있도록 은총을 베풀어주길 기원합니다.

3주 도약 프로그램

3주 도약 프로그램으로 집중수련을 할 때마다 다음에 제시하는 예비 단계를 순서대로 진행하면 좋을 것이다. 순서는 일상의 세속적 의식에서 빠져나와 보다 정묘한 각성의 상태로 들어가는 데 도움이 되도록 했다.

준비수련

1 한 시간 후에 울리도록 알람을 맞춘다.

명상 시간을 한 시간 미만이나 이상으로 잡았다면 그에 맞게 알람을 맞춘다.

2 예를 갖춘다.

촛불을 켠다. 제단이 있으면 몇 분 동안 제단에 마음을 모은다. 제단에 절을 하거나, 제단이 없으면 없는 대로 절한다. 내면의 의식에게, 당신과 우주 안의 지고한 영혼에게 예를 갖춘다는 마음으로 절한다. 이제 시계방향으로 돌면서 동서남북 사방에 절을 한다. 각 방향으로 절을 할 때마다 우주의 각 방향에 거주하는 신성한 의식에게 예를 갖춘다는 마음으로 한다.

3 자세를 취한다.

상체를 바르게 세우고 앉아서 몸을 이완한다. 자세를 편하게 한다. (명상 자세의 기본 사항과 신체 이완에 대해서는 96~99쪽 참조)

4 자신의 의지를 표명한다.

명확하고 강한 의지를 자신에게 표명한다. 예를 들어보겠다. "나는 내면의 참자아를 명상한다. 명상 속에서 떠오르는 것은 무엇이나 의식의 표현이라고 여긴다. 나는 잡념이나 감정을 내려놓고 내 자신의 순수**각성**(만트라의 기운, 가슴)에 잠긴다."

> 신은 그대가 준비된 것을 아는 순간
> 자신을 그대에게 쏟아 부어준다.
> ─마이스터 에크하르트

5 구루의 은총을 기원한다.

자신과 밀접한 관계가 있다고 생각되는 구루, 위대한 스승, 성인이 당신 앞에 앉아 있다고 상상한다. 기운의 광선이나 사랑의 물결이 당신의 가슴과 스승의 가슴을 이어준다고 느낀다. 은총과 지복의 흐름이 구루의 가슴에서 당신의 가슴으로 내려오는 모습을 떠올린다.

가슴과 가슴의 연결을 느끼며, 스승에게 예를 표하고 깊은 명상 상태로 들어갈 수 있도록 축복을 내려주기를 간절히 기원한다. 또는 명상에서 집중할 수 있도록, 참자아에 푹 잠길 수 있도록, 가슴 센터로 들어갈 수 있도록 스승의 축복을 기원해도 좋다. 또는 단순하게 자신의 명상을 스승에게 바친다. 스승이 당신의 간청을 듣고 허락하는 것을 느낀다. 위대한 스승의 가슴에서 흘러나오는 축복을 공손하게 받는다.

이제 예비 단계를 마쳤다면 4장에 나오는 기법들 중 하나를 수련하거나 다음에 소개하는 수련을 따라 해도 좋다. 4장의 수련을 한 차원 높인 것이다. 내면의 공간을 열어서 깊은 차원으로 들어갈 수만 있다면 다른 수련을 해도 좋다. 우리가 이런 기법들을 사용하는 것은 정신적인 기운을 진정시키고 생각을 가라앉히며 의식을 내면으로 향하게 하기 위한 것임을 유념해야 한다. 이런 기법들은 명상의 세계로 들어가는 관문의 역할이지 그 자체가 목적은 아니다.

생각의 흐름이 느려지고 가라앉으면 내면의 기운이 당신을 어디로 인도하는지 감지할 수 있다. 그 지점부터는 기법을 내려놓고 샥티가 인도하는 내면의 길을 따라가도 좋다. 생각이 떠오르거나, 마음이 산만해지거나, 샥티의 느낌을 잃어버리면 다시 기법으로 돌아온다.

얼마 동안 명상할 것인가를 결정했다면 명상 시간이 끝날 때까지 명상을 하는 게 중요하다. 마음이 어떤 짓을 하든지 방석에서 엉덩이를 떼지 마라. (자세가 불편해서 자세를 바꾸거나 스트레칭을 하는 것은 괜찮다.) 깊은 명상 상태로 들어가려면 명상이 끝날 때까지 앉아 있는 게 필수적이다. 그럴 때 명상 상태가 일어날 수 있는 환경과 골격이 조성되는 것이다.

물론 명상 시간에 한두 번 명상에서 나올 일이 생기기도 한다. 보통은 그런 일이 생긴다. 그럴 때도 그대로 앉아서 몸의 기운에 파장을 맞추고 원래 하던 기법이나 수련으로 돌아간다.

매주 두 개에서 네 개의 수련을 한다. 한 주 내내 하나를 택해서 수련할 수도 있고, 다양한 수련을 시도해볼 수도 있다. 나는 개인적으로 매주 한두 번 200~202쪽에 나오는 '샥티의 인도를 기원하기' 수련을 해보라고 권하고 싶다.

명상을 하기 전에 이 수련법을 오디오로 녹음해서 사용해도 좋다.

1주 · 내면의 진동으로 들어가기

명상❶ 만트라의 진동으로 명상하기 | 5가지 준비수련(299~300쪽)을 한다.

만트라의 염송으로 시작한다. 만트라와 호흡을 맞춘다. 만트라 음의 뜻에 집중하는 게 아니라 만트라 음의 기운과 진동에 집중한다.

만트라가 당신을 감쌌다고 상상한다. 이제 당신은 만트라 안에 있다. 만트라의 진동 안에 문이 있다고 상상하고, 그 문 안으로 들어간다. 또는 만트라가 당신을 둘러싼 구름이라고 상상한다.

만트라 안으로 깊이 들어갔다고 느껴질 때, 만트라 음을 놓고 만트라 음으로 만들어진 기운의 진동에 집중한다. 만트라는 일종의 진동이다. 기운의 진동은 만트라의 샥티다. 그것은 은총과 신성한 **각성**, 통찰, 사랑으로 가득하다.

그 기운의 진동 속에서 휴식한다. 진동 안에 통로나 문이 나 있다고 상상하고 이 통로 안으로 미끄러져 들어간다. 그 진동 속으로 들어가는 것은 당신의 몸이 아니다. 진동 속으로 들어가는 것은 당신의 기운이고 각성이다. 그 진동 안으로 들어가면 당신은 자신의 의식 속으로, 기운의 장 속으로 더 깊이 들어가게 된다.

그곳에서 휴식하라. 생각이 떠오르면 그 생각이 기운이고 샥티임을 이해하라. 이 명상을 하다 보면 어느 시점에서 내면의식의 샥티가 당신의 상태를 변화시키거나 어떤 식으로든 당신의 명상을 이끌 것이다. 명상 속에서 떠오르는 내면의 경험들—미묘한 느낌, 빛, 소리 등—은 모두 샥티의 표현임을 기억하라. 이 명상의 과정에 더욱 열린 자세로 임하고 기운이 당신을 더욱 깊은 경지로 인도하도록 맡겨라. 생각이 떠오르면 생각을 샥티의 진동으로 생각하라. 정신이 산만해지면 만트라의 진동 속으로 돌아와 그곳에 집중하라.

● 변형 일단 각성의 중심을 내면의 진동에 잡으면 8장의 원서 202~204쪽에 나오는 수련처럼 샥티에게 명상을 이끌어줄 것을 부탁할 수도 있다. 각성 안에 있는 진동에 집중할 때는 그 진동을 소중하게 받들고 쿤달리니의 진동으로 인식한다. 그러고 나서 쿤달리니에게 자신의 명상을 인도해 달라고, 어떻게 명상하기를 원하는지 보여 달라고, 또는 오늘 자신에게 적절한 명상의 체험을 할 수 있게 해달라고 부탁한다.

명상❷ 가슴 공간에서 명상하기 | 5가지 준비수련(299~300쪽)으로 시작한다.

호흡의 리듬을 따라가며, 들숨이 가슴 부위에서 사라지는 공간과 날숨이 몸 밖에서 사라지는 공간에 집중하라. 떠올랐다가 가라앉는 생각들은 모두 의식으로 만들어졌음을 이해하고 생각들을 호흡 속에 녹여내라.

내면의 가슴 공간을 알아차려라. 가슴 공간은 빗장뼈에서 10~12센티미터 아래, 신체 안쪽에 있다. (이는 물론 신체의 심장을 가리키는 게 아니라 정묘한 의식의 중심, 내면의 참자아를 직접 체험할 수 있는 중심을 가리킨다.)

호흡을 하면서 내면의 가슴 공간에 각성의 중심을 잡는다. 그 공간의 기운, 가슴 안에 있는 기운을 알아차린다. 그 느낌이 어떤가? 그곳에서 무엇이 감지되는가? 가슴 공간을 살펴보라. 가슴 공간 안에서 고동치는 기운, 그 미묘한 진동이 느껴지는가? 가슴의 맥박이 그곳에서 뛴다. 그것은 정묘한 고동이요, 기운이 깊은 고동이며, 가슴의 고동이다.

각성으로 가슴 공간을 살펴볼 때 가슴의 기운 안에 통로(문)가 나 있다고 느낀다. 그곳을 열고 들어가면 가슴 안쪽으로 길이 나 있다. 통로를 시각적으로 떠올리거나, 아니면 단순히 통로의 현존을 느낀다. 그곳에 의식을 모아 통로를 통과한다. 더 깊이 가슴 공간 속으로 들어간다. 가슴 공간 속으로 들어가는 것은 육체가 아니라 의식이다. 그 깊은 가슴 공간에서 휴식하면서 그곳의 기운과 하나가 되도록 의식을 모은다.

다시 준비되었다고 생각되면 가슴 공간 안에 또 다른 통로가 나 있다고 상상한다. 당신의 의식이 그 통로에 진입해 가슴속으로 깊이 들어간 다음, 휴식할 자리에서 멈춘다. 그곳의 드넓은 가슴 안에서 휴식한다. 숨을 들이쉬면서 순수한 의식의 기운을 들이쉰다고 느낀다. 숨을 내쉬면서 순수한 의식의 기운이 가슴의 기운을 확장시킨다고 느낀다. 당신의 호흡은 순수한 의식의 기운이다. 당신의 생각도 순수한 의식의 기운이다.

이 수련을 하다 보면, 그 기운이 당신의 의식을 미간이나 정수리 같은 센터로 인도할 수도 있다. 이런 현상이 일어나면 그 현상에 자신을 내맡겨라.

명상❸ 호흡 사이의 틈새에 들어가기 | 5가지의 준비수련(299~300쪽)으로 시작한다.

호흡의 흐름에 의식을 모은다. 숨을 들이쉬면서 순수하고 정묘한 **의식**을 들이쉰다고 느낀다. 숨을 내쉬면서 생각을 내보낸다고 느낀다.

들숨이 끝나는 곳에서 숨이 사라지는 지점을 살핀다. 그 지점에 살며시 의식을 모으고 숨이 멈췄을 때의 공간을 살핀다. 이때 숨을 억지로 참지 않는다. 이와 같은 방법으로 날숨이 끝나는 곳에서 숨이 사라지는 지점에 의식을 모은다.

> 신은 우리의 영혼보다 훨씬 가까이 있다.
> 신은 우리 영혼이 서 있는 기반이기 때문이다.
> ─노르위치의 줄리앙

때때로 이 수련을 하면서 내면의 공간과 외면의 공간이 하나가 되는 것을 볼 수 있다. 그때 당신의 육체가 내면과 외면 사이에 서 있는 장벽이 아님을 깨닫는다. 그리고 그 공간 속에서 편안히 안식한다.

호흡과 호흡 사이의 틈새에 더욱 깊이 중심을 잡아간다. 이제 날숨이 끝나는 자리에 난 통로를 상상한다. 그곳을 출입구로 떠올리거나 통로라고 느낀다. 그 통로 속으로 들어간다. 그 안으로 들어가는 것은 몸이 아니라 각성이자 의식이다. 숨이 들고 남을 자연스럽게 계속하는 동안, 그 공간에 계속 각성을 유지한다. 숨을 억지로 참지 마라. 그냥 날숨이 끝나는 자리에서 휴식하면 된다.

날숨이 끝나는 자리 속으로 점점 더 깊이 들어가라. 그 내면의 공간 안에서 명상하라. 생각이 떠오르면 생각은 **의식**과 기운과 샥티로 이루어져 있음을 기억하라.

명상 마무리하기 | 시간적인 여유를 갖고 명상에서 나온다. 느긋하게 앉아서 미묘한 여운을 음미한다. 주위에 넉넉한 공간이 있으면 송장자세(팔다리를 편안하게 뻗어서 눕는 자세)로 몇 분 동안 편안히 눕는다. 명상이 끝나고 잠시 쉴 때 비로소 명상의 성과가 모두 소화·흡수된다. 앉아서 명상하는 동안에는 잘 잡히지 않던 참자아가 명상이 끝나고 나서 잠깐 쉬는 사이에 저절로 나타날 수도 있다.

명상이 끝나자마자 곧바로 체험한 바를 기록한다. 체험이 상당히 미묘한 데가 있으면 잠시 묵상하면서 적절한 단어와 언어를 찾아본다. 기록과 그 언어가 부정확하더라도 체험의 기록은 대단히 중요하다. 모든 존재의 이로움과 고양을 위해 당신의 명상을 바쳐라.

얼마나 오랫동안 내면의 공간성과의 연결을 이어갈 수 있는지 살펴보라. 내면의 공간성과 연결된 상태를 유지하려면, 가슴과 호흡에 의식을 모으고 만트라 음의 진동을 각성하며 만트라를 염송하라.

1주차가 끝날 때까지 아침저녁으로 이 명상 수련을 계속한다.

2주·의식 명상하기

명상❶ 아는 자가 되어라 | 다음 명상은 베단타에 나오는 고전적인 참자아를 자각하는 수행에 토대를 둔 것으로, '네티 네티neti neti(이것도 아니다, 저것도 아니다)' 수행이라고 한다. 이 수행은 대단히 깊은 차원의 해방이 목적이다. 이 수행에서 우리는 심신과 에고와의 동일시를 끊어서 순수**각성**이 제 모습을 드러내도록 한다.

5가지 준비수련(299~300쪽)으로 시작한다.

편안하게 앉아서 지금 이 순간 자신이 어디에 있는지 자각해본다. 주변의 소리와 얼굴에 닿는 공기의 감촉, 피부를 감싸는 옷의 촉감을 살핀다. 엉덩이가 바닥이나 의자에 닿는 느낌, 지금의 자세를 유지하려는 근육의 움직임 등 앉아 있는 자세에서 느껴지는 감각들을 하나하나 살핀다. 등 근육이 척추의 자세를 바로하기 위해 어떻게 수축하고 있는지, 의자에 어떻게 기대고 있는지 살핀다.

이제는 몸 안의 감각들을 알아차린다. 배의 느낌은 어떠한가? 뺨과 이마는 경직되어 있는가, 아니면 이완되어 있는가? 신체의 각 부위마다 느낌이 따뜻한가, 아니면 차가운가?

그것은 정말
시작도 끝도 없이
순수한 체험 의식으로 존재하는
무한자이다.
―〈요가 바시슈타〉

그리고 자신에게 이렇게 말해본다. "나는 이 몸을 관찰한다. 내가 몸을 안다면 몸은 나의 대상이다. 나는 몸을 알아차리지만 몸이 나는 아니다."

호흡을 알아차린다. 호흡이 어떻게 코를 통해 들어오고 나가는지, 호흡이 어떻게 아래로 내려가 폐를 확장시키는지 살펴본다. 호흡을 따라가며 자신에게 이렇게 말한다. "나는 호흡을 관찰한다. 호흡은 관찰할 수 있기에 내 밖에 있다. 그러나 나는 호흡이 아니다."

자기 기운의 느낌을 알아차린다. 당신의 기운은 어떠한가? 당신은 지금 깨어 있는가? 기운이 없거나 졸리는가? 상쾌한가? 흥분했는가?

자신의 기운을 관찰하면서 이렇게 말한다. "내 기운의 상태를 관찰한다. 내 기운은 관찰할 수 있기 때문에 내 밖에 있는 것이다. 그렇다고 기운은 내가 아니다."

마음속의 생각이나 영상, 비평, 불평 등의 흐름을 알아차린다. 떠오르는 감정과 저변에 흐르는 기분을 알아차린다. 생각과 감정의 흐름을 관찰한다. 자신의 기분을 관찰한다.

그리고 자신에게 다음과 같이 말한다. "나는 내 생각을 안다. 내 감정을 알아차린다. 나의 기분을 지켜본다. 그러므로 생각과 감정과 기분은 나의 밖에 있다. 나는 생각이나 감정이 아니다. 나는 기분이 아니다."

그리고 '나'라는 에고의 느낌을 알아차린다. 당신의 어떤 부분이 어떻게 특정한 '나'이고 싶어 하는지, 어떻게 자신을 어떤 사람으로 동일시하는지 살펴보라. 그러고 나서 자신에게 말한다. "나는 에고의 '나'를 아는 사람이다. 나는 에고의 '나'를 지켜보기 때문에 그것은 내 밖에 있다. 나는 에고가 아니다."

> 자신을 조용하게 할 때,
> 호흡 안에 안주할 때
> 가슴 안에서 자신을 찾을 수 있다.
> ……
> 이 수행이 익어 갈 때
> 그대는 명상 방석에 앉아 그대의 가슴,
> 신비의 가슴이자 존재의 중심으로
> 들어갈 수 있다.
> ─스와미 치드빌라사난다Swami Chidvilasananda

이제 자신에게 묻는다. "몸과 마음과 에고를 아는 자와 관조자는 누구인가? 또 아는 자는 누구인가?"

"아는 자는 누구인가?"라고 묻고 기다리며, 안에서 떠오르는 것을 바라본다. 그렇게 할 마음이 났다면, 계속해서 앞의 질문을 묻고, 침묵하며 기다리고, 또 묻는다. 지금 말로 된 대답이나 특정 체험을 찾는 것은 아니다. 지금 당신은 참자아와 관조하는 의식에게 자신의 모습을 드러내라고 기원한다.

마지막으로 아는 자 속에서 휴식하라. 이 아는 자의 위치에서 명상하라. '관조하는 자는 누구인가?'라거나 '나는 누구인가?' 등의 질문을 던질 수도 있다.

명상❷ 자신의 각성을 명상하라 | 5가지 준비수련(299~300쪽)으로 시

작한다.

호흡에 의식을 모으고 호흡이 들어오고 나가는 흐름을 그대로 따라간다. 숨을 내쉴 때마다 몸의 긴장, 두려움, 한계의식을 놓는다. 생각이 떠오르면 숨을 내쉬면서 그 생각을 내보낸다. 감정이 떠오르면 숨을 내쉬면서 그 감정을 내보낸다. 생각, 감정, 한계의식을 날숨으로 내보내고 남아 있는 내면의 공간을 알아차려라. 마음이 고요해질 때까지 계속해서 날숨으로 생각과 긴장, 두려움, 한계의식을 내보낸다.

각성으로 몸, 호흡, 생각을 인식한다. 이 **각성**을 알아차려라. 계속해서 자신의 의식을 **각성**에 모은다. 생각이 올라오고, 의식이 다른 대상으로 옮겨가면 그 생각과 대상을 날숨으로 내보내고 다시 **각성**에 의식을 모은다.

명상 마무리하기 | '1주'에서 설명한 명상 방법(305~306쪽)을 따른다.

3주·헌신 명상

먼저 5가지 준비수련(299~301쪽)을 따라하고 나서 아래의 방법으로 수련한다.

명상❶ 사랑으로 호흡하기 | 당신 주변의 분위기에서 느낄 수 있는 애정, 부드러움, 사랑스러움, 친절의 현존을 알아차림으로 시작한다. ('사랑은 현존하는가?'라고 물으면서 할 수도 있다.) 여기서 당신이 파장을 맞추는 사랑은 감정적인 사랑이 아니다. 당신은 지금 생명을 위한 애정과 **현존**의 자연스럽고 사랑스러운 특성에 파장을 맞추고 있다. 우주 속에서 생명을 주는 인자하고 애정이 넘치는 의지에 파장을 맞추고 있다.

호흡이 들어오고 나갈 때 호흡에 의식을 모아라. 공중에 떠도는 부드 럽고 감미로운 느낌과 사랑으로 호흡한다. 숨을 들이쉬면 사랑으로 몸 이 충만해진다고 느끼고, 숨을 내쉬면 그 애정이 몸 전체를 관통해 밖으 로 나간다고 느낀다.

명상❷ 헌신적인 만트라 염송하기 | 다음 바바나들 중 하나를 하면서 만트라를 염송한다.

1 만트라를 가슴 안에 있는 연인에게 헌정하거나, 신의 가슴에 놓는다 는 느낌으로 염송한다.

2 만트라 음 하나하나가 가슴 안에 있는 연인에게 헌정하는 꽃이라고 상상한다.

3 만트라를 염송하면서 '만트라는 신이다' '만트라는 신성한 참자아 다'라는 느낌으로 한다.

명상❸ 신성한 가슴에서 휴식하기 | 자신의 의식을 호흡에 모으면서 숨을 들이쉴 때마다 가슴 공간에 있는 각성을 느낀다. 지금 여기서 수련 하는 가슴은 육체적 가슴이 아니라 들숨이 마지막으로 가닿는 자리로 가 슴 안쪽에 있는 정묘한 센터를 가리킨다.

몸이란 무엇인가?
그대의 사랑이 드리운 그림자의 그림자로서
우주 전체를 담고 있다.
-루미

만트라를 염송하듯 자신에게 아주 부드럽게 말한다. "나의 가슴은 신의

가슴이다.""나의 가슴은 우주의 가슴이다." 한 문장을 말하고 나서,
'나의 가슴은 신의 가슴이다. 우주의 가슴이다'라는 생각을 품고 자신의
내면에 생긴 공간에서 휴식한다. 신의 가슴에서 안식한다고 느낀다. 생
각이 떠오르면 그 생각이 신의 가슴으로 녹아든다고 느낀다.

13

명상은 삶을
어떻게 변화시키는가?

명상의 작용은 대부분 보이지 않는 곳에서 일어나며, 감지하기도 쉽지 않다. 그래서 우리는 특정 명상 시간에 일어난 일보다는 특정 명상수련이 자신을 어떻게 변화시키는가를 보고 명상의 진전 여부를 판단한다. 그날그날의 명상 체험으로는 눈에 띄는 명상의 진전이 보이지 않는다. 명상의 발전 방향은 다채롭게 변하는 날씨와 비슷한 면이 있다.

날씨를 예보하는 일기도를 보면 색깔과 길게 휘어진 등압선이 먼저 눈에 띈다. 파란색 지대에는 비가 오고, 빨간색 지대에는 날씨가 청명하다. 녹색 지대에는 아열대 폭풍이 일고, 노란색 지대에는 계절에 맞지 않는 눈이 온다. 명상의 세계도 그렇다. 어떤 날씨가 지나가고 나면 사뭇 다른 날씨가 찾아온다. 깊고 심오한 명상 체험의 시기가 지나가면 마음이 들썩이는 폭풍의 시기가 찾아오고, 그런 다음 명상의 깊이가 얕아지는 회색의 시기가 찾아오거나 명상에 거부감이 생기는 시기가 찾아오기도 한다.

하루는 심신이 아주 가뿐하고 더없이 행복한 날을 보낼지도 모른다. 그런데 그 다음날은 무거운 감정에 휩싸인다. 가슴은 메마르고, 마음은 답답하고 뿌옇다. 또 어느 날은 관조의 체험을 충만하게 하다가도 다음

날은 마음이 도무지 생각을 멈추지 않는다. 화요일에는 명상을 하니까 마음이 밝아지고 세상을 대하기가 편해진다. '역시 명상은 대단해. 마음이 이렇게 명료해지잖아'라고 생각한다. 그리고 수요일에는 몸은 무기력하고 정신은 흐리멍덩한 상태가 되어 '명상 때문에 기억력이 나빠지나봐'라고 생각한다.

> 어린 시절부터 그대의 생명이
> 어떻게 '위대한 것'을 열망했는지 기억하는가?
> 나는 그대의 생명이 위대한 것을 넘어
> 더 위대한 것을 열망하는 모습을 본다.
> 그래서 어려움이 멈추지 않고 성장도 멈추지 않는 것이다.
> —라이너 마리아 릴케

왜 이런 현상이 일어나는 걸까? 명상 자체가 변하기 때문은 아니다. 명상이라는 내면으로 떠나는 여행은 내면**의식**의 다양한 층과 영역을 통과해야 하기 때문이다. 나의 구루는 제자들이 무슨 말을 하든 언제나 긍정적으로 대했다. 어떤 제자가 "황홀합니다"라고 말하면 구루는 "아주 좋아"라고 대답했다. 또 다른 제자가 "정말 너무 슬픕니다"라고 토로하면 구루는 "아주 좋아"라고 대답했다. 또 명상 중에 환상을 보았다거나 생각이 너무 많다거나 아무것도 느낄 수 없다는 말에도 구루는 "아주 좋아"라고 했다. 논리적으로 분석하는 성향이 강한 나는 이런 대화의 과정이 미심쩍었다. 그리고 아무것도 느끼지 못하는 상태가 얼마나 답답한지, 명상하다가 환상을 보는 일이 얼마나 특별한지를 과연 구루가 알고 있는지 궁금했다.

많은 세월이 지나고, 우리 제자들도 다양한 단계를 거치면서 "아주 좋아"라는 구루의 한결같은 말이 무엇을 뜻하는지 이해하게 되었다. 그 모든 것이 정말로 '아주 좋은' 일임을 서서히 깨닫기 시작했던 것이다. 인간의 의식은 본질적으로 신성으로 물들어 있다는 탄트라의 인식을 체득하면 할수록, 생각과 감정과 심상의 파도가 **의식**의 바닷속으로 녹아 들어가는 경험을 더 많이 할 것이다. 느낌과 감정이 원래 나온 자리인 **의식** 속으로 되돌아가지 않는다면 생각, 감정, 심상, 느낌은 어디로 돌아갈 수 있단 말인가? 생각과 감정이 명상 중에 떠올랐다가 가라앉으면 나의 의식은 더욱 가벼워지고 자유로워지고 즐거워진다. 덜 변덕스러워지고 더 순수해진다.

오랜 세월 명상을 해오면서, 명상에서 가장 중요한 것은 명상을 계속하는 것임을 깨닫게 되었다. 나는 명상의 과정을 통해 내가 꼭 경험해야 할 것들을 경험하면서 반대편에 이를 수 있었다. 영적인 생활의 가장 귀중한 원칙은 '계속 나아가라'이다. 체험에 대해 너무 많이 생각하고 걱정하면 늘 마음 깊은 곳에 웅크리고 있는 두려움이 우리를 방해하기 시작한다. 묵상은 필요하다. 하지만 우리가 체험하는 것의 원인과 이유를 밝히려고 하면, 이상한 느낌이나 기분에 놀라거나 실망하면, 하늘을 나는 것 같은 경험에 지나치게 흥분하면 우리는 관념에 사로잡히게 된다. 유일한 해결책은 그냥 계속하는 것이다. 어떤 불균형이 느껴진다면 **의식**이 알아서 교정할 것이다. 그리고 명상을 하다 보면 자신에게 무엇이 필요한지 깨닫게 될 것이다. 명상은 길이다. 진화하는 길이다.

조종사가 뉴욕에서 파리로 가는 비행기를 조종할 때 비행기는 정확한 항로에서만 비행하지 않는다. 조종사는 끊임없이 작은 이탈을 교정하면서 항로를 조절한다. 그래서 조종사의 조종 패턴은 목적지에 도착할 때까지 '실수와 교정'의 연속이라고 할 수 있다. 내면의 과정 또한 비슷하다. 내면의 과정은 끊임없이 균형을 잡아가는 과정이라고 할 수 있다. 우리가 상상하듯 영적인 과정은 직선이 아니다. 지그재그에 가깝다. 두 발 전진했다가 한 발 뒤로 후퇴하기도 한다. 그렇다고 해도 확고한 의지로 계속 나아가면, 우리는 목적지에 이르게 되어 있다.

이 수행에서 필요 없는 노력이란 없다.
이 수행의 아주 작은 부분이라도
우리를 큰 두려움에서 보호한다.
—〈바가바드 기타〉

성숙의 과정

내면세계가 펼쳐지는 데는 그만한 시간이 걸린다. 영적인 세계에서는 어디서나 통하는 보편적 진리다. 우리가 깨달음의 과정을 앞당기고 싶다고 해도 앞당길 수 없다. 일단 명상의 길을 떠났다면 내면세계가 펼쳐질 것을 믿어야 한다.

"또 하루가 갔구나. 그런데 아직도 신을 보지 못했구나!"라고 탄식한 라마크리슈나의 초기 제자들처럼 우리는 내면세계로 질주하고 싶을 때가 있다. 열망과 열정으로 가득한 우리는 왜 내면의 우주가 즉각 우리 앞에 펼쳐지지 않는지를 이해하지 못한다.

우리가 과연 마음을 5분 이상 고요하게 유지하는 법을 터득할 수 있을지에 대해 의문을 품을 때도 있다. 진작 버렸어야 할 나쁜 감정들이 아직도 마음속에 있다는 사실에 적잖이 실망하기도 한다. 우리는 수련의 과정을 걸으면서 자신의 이상과 현실 사이의 괴리감, 자기 분석, 자기 인식 등에 얼마나 많은 에너지를 쏟는지 망각할 때가 있다.

당신이 심은 복숭아나무는 싹트는 계절이 따로 있다. 여러 계절 동안 자라다가 드디어 꽃을 피운다. 다 자라면 열매를 맺는다. 열매를 맺기까지 얼마나 걸리느냐는 토양, 날씨, 나무의 종류, 수질 등 여러 가지 요소에 달려 있지만 결국에는 열매를 맺는다. 한번 열매를 맺기 시작하면 해마다 열매를 맺는다. 영적인 성장도 그렇다. 많은 이들에게 영적인 성장은 더디고 점진적으로 일어난다. 나무와 그 열매가 서서히 자라서 익는 과정처럼 말이다. 다 자기만의 때가 있다. 우리의 결실은 언제 이뤄질지 아무도 모른다. 우리가 아는 것이라고는 '언젠가는 결실의 때가 온다'는 사실뿐이다.

한 가지 개인적인 사례를 들어보자. 나는 1장에서 가슴이 열리는 놀라운 체험을 얘기했다. 사실 이런 체험은 여러 해가 걸리는 것이 보통이다. 강렬하고도 감미로웠던 초기 체험이 지나가자, 앉아서 명상하기만 하면 가슴 주변의 기운이 아프고 힘들었다. 가슴을 덮고 있던 껍질이 녹아내리는 것처럼 보일 때는 내면이 감미로웠다. 하지만 명상을 하면 가슴 주변에 있는 벽과 마주해야 했다. 시간이 지나면서 이런 사실을 당연하게 받아들였고 강렬한 기운이 가슴 부위를 치고 올라올 때 따끔거리는 느낌을 받아들이게 되었다. 만트라를 염송하고 호흡에 의식을 집중했으며, 때로는 넓게 확장된 침묵의 경지로 들어가기도 했다. 그렇지만 가슴 주위를 감싸고 있는 껍질은 미동도 하지 않는 듯했다.

그 당시 나는 좀더 많은 사랑을 느끼고 가슴이 온전히 열릴 수 있도록 열심히 기도했다. 그러나 그런 일이 일어나는 것은 겨우 몇 시간, 기껏해야 며칠이 고작이었다. 실망감은 이만저만이 아니었다.

이후 10년 동안 나는 꾸준히 수련을 했다. 그리고 어느 날, 무슨 일이 일어났는지 모르겠지만 가슴이 한결 부드러워져 있음을 깨닫게 되었다. 기운은 더 이상 힘들거나 고통스럽지 않았다. 그 일이 있고 몇 년 동안 서서히 가슴이 부드러워지면서 열리는 느낌이 강해져 갔다. 요즈음은 매일 가슴 부위에서 비단결처럼 부드럽고 감미로운 느낌을 체험한다. 그 느낌은 명상하는 동안 '황금빛 사랑'—나는 그 느낌을 이렇게 부른다—으로 승화된다.

물론 이제는 왜 그렇게 오래 걸려야 했는지 이해할 수 있다. 가슴의 매듭을 푸는 일은 그리 간단한 일도, 아무나 할 수 있는 일도 아니었다. 내 가슴에는 갑옷의 층이 겹겹이 쌓여 있었다. 그래서 가슴을 누르고 있는 갑옷의 존재를 알고 난 이후에 하나씩하나씩 벗겨내야 했다. 돌아보면 나는 이 유형의 갑옷을 계속 저 유형의 갑옷으로 대체해왔다. 그래서 지금도 나는 그 갑옷들을 벗겨내고 있다. 은총과 개인적인 노력, 시간의 작용을 비롯해 많은 것들이 내면의 변화에 영향을 준다. 내 가슴에 일어난 변화는 다년간의 수행과 꾸준한 명상의 결과였다. 또한 예배와 기도, 생활 자체—관계, 사회생활의 요구, 좋아하는 일 하기, 싫어하는 일 하기, 원하는 것을 얻는 것과 얻지 못하는 것을 내면화하는 수행—의 결과이기도 했다.

이 모든 과정을 통과하는 동안, 내게 동력을 공급하고 변화를 이끌어내는 은총이 보이지 않는 곳에서 끝없이 작용했기에 가능했다. 내 가슴에 상처를 내는 힘든 상황과 수행 속에서 작용하던 은총은 나의 내면에서 서서히 기운의 장을 정화하고 정묘하게 만들어갔다. 갑옷의 층들이 벗겨져나가자 이면에 숨어 있던 내면의 아름다움을 느낄 수 있었다. 정묘함이 강화되자 내 몸은 더 많은 기운으로 가득해졌다. 그뿐 아니라 사랑이 넘치는 내면의 기운과 은총의 기운이 가슴과 마음에 난 상처를 위로하고 치유했다. 마침내 가슴과 마음의 상처를 보호하기 위해 가려놓은 껍질을 다 벗자, 원래 그 자리에 있던 사랑이 드러났으며 이 사랑을 느끼고 표현할 수 있게 되었다.

내가 껍질을 벗었다고 말했지만 껍질을 벗은 것은 내가 아님을 깨달았을 때, 이 모든 과정은 더욱더 신비로웠다. 사실 나는 껍질을 벗을 수 없다. 그것은 저절로 일어났다. 때가 되자 자연스럽게 일어났다. 걸려야 할 시간만큼 걸린 것이다.

나는 참자아에 경배한다!
보이는 세계와 보이지 않는 세계의 보물이자
분리되지 않은 의식인 나 자신에게 경배한다!
—《요가 바쉬슈타》

성숙의 과정이 이렇다. 우리는 수련을 통해 성숙해지는 토양을 마련한다. 하지만 의식의 전환, 내면의 변화, 마음이 열리는 과정이 어떻게 해서 일어나는 것일까? 그런 변화는 대단히 자연스럽고도 정묘하게 일어나기 때문에, 수행의 과정을 마쳤을 때 우리의 노력은 내면의 변화와 아무 관련이 없는 것처럼 느껴지기도 한다. 하지만 분명한 것은 우리의 노력과 변화를 가능하게 하는 은총의 상호작용이 있었다는 것이다.

"명상을 시작한 후로 나는 어떻게 변화했는가?"라고 자신에게 자주 물을 필요가 있다. 당신이 자신을 느끼는 방식으로 의식의 전환을 알아보거나, 성격 변화나 타인과 관계하는 방식의 변화를 알아보거나, 일하는 방식의 변화를 알아볼 수도 있을 것이다. 또 내면의 분위기, 마음의 명료성, 기운의 흐름에서 오는 미세한 변화도 살펴보라. 그 변화의 내용을 기록하라. 그리고 명상을 가능하게 한 원동력과 수련 과정에 감사하라.

내면의 춤을
마음껏 펼쳐라

이 책의 목적과 명상 체험의 목적은 모두 자신과의 관계를 심화시키는 데 있다. 책에 나오는 원리와 원칙—매일 명상을 하고 명상일지를 쓰겠다는 결심, 굳은 의지와 존중하는 마음으로 명상세계에 들어가겠다는 결심—은 의무적으로 따라야 하는 의식儀式이 아니라 수련의 속도를 올릴 수 있는 실마리다. 이 원리와 원칙은 명상을 통해 당신이 높이 날아오를 수 있도록 구성했다. 책에 소개된 명상법은 모두 내면의 탐색을 위한 발판이자 쿤달리니가 명상을 인도하는 수단으로 받아들이면 된다. 자신의 느낌과 의지와 영감으로 안내를 충실히 따르면 따를수록 더 많은 기운이 흘러넘칠 것이다. 그 속에서 자신의 존재와 춤출 수 있을 것이며, 그 존재가 당신에게 더 많은 영감을 불어넣을 것이다.

그러니 영감이 떠오르거나 명상의 길이 새롭게 나타나면 이들을 샥티가 내리는 은총이라고 생각하라. 다른 장소에서 다른 시간에 명상을 하고 싶다면 실행에 옮겨보고 그 효과를 묵상해보라. 명상이라는 실이 인생이라는 옷감을 짜도록 맡겨보고, 그 느낌이 어떤지 살펴보라.

특히 당신이 명상에서 찾는 것은 바로 당신 자신의 연인이다. 또 당신 자신의 지성이고 각성이며 진리임을 기억한다면 이 책에서 소개하는 수련들이 명상가로서 당신의 인생에 안내자가 되어줄 것이다. 당신 내면에 사는 존재는 자신을 아주 다양한 모습으로 드러낸다. 그는 당신이 눈을 감으면 몸에 쌓이는 정묘한 기운으로 춤을 춘다. 그는 당신의 숨 속에서 고동친다. 당신의 숨이 더 큰 힘이 쉬는 숨임을 깨달을 때, 그는 더욱 힘차게 고동친다. 당신이 온몸의 힘을 뺐을 때 저절로 찾아오는 사랑과 부드러움으로 존재한다. 이마의 압박감으로 각성의 각성으로 존재한다. 그는 침묵 속의 평화로운 느낌으로, 내면의 웅장한 모습을 포착하는 통찰로, 자신에 대한 고귀한 생각으로, 호흡으로 긴장을 내보낼 때 느껴지는 편안함으로 찾아온다.

당신의 기운이 경직되고 힘이 없고 이해할 수 없고 고통스러울 때도, 내면의 공간에서 회오리바람처럼 생각과 감정들이 소용돌이칠 때도, 무기력한 느낌이 가슴속에 진창으로 남아 있을 때도 그는 불안의 밑바닥에 그렇게 존재한다. 감정과 기억과 감각의 이면에서 그렇게 존재한다. 그는 당신이 명상하는 순간순간마다 존재한다. 그는 내면의 친구이자 연인, 그리고 참자아다.

그를 찾으라. 그것을 찾으라. 당신이 찾는 것은 당신 안에 있음을 알라. 그 현존이 감지될 때 그 현존과 하나가 되어라. 나아가서 그 현존이 되어라. 당신을 위해 늘 거기 있는 자, 고요 속에서 당신을 안고 있는 자, 늘 당신을 명상하는 자, 그 참자아를 명상하라.

　당신의 명상이 계절을 초월해 기쁘게 펼쳐지기를, 그리고 명상이 자신의 가슴, 우주의 가슴, 위대한 참자아에 가 닿기를 기원하라.

동양의 지혜와
서양의 논리로 풀어낸
명상 안내서

지난겨울, 뜻하지 않게 '아름다운 사랑'을 만났다. '아름다운 사랑'이라니? 누구나 이 말을 들으면 고대하고 고대하던 '연인'을 만났나보다고 생각할 법하다. 하지만 내가 만난 사랑은 이 책, 《명상》이었다. 번역을 하는 내내 책 전체에 흐르는 저자의 정서가 참으로 따뜻하다는 인상을 받았다.

이 책은 1970년대 스와미 묵타난다라고 하는 인도 스승을 만나서 카슈미르 시바파의 가르침을 받고 난 뒤, 시바파의 이론과 실제를 병행해 영적인 성장을 계속해온 미국의 여성 수행자가 집필한 책이다. 나는 명상가로서 그동안 수행을 해오면서 서양인이 동양의 넓은 정신세계를 깊이 있게 이해하고 수련해서 자신의 체험을 심화하는 데는 어느 정도 한계가 있다고 생각했다. 그러나 샐리 켐튼은 이 책에서 동양의 명상과 지혜를 서양의 과학적인 눈과 논리로 멋지게 풀어냈다.

저자는 명상 이론을 차분하게 설명하고 이를 실천하는 수련법을 제시했다. 원서를 한 장 한 장 넘길 때마다 내 입은 점점 벌어지기 시작했다. 때로는 무릎을 치기도 하고, 때로는 감탄을 연발하기도 했다. 명상에 임하는 자세나 태도, 이론 공부, 치열한 수행과 인내는 기존의 영미권 책에서는 찾아보기 힘든 것들이었기 때문이다. 순수한 열정으로 진리의 세계에 입문해 몇 년 간 명상이 주는 내면세계의 맛을 보다가 더 이상

진척이 없는 진퇴양난의 시기가 찾아오면, 많은 수행자들이 정체하거나 퇴보하거나 수행의 길에서 이탈한다. 하지만 저자는 그런 시기에도 수행을 치열하게 밀고 나갔다. 그리고 지금까지도 수행의 여정을 뚜벅뚜벅 걸어가고 있다. 나는 이 부분에서 가장 큰 감동을 받았다. 그렇게 꿋꿋한 수행의 여정 속에서도 저자는 균형과 중도의 감각을 잃어버리는 법이 없다. 이를 테면 저자는 머리와 가슴의 균형을, 이론과 실천의 균형을 강조하며 본인이 실천한다. 주위의 수많은 수행자들을 지켜보면서, '균형과 중도의 감각'을 유지하는 일이 무척이나 힘든 일임을 실감한 나로서는 저자의 그런 자세가 더욱 경이롭게 다가왔다.

내가 받은 감동은 이 책의 곳곳에 진하게 배어 있다. 먼저 생활 속에서 실천할 수 있는 빛나는 아이디어들이 우리의 눈을 사로잡는다. 느낌을 일깨워 빛과 소리로 들어가는 명상은 한결 효과적일 수 있다. 요사이 인도에서 들어온 '빛과 소리의 명상'에 관심을 보이는 사람들이 많이 늘고 있다. 스트레스에서 벗어나고 싶고 내면의 평화를 갈구하는 일반인들의 마음을 끌기에 적합해 보인다. 다음으로 생소할 듯한 '바바나 명상'은 일상에서 실행할 수 있는 간편하고 효과적인 방법이니 꼭 실천해 보라고 권하고 싶다. '바바나 명상'은 단순하지만 강력하다.

또한 저자는 명상을 즐겁게 하라고 한다. '명상을 즐겁게 하라고? 명상이란, 수행이란 모름지기 진지해야 하는 것 아닌가?'라는 의문이 들 수도 있다. 물론 진지한 자세로 임하지 않으면, 명상에 전력투구할 수 없다. 전력투구하지 않으면 마음을 영성의 차원으로 승화시킬 수 없다. 그러나 진지해야 한다고 해서 심각하게 하라는 것은 아니다. 명상에서 진지함과 심각함을 구분할 줄 알아야 한다는 것이다.

명상이 심각해지면 육체와 마음의 근육이 굳어서 움츠러든다. 근육이 굳어서 몸이 움츠러드는 상태를 내부에서 바라보면 무언가를 놓기보다는 붙드는 형국이다. 무언가를 붙든다는 것은 나의 몸과 마음에 뭔가가 달라붙는다는 것이다. 대상이 몸과 마음에 달라붙어 있으면 몸과 마음에서 물러나 자신을 바라볼 수가 없다. 따라서 명상은 심각해지면 역효과를 불러온다. "명상이 막힐 때는 마치 놀이를 하듯 명상하라"는 저자의 조언은 그래서 더욱 소중하게 들린다. 그렇게 할 때 몸과 마음의 근육이 이완되어 명상의 세계 속으로 좀더 쉽게 들어갈 수 있다.

저자는 이 책에서 단순히 이론을 나열하는 게 아니라 곳곳에 구체적인 수련법을 소개해 생활 속에서 실천할 수 있도록 했다. 모름지기 수련이란 생활 속에 자연스럽게 녹아들지 않으면, 수련 따로 생활 따로 분리된다. 그렇게 되면 의식의 확장은 수련 시간에만 일어날 뿐, 실생활에서 마음은 여전히 무의식의 세계를 헤매고 다니는 것이다. 우리가 특정한 형식을 갖춘 수련을 하는 것은 일상에서도 그 수련이 이어질 수 있도록 힘을 기르기 위함이 아닐까?

또 저자는 명상을 왜 해야 하는지, 무엇을 위해 해야 하는지, 어떻게 해야 하는지, 명상을 하면 어떤 일이 일어나는지, 수련 중에 문제가 생겼을 때는 어떻게 조치를 취해야 하는지 등 명상의 실제를 조목조목 알기 쉬운 말로 안내한다. 명상의 세계에 처음 입문하는 사람부터 진지한 수행자에 이르기까지, 명상에 관심이 있는 모든 이들에게 명상의 세계를 종합적이고 체계적으로 안내한다. 특히 가슴 센터(사랑)의 열림이 수행의 근간이 될 수 있음을 지적한 것, 명상은 대단한 체험이 문제가 아니라 꾸준히 계속해야 한다는 것, 그리고 이를 일상생활에서 실천하고 점검해야 한다는 것 등이 이 책만이 가지는 장점이라 하겠다.

명상의 길에 들어섰다면 포기하지 말고 끝까지 정진하길 바란다. 단번에 큰 것을 바라지 않고 꾸준하게 명상할 때, 당신에게도 돌파와 비약의 순간이 찾아올 것이다.

윤구용

부록

쿤달리니

많은 요가 경전에서 영적인 성장 뒤에 있는 힘이라고 말하는 내면의 힘, 쿤달리니는 하나의 신비이자 공상과 혼란의 근원이며, 영성문학에서 가장 비의秘儀적인 일파가 다루는 소재다. 또한 명상의 세계가 열리면서 감지되는 매우 뚜렷하면서도 정묘한 기운이다.

쿤달리니는 기원후 6세기까지 거슬러 올라가는 인도의 요가 경전에도 언급되었으며, 도교 경전인 《황금꽃의 비밀》과 다양한 티베트 경전에도 나타난다. 《시바 삼히타Shiva Samhita》《하타 요가 프라디피카 Hatha Yoga Pradipika》와 같은 쿤달리니 요가의 전통 경전도 있다. 인도와 티베트의 특정 구루 계보에서 수행한 명상가들은 자신의 수행 과정에서 쿤달리니를 체험했을 것이다. 그렇지만 다른 한편에서 쿤달리니는 고전적인 요가 경전에서 기계적인 기운이나 조작할 수 있는 기운, 혹은 마음대로 조종하거나 비뚤어질 수 있는 기운인 것처럼 논의될 때도 자주 있었다.

쿤달리니는 그런 기운이 아니다. 여기에 쿤달리니의 환상과 그 신비를 아우르는 표현이 있다. 프랑스 학자인 장 바렌Jean Varenne은 《요가와 힌두 전통》에서 "쿤달리니는 인간의 육신에 현현하고 그 육신과 불가분의 관계를 맺는 신성한 권능이다"라고 지적했다. 쿤달리니에게 기도하고 쿤달리니를 찬양하는 요가 경전들과 힌두교의 탄트라를 집성한 성자들은 쿤달리니를 신성한 여성성, 즉 여신으로 보았다. 이 여신은 우리에게 영적인 각성을 은총으로 내려준다. 《니룻타라 탄트라Niruttara Tantra》가 말하는 것처럼, "샥티의 앎이 없으면 해탈에 이를 수 없다."

탄트라 전통에서 '쿤달리니'는 '똬리'를 뜻하는데, 우주의 창조 기운과 신성의 권능(샥티)을 가리킨다. 샥티가 인체 내에서 어떻게 작용하는지 이해하려면 먼저 샥티의 본성에 대한 기본적인 요소를 이해할 필요가 있다. 카슈미르 시바파를 비롯한 힌두교의 전통은 궁극의 실재를 시바/샥티로 알려진 불가분의 한 쌍으로 표현한다. 종종 신화에서 부부신으로 의인화되는 시바와 샥티는 결코 나눌 수 없는 단일하고 신성한 실재의 양극을 나타낸다. 시바는 존재하는 만물을 수용하는 신이고, 관조하는 순수**의식**이며, 고요한 토대다. 그와 반면에 샥티는 실재에 내재해 있는 역동적 창조력이고, 전통에 따르면 지복이 넘치는 자유 속에서 우주를 현현하는 권능이다. 《프라티아비기아 흐리다얌》이 설명하는 것처럼, "지고하게 독립적인 치티(샥티의 이름)는 우주의 현현, 지속, 재흡수의 원인이다. 치티는 자신의 스크린에 자신의 존재를 드러낸다." 그리고 샥티는 우주 안에 있는 만물과 우주 너머에 있는 만물의 근원이 되는 기운이다. 샥티는 생성 자체이자 태고의 창조적 기반이며, 그 기반 위에서 만물의 생성이 현현한다. 우주 안팎으로 샥티가 아닌 게 없다. 샥티는 의식과 생명이 있는 모든 유정물 위에 있기 때문에 의식이 없는 존재는 없다. 양자물리학을 어느 정도 이해한다면 이를 이해하는 것이 좀더 쉽겠지만, 만물에 의식이 있다는 것은 대단히 근원적이고 심오한 개념이다.

카슈미르 시바파의 경전에 따르면, 마치 수증기가 응축되면 물이 되고 얼음이 되는 것처럼 광대하고 형상이 없고 무한히 정묘한 기운이 물질로 응축되는 과정을 통해 샥티는 우주가 된다. 우주의 기운이 수축하면 샥티는 자신의 본성에 장막을 드리우고, 형상의 이면에 자신의 모습을 숨기며, 특정 형태, 신체, 에고와 동일시한다. 샥티가 수축하면 인간—그 본성은 순수하고 자유로운 **의식**이다—은 자신의 육체나 마음, 개인사 등과 동일시한다. 그래서 인간은 자신에 관한 진리를 알 수 없게 된다.

이 세계의 형상을 현현한 권능 자체는 우리 안에서 작용하며 '우리는 서로 떨어진 개별적인 존재'라는 환영을 지어내어 우리의 감각을 외부로 향하게 한다. 이는 탄트라의 본질적인 세계관이다. 그러므로 그 권능이 마음을 내면으로 향하게 하여 형상의 이면에 숨어 있는 본질을 드러내지 않으면 하나 됨은 체험할 수 없다.

우리가 이런 수축과 한계의 상태에 있을 때, 쿤달리니가 '잠잔다'고 한다. 이런 상태에 있을 때 기운은 육체, 마음, 개인사의 한계와 동일시한다. '쿤달리니의 각성'은 기운이 수축되어 있는 상황의 반대다. 즉 쿤달리니가 각성되면 '인간은 순수한 기운과 빛과 지복'이라는 진리를 숨기지 않고 원래의 모습을 드러내기 시작한다. 하지만 인체가 먼저 자신을 순수**의식**으로 체험할 준비가 되어 있어야 한다. 그렇지 않으면 인체의 조밀성과 육체적·정신적·감정적 막힘, 왜곡, 두려움 때문에 각성된 쿤달리니가 우리의 심신에 풀어놓은 기운의 수위를 결코 감당하지 못할 것이다.

전형적으로 쿤달리니의 각성이 일어나면, 마음과 감각을 외부로 향하게 하고 분리와 차이를 만들었던 기운이 마음을 내면으로 향하게 해 합일의 방향으로 나아가게 한다. 쿤달리니 기운은 정묘체뿐 아니라 육체에 흘러 우리의 몸을 정화하고 독소를 뽑아낸다. 또 감정적으로 막힌 곳을 뚫고 마음을 정묘하게 해 마음이 내면에 집중할 수 있게 한다.

쿤달리니는 신체의 생명력인 프라나를 통해 작용하고 '나디'라는 프라나 통로 안에서 흐른다. 대부분의 요가 전통에서는 쿤달리니의 움직임이 위로 향한다고 한다. 쿤달리니가 위쪽으로 상승하면 기운도 '수슘나나디'라는 정묘한 통로를 타고 위쪽으로 흐른다. 수슘나나디는 정묘체 안의 척추 기저부에서 정수리 쪽으로 흐른다. 또한 쿤달리니는 전신에 생명력을 실어 나르고 기운의 통로와 신경계의 막힘을 제거한다. 쿤달리니가 신체 내에서 작용하면 육체적·심리적 효과가 다양하게 나타난다. 육체적 효과의 일부는 9장에서 설명했다.

명상, 요가, 심리요법, 예술 또는 자기계발에서 쿤달리니의 작용은 우리가 하는 수련이나 수행에 심리적으로 큰 힘을 준다. 두려움이 물러가고 용기나 사랑과 같은 숭고한 마음이 올라올 때, 이런 힘은 축복과 영감을 받아 변화를 일으킨다. 쿤달리니는 영적인 열망과 수련의 능력을 극적으로 증가시킨다. 그리고 무의식에 묻혀 있던 기억과 감정을 불러내 직접 대면하게 한다. 쿤달리니가 깨어났을 때 수련을 하면 심리적인 막힘이나 맹신, 개인적인 트라우마가 사라지기 때문에 영적인 수련은 물론, 자기계발에도 빠른 결과를 가져온다.

나 역시도 쿤달리니가 깨어났을 때 명상이 놀랄 만큼 깊어졌으며 인생이 극적으로 바뀌었다. 별다른 성과를 못 느끼던 수련들이 가슴과 마음의 영역에서 이전에 경험해보지 못한 세계를 내 앞에 펼쳐보였다. 영적인 통찰과 새로운 차원의 철학적 이해, 창조성, 가슴이 열리는 체험과 함께 명상 상태로 저절로 들어갔다. 그와 동시에 오랜 세월 묻혀 있던 심리적 상처가 수면 위로 떠오르면서 정신적인 격변의 시기가 찾아오기도 했다. 당시 나는 분노를 폭발하거나 슬픔에 빠지지 않고, 낭만적 감상에도 빠지지 않으면서 차분하게 심리적인 상처를 다스리는 법을 배워야 했다.

당신이 경전에서 말하는 보통의 재가在家 수행자—전통적인 요가학교에서 피나는 수행 과정을 통과하지 않은 수행자—라면 쿤달리니가 처음에 육체적 차원과 심리적 차원에서 작용하는 것이 정상이다. 카를 융을 따르는 서양 작가들 중에는 상당수가 이러한 심리적 전환을 차크라 내에서의 쿤달리니 움직임과 연계해서 생각한다. 그러나 전통적인 경전들은 대부분 차크라가 열리는 것은 쿤달리니가 독자적으로 움직인 결과로 본다. 쿤달리니의 독자적인 움직임은 육체적·심리적 정화 과정과 동시에 일어나지만, 어느 정도의 정화 과정이 진행된 후에 일어나는 경우도 종종 있다.

기운 센터를 뚫고 지나가는 과정에서 쿤달리니는 수슘나나디를 따라 위치한 영적 센터인 차크라를 관통한다. 이때 쿤달리니는 각 차크라를 열고 신비의 차원으로 난 문을 연다. 쿤달리니가 가장 높은 정수리에 있는 7차크라에 자리를 잡으면 수행자는 만물과 하나 됨, 즉 합일을 이룬다. 이 체험은 오랜 시간에 걸쳐서 외부로 향하는 감각들에 스며들고, 드디어는 아무런 방해를 받지 않는 일체 의식의 체험으로 이어진다.

쿤달리니와 그 전통

쿤달리니는 어디에서나 존재하는 힘이기에 모든 전통의 신비가들 그리고 신비가로 자처하지 않았지만 그 길을 걸었던 다수의 수행자들이 그 효과를 체험하고 기록했다. 아빌라의 성 테레사나 빙엔의 힐데가르트와 같은 기독교 신비가들, 바알 셈 토브와 같은 유대교 신비가들, 수피즘과 도교와 불교의 수행자들이 표현한 환상幻像, 환희, 통찰, 신비한 깨달음은 인도 요가 경전이 표현한 쿤달리니 각성의 체험과 서로 상응한다. 서양 신비학과 유대교의 카발라뿐 아니라 금강승 불교의 문헌에서도 힌두교 탄트라에서 찾아볼 수 있는 쿤달리니 설명과 대단히 유사한 것을 볼 수 있다. 일레인 페이걸스Elaine Pagels는 《영지주의의 복음》에서 영지주의 기독교 초기 경전에 나오는 말을 다음과 같이 인용했다. "모든 인간 속에는 무한한 권능, 우주의 근원이 거주한다. 그 무한한 권능은 모든 사람들 안에 잠재된 상태로 존재한다."

기독교 저자들은 이 영적인 기운을 '성령'이라고 한다. 영적인 기운과 외부의 힘을 구별하기 위해, 중국의 기공에서는 영적인 기운을 '내면의 치chi(氣)'라 하고 일본에서는 '내면의 기氣'라고 한다. 아프리카의 쿵 부시맨은 '움(n/um)'이라는 강력하고도 정묘한 기운을 이야기하고, 미국 남서부 인디언인 호피족은 인간의 척추를 진동하는 센터의 축軸으로 표현했다. 이 센터들은 쿤달리니 요가의 차크라와 상응한다.

인도의 요가 경전에서 쿤달리니는 뱀으로 자주 묘사된다. 인도의 쿤달리니 요가 전통에 대해 광범위하게 저술한 최초의 서양 학자, 존 우드로프Sir John Woodroffe 경은 쿤달리니를 '뱀의 힘'이라고 했다. 이집트와 켈트 전통의 경전들은 뱀의 모습을 고대의 여신 종교와 관련지어 생각했다. 카발라 전통의 현대 작가들 중 일부는 에덴동산의 뱀을 쿤달리니나 고등지식의 입문과 연계해서 생각한 듯하다. 카를로스 수아레스Carlos Suares는 《창세기의 암호》에서 에덴동산의 아담과 이브 앞에 등장하는 뱀을, 흙 속의 무덤에 묻혔다가 부활하는 알레프Aleph―존재하는 모든 것과 존재하지 않는 모든 것의 원리—로 묘사한다. 이런 전통에 따르면, 뱀이 등장할 때 아담과 이브는 깊은 망각의 상태에서 빠져나오기 시작한다. 뱀의 임무는 아담과 이브를 깨워서 진화의 여정을 시작하게 하는 것이다. 어느 카발라 경전은 하나님의 음성이 이브에게 물었을 때 그녀의 대답은 사실 "뱀이 나를 꾀었나이다"가 아니라고 한다. 이브는 이렇게 대답했다. "뱀이 지상의 불과 제가 잃어버린 천국의 불을 배합하자 천국의 불이 되살아났습니다."

> 자신의 현재 형태로 삶을 탐구하라.
> 어느 날 그 삶이 내밀한 자의 삶과
> 다르지 않음을 발견할 것이다.
> 그리고 그대의 가슴은 모든 곳이 존재의 집이라며
> 승리의 찬가를 부를 것이다.
> —《래디언스 수트라The Radiance Sutras》

쿤달리니의 각성

그렇다면 쿤달리니는 어떻게 깨어나는가? 동양의 경전은 쿤달리니는 이전 수행의 결과로 네 가지 형태로 저절로 깨어난다고 말한다. 하타 요가의 자세와 호흡 수련*, 집중 명상과 예배와 기도를 통해, 구루가 내려주는 기의 전수를 통해 쿤달리니는 깨어난다. 전통의 경전들은 "쿤달리

---

* 전통을 따르는 스승들은 쿤달리니를 활성화하기 위해 억지로 하타 요가와 프라나야마를 수련하면 갑자기, 부분적으로 쿤달리니가 깨어나기는 하지만 수행자에게 위험할 수 있다고 경고한다. 이런 이유로 쿤달리니 수련은 수련의 경험이 풍부한 이의 지도 아래 해야 한다.

니를 일깨우는 가장 자연스럽고 안전한 방법은 쿤달리니가 완전히 깨어난 구루가 기를 전수해주는 것이다"라고 한다. 시바 요가에서 '샥티파트shaktipa(구루를 통해 일어나는 내적 일깨움)'라는 전수 과정은 드물지만 그 효과는 대단히 강력하다. 구루가 기운을 활성화할 때 구루와 제자 사이가 연결되고 그 기운은 자동적으로 조절·인도된다.

수련이나 자발적인 각성으로 쿤달리니가 깨어날 때는 경험이 풍부한 스승의 인도와 가르침을 받는 것이 중요하다. 견문이 풍부한 스승은 제자가 각성된 기운을 잘 다루고 자발적인 동작과 경험의 의미를 잘 이해할 수 있도록 인도한다. 대부분의 경우 수련자가 얼마나 준비되고 무엇이 필요한가에 따라 기운이 작용한다. 하지만 쿤달리니의 각성이 강력한데, 수련자가 준비되지 않았거나 각성의 과정에 대해 무지하거나 정확히 인도받지 못하면 무지와 두려움으로 큰 문제가 생길 수 있다. 심리적으로 불안정한 사람에게는 더욱더 그렇다. 각성된 쿤달리니는 심리적 불균형을 치유할 수도 있지만 동시에 악화시킬 수도 있다. 그러한 심리적 불균형이 있는 사람이라면 치료받거나 필요에 따라서는 약물을 복용하거나 적절한 상담을 받을 필요가 있다.

하지만 일반적인 수련자의 경우, 쿤달리니는 수련에 강력한 도움을 준다. 각성된 기운은 지금 하고 있는 수련에 추진력을 제공하기 때문에 아주 단순한 수련을 해도 심오한 통찰이 오거나 내면이 열리기도 한다. 특히 수련자가 쿤달리니 기운의 본성을 이해할 경우에는 더욱 그렇다. 그러나 수련자는 실질적이고 실험적인 자세를 유지하며 자신의 심신이 어떻게 반응하는가를 유심히 관찰할 필요가 있다.

각성된 쿤달리니를 수련하는 방법을 몇 가지 소개하겠다.

쿤달리니의 각성을 일으키는 자세

첫째, 쿤달리니는 외부에서 강제로 주입한 것이 아니라 당신 자신의 생명 에너지임을 이해하라. 쿤달리니가 당신의 내면에서 작용할 때는 몸을 통해서 그 기능을 한다. 정상적인 환경이라면 당신의 체질이 어떠하며 얼마만큼 준비되었는가에 따라 그 기능과 정화의 속도가 달라진다.

둘째, 쿤달리니는 단순히 물질적인 인간의 기운이 아님을 이해하라. 말하자면 쿤달리니는 우주의 신성하고 창조적인 기운이 우리에게 들어와 있는 것이다. 쿤달리니의 우주적 성질을 알아보고 받아들이고 존중할수록 더 많은 사랑을 체험한다. 8장에서 살펴본 것처럼, 우리가 존중하는 자세로 임하면 쿤달리니의 기운은 내면에서 우리를 인도하고 가르칠 것이다. 우리 모두는 그 기운과의 관계를 발전시킬 필요가 있다. 그리고 쿤달리니의 인도와 마음의 여러 목소리를 분별할 필요가 있다. 오랜 시간에 걸쳐 적절하게 피드백을 하고 주의를 기울이면 쿤달리니가 우리 안에서 어떻게 작용하는지 알아볼 수 있고, 쿤달리니와 친구가 될 수도 있다.

셋째, 쿤달리니 수련에서는 식단과 운동이 중요하다. 전통적으로 단백질이 풍부한 식사와 과일, 채소는 기운을 북돋는 데 좋다. 기운이 강렬하게 작용할 때는 백단향처럼 달콤하고 시원한 향기가 강렬한 기운을 가라앉힌다. 열심히 운동을 해도 기운은 가라앉는다. 쿤달리니가 강렬하게 작용하면 그 기운이 체내의 영양분을 소모하기 때문에 하루에 세 번 가벼운 식사를 규칙적으로 하는 게 중요하다. 쿤달리니의 기운이 체내의 영양분을 소모해버리면 체중이 줄어 몸이 허약해지거나 상태가 나빠질 수도 있다. 이럴 때는 한약이든 인도의 아유르베다 약이든 몸을 보하는 약초가 좋고, 평소보다 단백질을 많이 섭취하는 것이 좋다. 균형 있게 식단을 잘 짜서 섭취하면 쿤달리니의 기운이 활발하게 움직일 것이다. 하지만 그것도 과식하면 기운이 처진다.

앞에서 언급한 것처럼 정해진 규율을 잘 지키고 그 정신을 이해했을 때 쿤달리니는 아주 다양하게 당신의 인생에 영적인 각성을 불어넣는다. 각성된 쿤달리니로 수련하는 최종 목표는 결국 합일을 체험하는 것이다. 그 합일은 인간의 의식과 광대한 우주**의식**의 합일이다. 요가 경전의 표현을 따르자면, 자신과 전체가 분리되어 있지 않음을 깨닫는 것이다. 이런 경지에서 참자아는 자신을 스스로 인식하고, '내가 곧 무한한 의식임'을 깨달으며, 우주의 춤 속에서 자신의 자리와 독특한 개성을 기뻐한다. 이런 경지를 둘이 아닌 불이不二의 경지라고 하며, 불이의 경지에서 우리는 동시에 다차원의 우주를 체험하고 만물이 **각성** 자체와 다르지 않음을 인식한다.

Q&A
명상할 때
궁금한 것들

명상에서 장애는 중요하다. 하타 요가의 스승이자 《요가 디피카Light on Yoga》의 저자인 아헹가는 "정통의 하타 요가를 테라피적으로 혁신한 내 수련법은 대부분 신체의 부상과 수련의 장애를 극복해나가는 과정에서 터득한 것이다"라고 했다. 아헹가는 자신의 장애를 극복하는 과정에서 몸이 어떻게 기능하는지 알게 되었다. 이런 면에서 보자면 장애는 우리의 스승이다. 명상은 장애에서 배우는 실험실이다. 명상할 때 떠오르는 내면의 방해물들은 대부분 우리에게 아주 친숙한 장애다. 두려움, 좌절, 무기력, 산만함은 명상할 때뿐 아니라 일, 사랑, 가정에서도 우리를 괴롭힌다. 그래서 우리는 늘 그런 감정들을 무시하고 정신을 다른 대상으로 돌려서 그 감정들을 피한다. 하지만 자리를 잡고 앉아 명상할 때 우리의 성향이나 장애물은 우리 앞에 앉아서 '자신들을 바라보고 통과하라'며 우리를 재촉한다.

명상 과정에서 직면한 장애나 방해, 문제는 과거의 성자들도 모두 겪은 것들이다. 우리보다 앞서서 결연한 마음으로 명상에 뛰어든 수많은 남녀가 내면의 길을 걸어가다가 문제에 봉착했을 때, 어떻게 그 문제를 극복했는지 자세히 기록해두었다. 그래서 우리는 운이 좋은 사람들이다. 다음 질문은 명상 수업 중에 제자들이 내게 물은 것들이다. 응답은 나 자신이 수련에서 얻은 체험뿐 아니라 스승의 가르침을 바탕으로 정리해보았다.

Q 명상할 때 졸리면 어떻게 해야 하나요?

A 무엇보다 먼저, 밤에 충분한 수면을 취해야 합니다. 우리 몸은 피곤하면 명상 시간을 조는 시간으로 이용하기 마련입니다.

다음으로 명상 시간에 자신이 진짜 자는 것인지, 아니면 다른 상태에 있는 것인지를 잘 판단할 수 있어야 합니다. 깊은 명상 상태로 들어가다 보면 잠자는 것처럼 느껴질 때가 있는데, 이는 잠자는 것이 아니라 요가의 상태입니다. 9장에서 살펴본 것처럼, 명상이 원인체로 들어가면 무의식처럼 깜깜한 상태가 찾아옵니다. 명상의 기운이 가장 깊은 곳에 있는 삼스카라, 즉 잠재된 인상들을 제거하는 동안 당신은 그곳에서 휴식을 취하게 되는데, 내면 여행에서 이 과정은 대단히 중요합니다.

> 불안정한 마음이 방황할 때마다
> 그 마음을 참자아에게 되돌려 참자아가 다스리게 하라.
> – 《바가바드 기타》

그러나 원인체 명상을 하면 원기와 활력이 샘솟습니다. 명상을 했는데 피곤하거나 무기력하다면 필시 졸았거나 제대로 명상을 하지 않았기 때문입니다.

누구나 자신도 모르게 졸릴 때가 있습니다. 명상 시간에 쿤달리니가 활성화되면 마음은 내면으로 향합니다. 바로 이 시점에서 당신은 일상의 깨어 있는 상태에서 정묘한 상태로 진입하게 되는데, 집중

강도에 따라 수면 상태로 들어갈 수도 있고 명상 상태로 들어갈 수도 있습니다. 깨어 있는 훈련이 되어 있지 않으면 명상의 힘이 강하게 작용할 때 졸리기 쉽습니다.

명상을 처음 시작할 때는 누구나 그런 경험을 합니다. 내면세계에서 파도를 타는 게 익숙하지 않아서 물 위에 뜨는 법도 모르는 것이지요. 그래서 명상을 다룬 여러 책에서 의식의 집중을 그토록 강조하는 것입니다.

앞에서 살펴본 것처럼, 의식을 집중하는 수련을 하면 의지가 생기고 마음이 안정되어 명상 상태에 들어갈 수 있습니다. 이런 의지를 개발하는 데는 다양한 방법이 있습니다. 그 중 하나가 정신이 나가 있거나 공상을 할 때 계속 의식을 집중하는 수련을 하는 것입니다. 자동차나 버스 속에서도, 걷거나 설거지를 할 때도, 마음이 어디를 떠도는지 알아차리고 이 마음을 지금 자신이 하는 일로 되돌리는 겁니다. 길을 걷든, 설거지를 하든, 계속 지금 하는 일에 집중해보세요.

집중의 힘을 개발하는 또 다른 방법은 만트라를 수련하는 것입니다. 명상의 기운 때문에 졸음이 올 때는 만트라를 외워보세요. 물론 처음에는 졸음과 싸우는 것처럼 보일 겁니다. 하지만 잠시 후면, 정신이 다른 데 가 있어도 만트라를 계속할 수 있게 돼요. 결국에는 저절로 당신의 한쪽이 계속 깨어서 집중할 수 있게 됩니다. 그런 상태에서 마음이 내면으로 향하면 수면으로 떨어지는 게 아니라 삼매경으로 들어가게 됩니다.

졸음을 물리치는 데 효과적인 수련들이 몇 가지 더 있습니다.

• **강건한 자세로 앉는다.** 엉덩이를 확실하게 바닥에 붙이고 척추를 바르

게 세워 최대한으로 늘인다. 어깨뼈는 뒤쪽으로 해서 내리고 가슴은 살짝 위로 들어올린다. 명상 중에 주기적으로 자세를 바로 한다.

- **명상 전에 하타 요가를 한다.** 하타 요가는 몸을 유연하게 할 뿐 아니라, 정신이 고요하게 깨어 있도록 신체의 기운을 바꿔주는 역할을 한다.
- **은총을 간구한다.** 명상 전에 은총을 기원할 때 이렇게 간구한다. "오늘 명상 중에는 깊이 집중하고 수련 내내 깨어 있게 도와주소서."
- **강한 의지를 발휘한다.** 자신에게 다음과 같이 선언한다. "오늘 이 시간 만큼은 깨어 있겠다." 그런 다음 명상의 대상에 강하고 날카롭게 집중한다. 만트라를 염송할 때마다 이 땅에서 마지막인 것처럼 한다.
- **4장을 다시 읽고, 명상의 세계로 인도하는 문이나 집중의 대상을 선택한다.**

Q 깊은 명상 상태에 들어가면 아프거나 구토가 나기도 하는데, 왜 그럴까요?

A 지금 감기에 걸렸거나 급성질환을 앓고 있는 게 아니라면, 명상 중에 구토가 나는 현상은 '명상의 흐름이 지금 신체가 소화할 수 있는 것보다 강하게 일어나고 있다'라는 표시로 보면 됩니다. 명상에는 강력한 힘이 있기 때문에, 이를 잘 소화하려면 몸이 튼튼하고 안정되어야 합니다. 몸이 튼튼하지 않은 상태에서 명상을 하면 허약함이나 몽롱함, 구토 증세 등이 나타날 수 있습니다. 질병이나 구토 증세가 명상 중에만 나타나고 명상 후에는 사라진다면 이는 십중팔구 명상의 문제가 아니라 몸의 문제입니다.

직접적으로 해결하는 방법은 잠시 명상 시간을 줄이는 겁니다. 며칠에서 일주일쯤 명상을 쉴 수도 있고, 몇 분간만 짧게 명상을 할 수도 있습니다. 그러면서 다시 힘을 비축하면 됩니다.

깊은 명상 상태에 들어가면 우리는 생활 에너지(氣)의 원천과 통하게 됩니다. 산스크리트로 에너지의 원천을 '오자스ojas'라고 합니다. 인도의 전통의학인 아유르베다에 따르면, 오자스는 인체의 골수에 있는 섬세한 진액이라고 합니다. 강렬한 활동을 하면, 특히 성행위를 하면 이 진액은 고갈됩니다. 불규칙한 식사나 수면 습관, 과도한 대화나 생각, 걱정 등을 해도 이 진액은 고갈됩니다. 현대인들 중에는 이 오자스의 원천이 고갈된 사람들이 아주 많습니다.

오자스를 재충전하는 전통적인 방법은 영양가가 많은 음식, 특히 단백질이 많은 음식을 먹는 것입니다. 우유나 아몬드유 같은 단백질 음료가 특히 좋습니다. 적당량의 과일이나 천연 꿀도 오자스를 재충전하는 데 좋습니다. 그리고 자신의 체내에 단백질이 부족한지 아닌지를 검사해볼 필요도 있습니다. 일부 채식주의자들 중에 오자스가 부족한 경우가 있는데, 특히 저단백질 식단의 음식을 섭취하는 사람들이 그럴 확률이 많습니다. 아유르베다나 중국 한방에는 오자스의 결핍을 치료하는 약초가 있습니다. 특히 중국에는 부족한 정精을 보해주는 한약이 있다고 합니다. 그리고 적당한 운동과 하타 요가, 산책 등이 체력을 기르는 데 좋습니다.

> 요가는 너무 많이 먹거나 전혀 먹지 않는 것이 아니며
> 계속 잠만 자거나 계속 깨어 있는 것이 아니다.
> ─〈바가바드 기타〉

구토나 구역질과 같은 증상은 지금 정화가 일어나고 있다는 징후이기도 하고, 잠복하고 있던 병이 수면 위로 올라와 몸 밖으로 빠져나가는 징후이기도 합니다. 이런 증상이 나타나면 몸이 아프거나 열이

나거나, 혹은 잠시 동안 감기 증상을 보일 수도 있습니다. 이런 증상이 요가의 정화 과정에서 오는 거라면 몇 시간이나 24시간 내에 사라집니다.

저는 처음 명상을 시작했을 당시, 이따금 고열에 시달렸습니다. 열은 오후 내내 38.8도까지 올라갔다가, 저녁이 되면 정상으로 떨어지곤 했어요. 장기에는 아무런 문제가 없었습니다. 열이 떨어지면 무언가가 빠져나간 듯이 기분이 상쾌하고 가벼웠습니다. 힘든 시간이 지나가고 무언가가 빠져나간 것 같은 느낌, 가벼운 느낌은 정화가 일어났다는 대표적인 징후입니다.

Q 저는 깊은 명상 상태에서 머물지 못하는데, 어떻게 하면 좋을까요? 그런가 하면 일상의 깨어 있는 상태로 돌아왔는데 느닷없이 깊은 상태로 들어가는 경우도 있어요.

A 지극히 정상입니다. 우리는 1시간 명상을 하는 동안에 명상 속으로 '들어갔다 나왔다'를 여러 차례 반복하기도 합니다. 우리는 얼마 동안은 깊은 상태로 들어갑니다. 그러고 나서 의식은 수면 위로 올라왔다가 다시 내면으로 향하면서 더 깊은 곳으로 들어갑니다. 경험이 풍부한 한 명상가가 명상 시간에, 몇 번이나 명상 상태에서 나왔다가 다시 들어가는지를 세어봤더니, 열 번이나 되었다고 합니다.

해결책은 자신의 명상 리듬을 받아들이고, 일어나는 대로 두는 것입니다. 자신도 모르게 갑자기 명상 상태에서 빠져나왔다면 앉아 있던 자세를 그대로 유지합니다. 다리를 바꾸거나 스트레칭을 하고 싶다면 부드럽게 천천히 합니다. 몸의 힘을 빼고 지금 하고 있는 자세의 느낌을 음미합니다. 몸의 느낌이 어떠한지 관찰합니다. 호흡도 관찰합니다. 자신의 만트라를 염송하거나 명상을 시작할 때 했던 수련을 다시 합니다. 그리고 서서히 내면으로 향합니다. 점점 더 깊이 들어갑니다.

Q 저는 2년 동안 명상을 했는데 생각을 멈춰본 적도, 명상 상태로 들어간 적도 없는 것 같습니다. 어떻게 하면 좋을까요?

A 경험이 많은 명상가도 '명상이 단지 힘든 노동처럼 느껴지는' 시기가 있습니다. 이는 강물을 거슬러 올라가는 것과 비슷합니다. 당신은 생각을 놓고 명상에 집중하려고 하지만 깊은 곳에 있는 참자아도 보지 못하고, '일상의 의식'에서 '명상의 의식'으로 이동하는 체험도 없고, 샥티가 당신을 감싸주거나 내면으로 인도하는 느낌마저 없습니다. 명상가라면 이런 기대하는 마음조차 놓아야 한다는 말도 자주 듣습니다. 그렇지만 여전히 '나는 왜 이 모양이지? 뭐가 잘못돼서 구체적인 체험을 하지 못하는 걸까?'라고 고민하게 됩니다.

짧게 대답하면, 당신에게는 아무런 잘못이 없습니다. 테니스를 배운다고 합시다. 겨우 3주 레슨을 받고 자유자재로 서브를 넣겠다고 생각하지는 않습니다. 오랜 시간 서브 연습을 하면서 수많은 실수를 딛고 다시 시도하겠지요. 테크닉이 제2의 천성이 되어 자유자재로 플레이하기까지 연습을 할 겁니다.

명상도 하나의 기술입니다. 내면에 집중하는 힘을 기르고, 집착을 놓고, 내면세계로 들어가는 데는 시간이 필요합니다. 샥티의 길을 따라가고, 생각 없이 깨어 있고, 그런 명상 상태를 유지하려면 많은 수련을 해야 합니다.

명상하는 데 어려움이 있다면 명상 시간을 길게 잡는 것이 가장 좋습니다. 누구에게나 자연스럽게 생각이 느려지면서 명상 상태로 들어가는 때가 있습니다. 그런 때가 오게 하려면 좀더 오랫동안 앉아서 명상하겠다는 의지가 필요합니다. 대부분의 경우, 자연스럽게 명상 상태로 들어가는 일은 45~60분 사이에 일어납니다. 마음에 생각이 많은 경우에는 시간이 좀더 걸립니다. 그래서 명상하는 시간은 60~75분 정도가 가장 좋은 것 같습니다.

> 방황하는 마음을
> 원래의 합일된 상태로 길들일 수 있는가?
> 빛 외에는 아무것도 보이지 않을 때까지
> 내면의 눈을 씻어낼 수 있는가?
> 마음에서 한 걸음 물러나
> 모든 것을 이해할 수 있는가?
> ─노자

명상에서 하는 일이라곤 앉아서 생각하는 것밖에 없다고 몇 년 동안 투덜거렸던 한 남자가 있었습니다. 그는 명상만 하면 심오한 경지를 체험하는 여자와 결혼하게 되었습니다. 그녀는 매일 아침 황홀한 빛의 세계를 유영하거나, 비단결처럼 고운 공空의 어둠 속에 평화롭게 앉아 있거나, 두 눈이 별빛처럼 반짝이고 지복으로 빛나기도 했습니다. 그녀 옆에 서면 남편은 영적으로 도저히 비교가 되지 않았습니다. 그런데도 그는 고집스럽게 밀고 나갔습니다.

그러다가 드디어 그는 정신적인 활동이 활발한 사람들처럼 1시간 이상을 앉아 있으면 마술 같은 일이 벌어진다는 것을 알았습니다. 그래서 명상을 하면 부드러운 기운 속으로, 지복이 넘치는 상태로 들어가게 되었습니다. 마음이 차분히 가라앉고, 얼마 후부터는 명상이 삶에 영향을 미치기 시작했습니다. 열등감은 잦아들고, 이전까지는 알 수 없었던 전문적인 안목까지 생겼습니다.

그리고 10년이 훌쩍 지났습니다. 10년 동안 매일같이 명상을 하면서 그의 내면은 꾸준히 성장했습니다. 그러던 중 어느 날, 명상 수련회에서 한 신전이 땅 속에 반쯤 묻히는 환영을 보았습니다. 얼마 후 반쯤 묻혔던 신전은 땅 속으로 완전히 꺼져버렸습니다. 그때 그는 자신의 수련이 드디어 끝났음을 직감했습니다. 내면의 존재를 둘러싸고 있던 때가 모두 벗겨져 나가고, 이제 자신의 본래 모습을 볼 수 있게 되었습니다.

그는 명상에 깊은 관심을 기울였으며 쉬지 않고 꾸준히 명상했습니다. 다양한 기법, 자세, 수련법을 시도해보았지요. 그렇게 쉬지 않고 꾸준히 노력한 결과, 그의 명상은 도약했습니다. 돌파구가 찾아왔을 때, 그는 성취해냈습니다. 그가 내면에서 체험한 것은 은총의 선물일 뿐 아니라 그가 일궈낸 결실이었습니다. 그리고 그 결실을 잘 간직해 생활 속에서 구현할 수 있었다고 합니다.

Q 마음이 제 명상에 대해 이러쿵저러쿵 계속 떠드는데 어떻게 해야 할까요? 거의 미칠 것 같아요.

A 마음이 장난을 치는 겁니다. 당신이 일상적인 잡담에 신경을 쓰지 않으면 마음은 명상에 대해 이러쿵저러쿵 이야기를 늘어놓기 시작합니다. '내가 제대로 하고 있는 걸까? 와, 내가 이런 체험을 다 하다니!' 명상에 대한 것이라고 해도 잡념은 잡념입니다. 마음이 던지는 달콤한 말에 넘어가지 마세요. 언제나 생각은 의식과 기운으로 된 것임을

기억하고 놓으세요. 마음이 명상에 대해 이러쿵저러쿵해서 명상이 흐트러지면 마음을 다잡아서 수련에 다시 집중하거나 날숨과 함께 잡념을 밖으로 내보내세요. 그리고 다시 명상의 흐름을 타보세요.

Q 내면의 하늘과 하나가 되는 지점에 거의 도달했을 때, 겁을 먹으며 뒤로 물러섭니다. 거대한 전환의 기회가 왔는데도 두려움에 붙들려 있는 나 자신에게 화가 납니다. 명상 중에 올라오는 두려움을 어떻게 다뤄야 할까요?

A 깊은 명상 상태로 들어가려는 찰나에 흠칫 놀라서 뒤로 물러난 적이 없는 사람은 아마 세상에 없을 겁니다. 부분적으로 이런 상황은 어쩔 수 없습니다. 우리 모두에게는 내면에 적지 않은 두려움이 있습니다. 여러 가지 명상의 상황을 지나가다보면 두려움도 통과해야 합니다. 자신에게 일어나는 일이 이해되지 않으면 누구나 두려운 법이거든요. 예를 들어, 명상을 하다 보면 갑자기 숨이 멎을 때가 있습니다. 숨이 멈추는 것이 요가 크리야의 깊은 단계, 사마디의 경지로 이어질 수 있다는 것을 모르는 사람이라면 '이러다 죽는 건 아닌가' 싶어서 놀랄 수 있습니다. 의식이 처음으로 확장되는 경험을 할 때도 마찬가지입니다. 자기 자신에게 있는 **각성**의 경지를 체험하는 것임을, 그 **각성** 안에 만물이 들어 있음을 깨닫지 못할 수도 있습니다. 그래서 자신의 체험이 무엇을 뜻하는지 분명히 알면 명상 중에 두려움을 느끼지 않게 됩니다.

  우리가 무서워하는 또 다른 이유는, 자신의 영역을 벗어나면 편안한 상태로 되돌아오려는 에고—심리적 자아로 '나'라고 동일시하는 부분—의 성질 때문입니다.

에고와 명상의 관계를 살펴볼까요? 에고는 정신적으로 중요한 기능을 합니다. 에고의 임무는 '내가 개별적 존재임'을 잊지 않는 데 있습니다. 10시에는 어디에 가야 할지, 자신의 이름은 무엇인지를 기억하며 세상에서 원만히 살아가려면, 에고가 '베이지 색을 입으면 어울려' '우유 알레르기가 있으니 조심해'라며 자신의 신상에 대한 소소한 것을 말해줘야 합니다.

그러나 불행하게도 에고는 자신의 임무 한계를 벗어나서 우리의 삶을 지키는 유일한 존재처럼 행동합니다. 이런 이유로 에고가 명상에서 문제를 일으키는 것이지요. 에고도 처음에는 영적인 수련을 좋아합니다. 나름대로 규정한 자기 계발의 방편으로 수련을 좋아합니다. 에고는 인생이라는 게임에서 보다 빠르고, 영리하고, 겸손하고, 순수하고, 뭐든지 잘하고 싶어 합니다. 그리고 명상을 하면 남보다 뛰어나게 될 거라고 기대합니다.

에고의 문제는 명상을 통해 자신의 영역이 해체되기 시작할 때 발생합니다. 우리가 진실로 신의 경지를 체험할 때 에고는 결코 함께 할 수 없습니다. **의식**의 바다에 작은 자아가 비집고 들어설 자리는 존재하지 않습니다. 사실 에고도 그걸 압니다. 그래서 신체나 마음의 영역에서 또는 행위자로서의 권리에서 주도권이 상실된다고 느껴질 때마다, 혹은 우리의 존재가 확장되려는 느낌이 들 때마다 에고는 자신의 영역이 위협받고 있음을 알아차리고 방어선을 구축합니다. 당신의 두려움은 사실 에고에게는 공포입니다. 에고가 '나'라고 생각하는 기억과 견해와 애증의 영역보다 당신이 커질 때 에고는 공포를 느낍니다.

이때, 자신의 두려움을 무서워하기보다는 작은 자아를 돌보고 안심시킬 필요가 있습니다. 그러면 작은 자아가 확장의 체험을 보다 쉽게 소화할 수 있을 것이고, 당신은 자유롭게 앞으로 나아갈 수 있습니다.

두려움이 떠오르거든 먼저 두려움의 이름을 불러주세요. 저는 가끔 저의 두려움에게 말을 건넵니다. "안녕, 두려움아! 너는 단지 에고가 느끼는 거야!" 이것만으로도 두려움이 사라지기에 충분합니다. 그래도 두려움이 물러가지 않거든 다음의 방책을 써보세요.

> 우리가 어떻게 이 태고의 신화를 잊을 수 있을까…….
> 마지막 순간에 공주로 변신하는 용의 신화를.
> 어쩌면 우리 삶 속에 모든 용은
> 우리가 아름답고 용기 있게 사는 모습을 보고 싶어 하는 공주가 아닐까.
> 어쩌면 우리가 두려워하는 것이
> 본질적으로는 우리의 사랑을 원하는 무력한 존재가 아닐까.
> ─라이너 마리아 릴케

두려움을 비롯해 당신을 겁먹게 하는 것이 무엇이든 자신 안에 있는 **의식**의 모습임을 기억할지 모르겠습니다. 당신 외에 아무도 없습니다. 이미 알아차렸겠지만, '명상에서 체험하는 것은 전부 나 자신의 **의식**이 현현한 것이다'라고 이해하면 명상의 난제들이 많이 풀릴 것입니다. 왜 그럴까요? 그렇게 이해하면 모든 것이 근원으로 돌아가기 때문입니다. 또 그렇게 이해하면 우리 인생과 명상의 원천이며 영원히 현존하는 참자아를 만날 수 있습니다. 진리를 만날 때 용기는 자연스럽게 우러나옵니다.

두려움을 극복할 수 있는 또 다른 방법은 두려움을 직면하고 지켜보는 것입니다. 무사의 방법이지요. 이 방법을 어떻게 적용하는지 보겠습니다. 먼저 내면으로 깊이 들어갑니다. 두려움이 올라옵니다.

자신이 두려움으로부터 달아나려는 성향이 있음을 알아차립니다. 말하자면, 당신이 두려움 바로 앞을 달리는, 명상에서 나와도 두려움에 쫓기는 형국입니다. 이런 상황을 맞이하거든 포기하지 말고 두려움의 끝자락에 서서 대면하세요. 느낌이 어떠한지 살펴보십시오. 신체의 어느 부위에서 두려움을 느낍니까? 심장에서 느껴집니까? 두려움이 무슨 말을 합니까? 어떤 색깔이 보이나요? 모양이 있나요? 두려움에게서 달아나지 말고 그 근처에서 바라보세요. 두려움을 관찰하는 동안, 당신 안에 두려움의 영향을 받지 않는 부분이 있을 겁니다. 바로 그 관찰자가 두려움의 영향을 받지 않습니다. 계속 두려움을 바라보며 '나는 두려움이 아니라 관찰자'라고 기억하세요.

이 방법의 대안으로는 두려움 속으로 들어가 그 기운을 느껴보기가 있습니다. 두려움도 역시 하나의 기운일 뿐이니까요. 사실 알고 보면, 두려움의 기운을 타면 더 깊은 내면으로 들어갈 수도 있습니다.

이 대안 수련을 해본 한 남자의 체험담입니다. "두려움 속으로 들어갔는데 압도되는 느낌이었어요. 잠시 후, 다른 느낌도 있음을 발견했죠. 망설이는 느낌과 저항감을 보았어요. 하여튼 두려움을 피하지 않고 느껴보려고 했어요. 잠깐 동안 두려운 기운이 꽉 차더군요. 그런 다음 두려움의 기운 속으로 쭉 빨려 들어갔는데, 그냥 순수하고 힘찬 기운이었어요. 그 기운은 묶여 있었어요. 그 기운을 느끼고 있었는데, 어느 순간 딱딱했던 기운이 부드러워지기 시작하더군요. 그런 다음 그 기운이 가슴 밖으로 확장됐어요. 그때 조용히 뛰고 있는 맥박을 느꼈어요."

카슈미르 시바파의 경전인 《스판다 카리카》에서는 두려움을 느낄 때가 차원 높은 각성이 잠재되어 있는 상태라고 합니다. 우주의 창조 기운인 스판다의 순수 경험은 특히 '공포나 살기 위해 필사적으로 달아나는 상황'에 현존한다고 말합니다. 두려움은 기운이 강력하게 집중된 상태이기 때문에 두려움의 기운 속으로 들어가면 그 기운의 근원으로 들어갈 수 있는 겁니다.

마지막으로는 자신의 구루에게서, 파장이 가장 맞는 깨달은 존재의 모습 속에서, 혹은 신에게서 안식을 구합니다. 그러면 구루의 기운이 당신의 내면에서 온전히 현존하게 됩니다. 당신이 부르면 그 현존이 당신을 얼마나 확고하게 보호하고 돕는지를 알 수 있습니다. 그래서 우리는 명상을 하다가 힘이 필요할 때 은총을 기원합니다. 무섭게 느껴지거나 힘에 부칠 때 우리는 도움이나 인도를 청하는 기도를 합니다.

저는 개인적으로 내면에서 무언가가 너무 빠르게 진행되면 다음과 같이 기도합니다. "제가 감당하기에 버겁습니다. 저의 명상을 가라앉혀 주소서. 좀더 온유하게 일어나게 하소서."

기도의 말을 주의해서 살펴보세요. 버겁게 느껴지는 경험이 사라졌으면 좋겠다고 기도하지 않습니다. 결국은 먼저 의식이 확장되는 체험을 해야 합니다. 버거운 느낌이 당장 사라지기보다는 그 강도가 줄어들기를 바라는 게 먼저입니다.

우리가 인간의 형상을 한 신이나 구루를 소리 내어 부르면 어떤 일이 일어날까요? 구루가 우리의 기도를 듣기는 하는 걸까요? 우리가 기도하는 대상에 대해 정말 구루가 개인적으로 끼어들까요? 아니면 우리가 내면의 근원에 있는 힘과 용기를 불러내기 위해 무의식의 차원에서 쓰는 방책일까요? 제 경험으로 보면 신을 '당신'이라고 부르는 것은, 만물에 깃들어 있는 만큼 우리 자신에게도 깃들어 있으며 우리를 보호하고 은총을 내려주는 우주의 힘, 즉 구루 샥티를 만나는 행위입니다. 그것은 개인의 기운도 아니고, 다른 기운 또한 아닙니다. 그 우주의 힘은 특정한 스승이나 인간의 형상을 한 신과의 관계를 통해 나오지만, 사실은 우리 자신의 샥티 또는 각성된 쿤달리니 기운입니다.

Q 제 안의 무언가가 명상하는 것에 저항합니다. 명상 속으로 깊이 들어가려고만 하면 저항감이 커져서 저를 명상 밖으로 끌어내다시피 합니다.

A 두려움이라는 감정처럼 저항하는 감정도 에고의 정상적인 표현입니다. 당신이 명상 속으로 깊이 들어가는 것을 두려움으로 막지 못하면, 마음은 다른 전략을 들고 나와서 당신을 조종하려고 합니다. 마음은 당신이 할 수 있는 일이라면 모조리 당신에게 일깨워줍니다. 그리고 당신에게는 흥미로운 명상 체험이 없을 거라고 말합니다. 명상 시간으로 1시간은 너무 길다고, 30분 일찍 끝내면 꼭 필요한 데에 전화를 걸 수 있다고 합니다. 이런 말을 믿을 이유가 없습니다. 그것은 세속적인 마음이 보내는 신호일 뿐이에요. 얼마 후에 자세히 들여다보면 그 말들이 무엇인지 알 수 있을 겁니다.

명상 속으로 깊이 들어가는 순간에 저항감이 올라올 때가 많습니다. 그것은 이미 익숙한 세계, 알려진 세계로 돌아가려는 욕구이자, 충동입니다. 앞으로 나아가지 않으려는 보수적인 욕구와 저항감은 대단히 완고하며 그럴 듯합니다. 그런 저항감의 말을 들으면 당신의 명상 상태는 깨지고 맙니다. 20세기의 영적 스승인 구르지예프(소련의 신비주의자, 유물론적인 신비주의를 주창)는 우주에는 두 가지 힘이 있다고 말했습니다. 하나는 영적인 성장에 '예'라고 말하는 힘이고, 다른 하나는 '아니오'라고 말하는 힘이라고 합니다. 이 두 가지 힘이 우리 안에서 끊임없이 활동하는데, 우리는 지속적으로 자신이 따르고 싶은 쪽을 선택합니다. 저항은 바로 '아니오'라는 힘의 표현입니다.

전쟁과 평화는
둘 다 신 안에서 일어난다.
−루미

저항감이 떠오를 때 이를 대처하는 가장 현명한 방법은 움직이지 않는 것입니다. 계속 그대로 앉아 있습니다. 아무리 일어나고 싶어도 방석 위에 그대로 앉아서 어떠한 판단이나 반감이나 두려움 없이 저항감에 의식을 집중하고 알아차립니다. 다른 것은 할 필요가 없습니다. 저항감을 알아차리며 앉아 있을 수만 있다면 그 알아차림의 빛으로 저항감이 사라질 겁니다. 그런 다음에는 다음과 같이 해보세요.

- **"명상 속으로 깊이 들어가는 것에 저항하는 마음의 이면에는 무엇이 있을까?"라고 자신에게 묻습니다.** 그리고 생각나는 대로 적습니다. 다시 자신에게 묻습니다. "더 있을까?" 문제의 뿌리까지 파고들었다고 느껴질 때까지 계속 묻습니다. 자신이 쓴 물음에 대한 답을 보면서 다시 묻습니다. "이것 말고 또 있을까?"
- **조용히 앉아서 저항감을 불러옵니다.** 몇 분 동안 저항감을 느낍니다. 그리고 나서 저항감에게 묻습니다. "나에게 말하고 싶은 게 있는가? 너는 무엇에 저항하는가?" 이상하게 보이거나 관련성이 없어 보일지라도 마음속에서 떠오르는 대로 적습니다.

이런 물음을 자신에게 던지던 한 여성은 이렇게 말했습니다. "명상하는 사람들은 참 희한해요." 그녀는 명상 속으로 깊이 들어가면서 "나 자신을 놓아버리면 사회에서 제대로 살 수 있을까"라고 걱정했답니다. 명상 속으로 더욱 깊이 들어가면 "내 인격을 잃어버리면 어떻게 해?"라는 저항감이 올라왔답니다.

한 젊은 남자는 "내 생각은 아주 중요해서 결코 놓쳐서는 안 됩니다"라고 적었습니다. 더 깊이 들어가면 "다른 일을 해야지. 내가 맡은 일에 비하면 명상은 시간 낭비야"라는 느낌이 든다고 했습니다.

어떤 저항감을 발견하면 그 저항감에 말을 거십시오. 그리고 답을 하세요. 자신을 안심시키면서 말이죠. 예를 들어보겠습니다. "명상은 한 인간으로서의 활동을 저하시키는 대신에 활동을 잘할 수 있는 토대를 마련해준다." "X나 X(X에 자신이 존경하는 위대한 스승이나 수행자의 이름을 넣는다)를 보라. 그분은 뚜렷하고도 분명한 개성을 지니고 있다." 이상하게 보일지 모른다는 두려움이 있다면, 자신을 온전히 수용하는 자세로 말해보라. "내가 이상해보여도 괜찮아."

저항감을 살펴보는 또 다른 방법은 저항감을 사람으로 생각하고 저항감이 어떻게 작용하는지 묻는 것입니다. 한 젊은 여성이 자신의 저항감을 불러내어 물었습니다. "어떻게 하면 너를 놓는 법을 배울 수 있을까?" 내면에서 대답이 들려왔습니다. "계속 만트라로 돌아가라. 만트라가 나를 사라지게 할 것이다."

자신의 마음이 저항하는 내용을 살펴보고 이해하고 거기에 답을 한다 해도, 저항감이 순수한 기운 속으로 용해될 때까지 저항감에 **각성**의 빛을 비추며 기운의 차원(180~181쪽 참조)에서 저항감을 다룰 필요가 있습니다. 당신 의식의 막힌 부분을 해소하는 데는 순수**각성**

보다 강력한 것이 없습니다.

Q 명상을 해도 아무 일도 일어나지 않습니다. 어떻게 해야 할까요?

A 저는 그동안 많은 사람들로부터 수도 없이 이런 질문을 받았습니다. 그러나 사실을 알고 보면, 그들의 명상은 자신이 생각하는 것보다 풍요롭습니다. '명상 체험'이라고 하면 무슨 일이 일어나야 한다는 선입관을 갖고 있고, 그 선입관과 자신의 명상에서 일어나는 일이 다르다는 데 문제가 있습니다.

　이는 명상가가 주의 깊게 살펴보아야 할 문제입니다. 명상 체험은 대단히 다양한데, 당신의 종교에서는 그 중 일부만을 명상 체험으로 언급하고 있을지도 모릅니다. 영적인 체험을 표현하는 데는 자신들만의 언어가 있습니다. 어떤 영성의 길이 제아무리 보편적이라 할지라도, 각각의 영성 사회는 자신들만의 체험을 특별히 강조하는 경향이 있습니다. 보통 그들이 강조하는 체험은 해당 영성 사회의 스승이 수행의 과정에서 만난 체험입니다. 스승은 제자를 채찍질하기 위해, 수행의 길에 나 있는 이정표를 보여주기 위해 자신의 체험을 전합니다. 라마나 마하리시는 '나'가 허구임을 스스로 드러낼 때까지 "나는 누구인가"를 묻고 또 물어서 궁극의 진리에 도달했습니다. 그래서 '나는 누구인가'가 마하리시와 그의 제자들이 가르치는 길이 되었습니다. 불교는 공空의 체험을 주장하는 반면, 아빌라의 성 테레사와 같은 기독교 신비가와 헌신의 길을 가는 인도의 수행자들은 놀라운 환상이나 내면의 은총을 이야기합니다. 그렇지만 참으로 위대한 스승은 자신은 이러이러한 길을 가서 자신만의 체험을 했지만 다른 수행자는 다른 길을 가서 그만의 체험을 할 수 있다고 말합니다.

그러나 스승이 제자에게 내면세계는 무한해서 각 개인은 자신만의 길을 갈 뿐이라고 아무리 자주 이야기해도 제자는 스승의 설명만이 영성 체험 세계의 전부라고 단정하는 경향이 강합니다. 그래서 제자는 자신의 체험이 스승의 것과 다르면 (그 제자가 겸손한 경우에는) 자신의 명상에 무언가 잘못되었거나 아니면 그릇된 길로 갔다고 단정해버립니다. 혹은 (그 제자가 오만한 경우에는) 스승이 잘못되었다고 단정해버립니다.

자신의 종교 경전에는 자신과 같은 체험이 기록되어 있지 않기 때문에 위와 같은 결론을 내리는 사람이 아주 많습니다. 지유 케닛 로시Jiyu-Kennett Roshi는 자신의 저서 《연꽃을 피우는 법How to Grow a Lotus Blossom》에서 그녀의 선종禪宗이 환상을 대단하지 않은 것으로 치부하기 때문에 자신이 본 환상을 의심했던 경험에 대해 설명했습니다. 묵상을 하는 천주교 신자가 개인적 자아가 사라지는 공을 체험했다면 그런 체험을 들어보지 못한 스승은 그 체험의 진실성을 의심했을 겁니다. 제자 중의 하나가 신이 기운의 장에 현존하는 느낌으로 기운의 장에 집중하는 수련을 했습니다. 그리고 어떤 체험을 했습니다. 그런데 《미지의 구름The Cloud of Unknowing》이라는 기독교 신비주의 문헌만이 그의 체험을 정확하게 설명하고 있었습니다. 천주교 수행자가 자신의 체험이 불교 경전에 나온다고 해서 불교 수행자가 되지 않는 것처럼, 제자도 자신의 체험이 기독교 문헌에만 나온다고 해서 기독교도가 되지 않습니다.

우리가 어떤 삼스카라(무의식, 물질체, 정묘체에 남아 있는 과거 행동과 생각의 잠재적 인상)를 지녔는지, 과거에 어떤 수행을 했는지, 내면의 우주에서 어떤 세계를 체험했는지 지금 우리에게는 알 길이 없다는 게 진실입니다. 진실한 명상 체험을 하려면 먼저 얼마만큼 정화를 해야 하는지도 알 길이 없습니다. 《프라티아비기아 흐리다얌》은 "궁극의 실재에서 보면 철학적 입장이나 영적 체험은 그 종류를 막론하고 모두 궁극의 합일로 가는 방법 중에서 한 단계일 뿐이다"라고 지적합니다. 간단히 말해서, 진리의 광채는 자신이 원한다면 어떤 식으로든 나타날 수 있습니다. 진리의 광채는 명상 방석에서 일어나자마자 눈앞에 펼쳐지는 인생의 모습으로 자주 나타납니다.

내가 탄 보트가 수면 아래 깊은 데서
커다란 물체에 걸린 느낌이다.
아무것도 움직이지 않는다!
아무것도…… 침묵…… 파도……
아무것도 움직이지 않는다.
아니면 모든 게 일어나고
우리는 지금 고요히
새로운 생명 앞에 서 있는 것일까?
—후안 라몬 히메네스Juan Ramon Jimenez

당신이 자신의 명상에서 아무것도 일어나지 않는다고 느낀다면 먼저 '아무것도 일어나지 않는' 성질을 살펴볼 필요가 있겠습니다. 자신의 명상을 침체돼 있고 정체돼 있는 것으로 치부하기 전에, 명상 전후에 내면의 상태를 점검해볼 필요가 있습니다. 멍하거나 무기력한 상태, 혹은 생각이 계속 나오는 상태 등이 반드시 '뭔가 잘못되었다'는 뜻은 아닙니다. 1장과 4장에서 소개한 대로, 내면의 장으로 들어가서 그 부분을 수련하라는 징후일 수도 있습니다. 어쩌면 지금 자신의 **각성**을 있는 그대로 탐색하거나 생각을 샥티로 바라보라는

징후일 수도 있습니다. 자신이 지금 체험하고 있다고 생각되는 공空 속으로 들어가 보면 '허무'의 상태로 보이는 것이 사실은 **각성**과 창조성으로 충만한 상태임을 깨달을 수도 있는 겁니다.

> 항아리에 들어 있는 빈 공간을 생각해보자.
> 이 항아리가 깨지더라도 항아리만 깨질 뿐
> 그 안의 공간은 깨지지 않는다.
> 삶은 이 항아리와 같다.
> 모든 형상은 이 항아리와 같다.
> 모든 형상은 언제든 깨질 수 있다.
> 깨져 없어져도 형상은 알지 못한다.
> 하지만 '그'는 영원히 안다.
> ─ 〈브라흐마빈두 우파니샤드Brahmabindu Upanishad〉

명상을 평가할 때 몇 가지 살펴보아야 할 기준이 있습니다. 먼저 명상을 끝내고 일어날 때 찾아오는 지각의 변화에 유의하세요. 설령 명상 시간에 생각이 떠나지 않아서 고생했다 하더라도 명상을 끝내고 일어나면 무언가가 뽑혀 나간 것처럼 가벼워집니다. 눈을 감으면 분주하게 돌아가던 마음도 확연하게 맑아지기도 합니다. 마음이 차분하고 기분이 좋아지기도 하고, 걱정했던 문제가 해결되기도 합니다.

Practice　무無의 세계 탐색하기

눈을 감는다. 눈앞에 나타난 빈 '공간'에 초점을 맞춘다. 당신 앞에 있는 공을 바라보라. 어떻게 보이는가? 작은 줄무늬가 있는 회색의 장場이나 빛의 점이 보일 수도 있다. 검은색일 수도 있고, 금빛 줄무늬가 있는 파란색일 수도 있다.

이 장은 의식의 장이다. 모든 경험은 이 의식의 바탕 위에서 뜨고 가라앉는다. 의식의 장 속에 머무른다. 생각이 떠오르면 의식의 장 속에 생각을 놓는다. 눈을 감으면 나타나는 '무無'의 공간에 계속 집중한다.

준비가 되었다고 생각되면 당신이 무의 장 속에서 움직인다고 느껴본다. 몸으로 움직이는 게 아니라 각성으로 움직인다. 무의 장 안에서 당신의 각성이 유영하고 항해한다. 눈에 띄는 것을 주의 깊게 살펴본다. 의식의 장 안에서 뜨고 가라앉는 기운의 장이 어떠한지 살펴본다. 이 공空과 공간이 의식임을 이해하면서 자신의 의식을 탐험하라. 이 공의 장이 참자아이자 궁극의 실재다. 오래지 않아 참자아가 자신의 모습을 드러낼 것이다.

시야가 전환·확대되어 경이로 가득 차고 깊은 눈으로 세상을 바라보기도 합니다. 꿈이 점점 밝아지기도 합니다. 명상에서 추구하던 깊은 경지를 일견하거나 고양된 각성, 신비로운 느낌과 환상이 꿈속에 나타나기도 합니다. 많은 명상가들이 그런 꿈을 꿉니다. 꿈속의 체험에는 분명 다른 세계의 신비한 밝음이 스며들어 있습니다. 그 빛과 색채를 통해 우리는 그 체험의 진실성을 알아볼 수 있습니다. 꿈의 상태에서 온다는 것만 다를 뿐, 이것도 역시 명상 체험입니다.

진실하게 명상을 하면 당신 인생에 큰 전환점이 찾아오는 법입니다. 궁극적으로 당신 자신에게 변화가 일어나는 법입니다.

용어 해설

공간성spaciousness 명상이 일어날 때 경험하는 내면 공간으로, 틀이나 한계가 없는 광대하고 드넓은 공간의 성질을 뜻한다.

구루guru 제자를 수행의 길로 입문시키고 각성의 높은 경지로 인도할 수 있는 영적 스승

구루 기타 Guru Gita 구루와 제자 사이의 관계를 노래한 산스크리트 찬가

구루 나나크 Guru Nanak (1469~1539) 최초의 시크교 구루이며, 시크교 창시자. 인도에 진보적 종교 사상을 퍼뜨린 깨달은 스승이다.

기야네슈와르 마하라지 Jnaneshwar Maharaj (1275~1296) 어린 요기, 신비주의 시인, 불이不二를 깨달음. 그가 마라티Marathi 어로 저술한 《바가바드 기타》 《기야네슈와리Jnaneshwari》 주석서는 이 분야에서 최고로 꼽힌다.

나다nada '소리'라는 뜻. 첫째는 명상 중에 들을 수 있는 내면의 소리, 둘째는 우주가 창조될 때의 원초적 진동을 말한다.

나디nadi '통로, 신경'이라는 뜻. 인간의 기적인 시스템을 이루는 대단히 정묘한 통로로, 인간의 생명력은 이 통로를 따라 흐른다. 망網 구조의 나디는 정묘체에 퍼져 있으며 요가에서는 3가지 나디를 중요하게 생각한다. 호흡의 흐름을 관장하는 핑갈라, 이다 그리고 각성된 쿤달리니의 길이며 높은 의식의 경지를 여는 수슘나가 그것이다.

니티아난다Nityananda (1896경~1961) 서부 인도의 강인하고 기이한 요기이자 구루, 완전히 깨달은 스승인 싯다siddha로 추앙받는다.

다라나dharana (1)명상 시 집중, 정신 집중 (2)존재의 중심으로 들어가는 수행과 의식을 확장하는 수행

라마나 마하리시Ramana Maharshi (1879~1950) 인도의 성자. 영향력이 큰 깨달은 스승으로 불이론적 베단타 사상으로 자아 탐구의 길을 주창한 선구자다. 그는 일생 동안 던진 화두 '나는 누구인가'로 유명하다. 침묵의 큰 스승인 그의 가르침은 《있는 그대로》에서 만날 수 있다.

라마크리슈나 파라마함사Ramakrishna Paramahamsa (1836~1886) 벵골 지방의 존경받는 성자이자 구루. 스와미 비베카난다를 비롯한 여러 제자들이 현대 힌두교를 변혁하는 데 큰 역할을 했다.

마야maya 인간 의식이 분리와 분열을 경험하도록 '유일자'를 다수로 나누고 실재를 장막으로 가리는 환영을 말한다. 불교에서는 마음 작용의 하나로 기만, 배반, 사람을 현혹하는 힘, 환상을 의미하거나 사물에 실체가 없는 것에 비유한다.

마이스터 에크하르트Meister Eckhart (1260~1327) 도미니코 수도회의 수사, 불이不二의 가르침을 편 신비주의자다.

마하라슈트라Maharashtra 인도 서부에 있는 주

만트라mantra '마음 도구'라는 뜻. 성스러운 단어나 음절, 진언眞言. 마음을 집중하고 영적인 세계와 소통하거나 종교적 상태에 도달하며 다양한 힘을 얻는 방법으로 사용된다.

말리니 비자야 탄트라Malini Vijaya Tantra 북인도 탄트라의 주요 경전

무드라mudra '봉인'이라는 뜻으로 내면의 각성을 불러일으키고 이를 외부로 표현하는 몸짓 또는 명상의 목적으로 신체의 기운을 봉인하는 몸짓을 뜻한다.

에고ego 신체, 마음, 감각과 동일시하여 이들을 '나'라고 생각하는 자아. 시공에 따라 변하는 '가짜 나(가아假我)'를 가리킨다.

에크나트 마하라지Eknath Maharaj (1528~1609) 서부 인도의 유명한 성자로 신에게 바치는 시와 노래를 다수 남겼다.

바가바드 기타Bhagavad Gita '신의 노래'라는 뜻. 힌두교에서 3대 경전의 하나로 여기는 주요 경전. 인도의 대서사시 《마하바라타》 가운데 제6권 〈비스마파르바〉의 23~40장에 있는 철학적이고 종교적인 700구의 시를 말한다. 비슈누의 화신인 크리슈나가 동족상잔의 비극으로 비탄과 절망에 빠진 아르주나에게 인생의 환영과 의무를 가르치는 내용이다.

바바bhava '생성'이나 '존재'라는 뜻. 수행자가 완전히 몰입하거나 동일시하는 태도나 감

정의 상태를 말한다. 의식을 깨달음이나 헌신의 경지로 돌리는 방편으로 종종 사용된다.

베단타Vedanta '베다의 끝'이라는 뜻. 불이론不二論 전통 중 하나이며 인간과 절대자의 일
체를 가르친다. 가르침의 핵심은 의식이 진정한 실재이며, 현신한 세계는 의식 위에서 펼쳐
지는 환상이라는 것이다.

베다Veda 힌두교의 기반이 되는 경전으로 인도 철학의 근간이다. 고대인도의 종교, 철학,
우주관, 사회상을 보여주기 때문에 역사적 · 문학적 가치가 높다. 리그베다, 아타르바베다,
사마베다 및 야주르베다는 찬가와 의식, 가르침의 모음집으로 신의 속성을 밝혀 인간이 신
의 근원과 관계하는 방법을 가르친다.

비기아나 바이라바 Vijnana Bhairava 탄트라의 기초 경전. 신성 의식으로 가는 112개 수행
으로 구성되어 있다.

빈두bindu 명상의 경지에서 보이는 빛의 점. 탄트라 형이상학에서는 빈두에 절대적인 실재
의 권능이 있다고 한다.

빙엔의 힐데가르트 Hildegard of Bingen (1098~1179) 베네딕트회 수녀원장, 신비주의자.
시인뿐 아니라 미술가, 작곡가로도 활동했다.

브라만brahman 힌두교 카스트의 가장 높은 계층인 성직자 계층

브리하다라니아카 우파니샤드 Brihadaranyaka Upanishad 심오한 철학 경전인 10개의 주
요 우파니샤드 중의 하나. 우주적 진아와 사후 체험 등의 가르침을 담고 있다.

사다카sadhaka 수행의 길을 가는 사람, 즉 수행자

사다나sadhana 영적인 수행, 수련, 수행의 길

사하자 사마디sahaja samadhi '자연스러운 합일의 경지'라는 뜻. 절대자와의 궁극적 합일
을 말하며 대부분의 인도 신비주의 전통에서는 깨달음의 최절정 경지로 생각한다. 이 사마
디에서 얻은 절대자와의 합일은 결코 무너지지 않으며 다른 수련이 필요하지 않기 때문에
'자연스러운 사마디'라고 부른다.

사마디samadhi 완전한 합일의 경지

삼스카라samskara 무의식, 물질체, 정묘체 등에 남아 있는 과거 행동과 생각의 잠재적 인상

시바파Shaivism 카슈미르 시바파 참조

샥티Shakti '힘'이라는 뜻으로 신의 여성성, 지고한 실재의 역동적인 면이며 우주로 현현하여 모든 역할을 수행하는 우주의 기운을 뜻한다.

샥티파트Shaktipat '권능의 하강'이라는 뜻. 인간이 영적으로 진화할 수 있는 힘을 일깨우는 장대한 우주의 과정을 일컫는다.

샹카라Shankara (788~820) 유명한 인도 철학자이자 현자로서 불이론 베단타 철학을 확립했다. 산야사의 다스나미 종파로 이어지는 출가자 종파를 설립하기도 했다.

수슘나나디sushumna nadi 척추의 기저부에서 정수리로 이어진 중앙의 기 통로. 마음과 호흡이 수슘나 나디에서 통합되면 내면의 합일이 자연스럽게 일어난다.

수트라sutra '실 가닥'이라는 뜻. 종교적 가르침을 간결한 경구로 전하는 경전을 말한다.

시바Shiva '기저基底에 있는 자'라는 뜻. (1)절대적 실재, 또는 지고 **의식**의 이름. (2)힌두교 삼신 중의 하나인 파괴의 신. (3)인도 요가 전통의 최초 요기이자 구루. 분리의 환영을 파괴하는 구루로 수많은 요가 및 탄트라 경전의 원천이다.

시바 수트라 Shiva Sutra 77개 경구로 이루어진 산스크리트 경전. 완전히 깨달은 요기의 시각에서 본 실재의 속성을 밝히고 깨달음의 경로를 설명한다. 시바가 직접 바수굽타 Vasugupta 현인에게 전수했다는 이 수트라는 카슈미르 시바파의 권위 있는 경전이다.

스판다spanda '고동, 맥박'이라는 뜻. 모든 현신의 뿌리에 있는 원초적 진동이자 일종의 샥티다.

스판다 카리카 Spanda Karikas 19세기 작품으로 45개의 시로 구성된 문헌으로, 우주를 스판다의 유희이자 신성한 진동으로 설명한다. 참자아 실현을 위한 근본적 수련을 전한다.

싯다siddha '성취하다'는 뜻. 타인에게 자신의 경지를 전수할 수 있는 깨달은 요기나 진아를 실현한 스승을 말한다.

아르주나Arjuna 인도의 대서사시 《마하바라타Mahabharata》의 주인공. 《바가바드 기타》는 《마하바라타》 제6권 23~40장으로, 아르주나와 그의 친구이자 구루인 크리슈나 사이의 대화로 구성되어 있다.

아바두타 기타 Avadhuta Gita 불이론不二論 베단타의 산스크리트 경전으로, '완전한 자유의 경지'를 말한다.

아비나바굽타Abhinavagupt (975~1025경) 카슈미르의 현자이자 구루로서 그가 저술한 산스크리트 경전인 《탄트라로카Tantraloka》《탄트라사라Tantrasara》는 시바파와 샥타 탄트라의 권위 있는 저서로 알려져 있다. 그의 미학 관련 논문들은 인도 연극이론의 교과서가 되었다.

아사나asana '자리'라는 뜻. 신체의 강화와 정화 그리고 명상의 안정을 위해 수련자가 취하는 요가 자세를 말한다.

아시람ashram 인도 성자와 그 제자들이 조용하고 평화로운 자연 속에서 수행하는 공간

아즈나 차크라 Ajna Chakra 이마 중앙에 있는 영적 센터인 6차크라. 제3의 눈, 마음의 눈(心眼)이라고도 한다. 이 차크라가 열리면 보통사람이 볼 수 없는 능력, 즉 투시가 가능해진다고 한다.

아트만atman 모든 생명체의 중심에 존재하며 외부대상을 순수하게 알아차리는 참자아, 혹은 모든 개체 속에 들어 있는 창조자 브라흐만을 가리킨다.

암리타 아누바바 Amrita Anubhava '참자아 각성의 신주神酒'라는 뜻. 13세기 성자이자 시인이었던 기아네슈와르 마하라지Jnaneshwar Maharaj가 불이不二 체험을 기록한 운문이다.

옴Om 인도 철학에서 '우주가 발산하는 진동의 정수이며 태고의 소리'라고 한다.

요가yoga '멍에, 합일'이라는 뜻. 자아의 일체로 나아가기 위한 수행. 하타 요가(육체와 생리적인 면을 중시), 라자 요가(정신적인 면을 중시), 즈나나 요가(지식적인 면을 중시), 카르마 요가(인과 법칙에 의한 행동) 등 여러 길이 있다. 이 요가들은 인간의 다양한 면을 개발하고 균형을 이뤄서 절대자와의 합일로 나아간다.

우파니샤드Upanishad '근처에 앉음'이라는 뜻. (1)인도 숲 속에 살던 현자들의 가르침으로 그들은 개인의 영혼과 성스러운 영혼의 일체를 가르쳤다. 우파니샤드의 근본적 가르침은 '그대는 그것이다'와 '나는 브라흐만이다' 등과 같은 표현으로 압축할 수 있다. (2)고대 인도의 철학서, 인도사상의 원천으로서 매우 중요한 문헌. 사람·신·우주의 이치를 밝힌 것으로, 우주적 실체인 브라만과 인간 내면의 자아인 아트만의 궁극적 일치를 주장한다.

의식Consciousness (1)모든 것을 알고 있고 지복이 넘치고 초월적이며 인간에게 내재한 절대의 각성. 베단타와 카슈미르 시바파에서는 **의식**을 만물의 근원이자 그 토대라고 설명한다. (2)인간이 알아차리는 힘이자, 절대 의식이 틀 지워진 형태. 곧 일반적인 '인간의 의식'을 가리킨다.

잘랄루딘 루미 Jalalludin Rumi (1207~1273) 저명한 수피 구루. 데르위시로 구성된 메블라나 교단의 창시자. 그의 열정적이고 지혜가 충만한 시는 지금까지도 매우 유명하다.

차크라chakra '바퀴'라는 뜻. 기운의 센터로 정묘체 안에 있다. 탄트라교의 정묘체 지도에 따르면, 주요 차크라는 7개이고, 이 외에도 작은 차크라들이 다수 존재한다. 주요 차크라들은 인체의 신경총을 형성하며 내분비계와도 관련이 있다. 아즈나 차크라, 쿤달리니, 나디, 수슘나나디 참조

참자아Self 아트만, 즉 대상이 없는 순수한 인간의 의식. 순수한 자아 각성, 혹은 마음의 관찰자라고도 한다.

체마라자Kshemaraja (10세기) 아비나바굽타의 제자. 《프라티아비기아 흐리다얌Pratyabhijna Hridayam》등 수많은 저서를 남겼다.

치트chit, **치티**chiti '지고의 의식'이라는 뜻. 우주**의식**의 창조력으로 지식과 행위, 의지 등으로 절대 자유를 구현한다.

칫타Chitta (1)마음의 질료. 현현하는 생각 속의 에너지 (2)인지, 감지, 자유의지를 위한 능력을 지닌 인간의 의식

카비르Kabir (1440~1518) 깨달은 신비가, 시인. 그의 노래는 현재까지도 인도 전역에서 사랑받고 있다. 그는 평생 옷감을 짜는 직공의 삶을 살았지만, 카비르의 가르침은 힌두교인뿐 아니라 이슬람교인들까지 불러 모았다.

카슈미르 시바파 Kashmir Shaivism 일원론과 불이론의 철학 체계는 카슈미르 지방에서 기원한다. 카슈미르 시바파는 신성과 세계, 개인의 본성을 파헤치기 때문에 트라카Trika 체계로 알려졌다. 실체는 신의 기운이 드러난 것으로, 우주 만물에 신성이 깃들어 있다고 가르친다.

크리슈나Krishna 장난기 많은 힌두 신화의 주인공. 우주를 유지하는 신, 비슈누의 화신이라고 한다. 그의 영적 가르침은 《슈리마드 바가바트 푸라나Shrimad Bhagavat Purana》《바가바드 기타》에 나와 있다.

크리야kriya '행동', '활동'이라는 뜻. 탄트라에서는 절대자와 인간 의식에 내재된 행동의 힘이라고 본다. 각성된 쿤달리니의 정묘하고 물질적인 현현으로, 쿤달리니는 이를 통해 인간의 신체를 정화하고 강화한다.

쿰바카khumbaka 호흡을 일시적으로 정지하는 것으로, 마음을 안정시켜 사마디에 이르게 하는 요가 수련법이다.

쿤달리니kundalini '똬리'라는 뜻. 우주 기운의 한 형태로, 쿤달리니가 각성되면 인간의 **의식**이 고양되고 의식과 합일을 이룬다. (자세한 내용은 330쪽 참조)

탄트라tantra '직조織造'라는 뜻 (1)생명력을 사용해 참자아를 실현하는 비의秘儀(비밀스러운 종교의식) (2)비의 수행과 그 철학을 밝히는 경전 중의 하나

투카람 마하라지 Tukaram Maharaj (1608~1650) 서부 인도의 성자, 신과의 관계와 신에게로 향한 길을 찬양한 가수

투리야turiya '네 번째'라는 뜻. 깨어 있는 상태, 꿈의 상태, 숙면의 상태를 뛰어넘는 초월적 각성 상태. 인간은 투리야 상태에서 순수의식을 자신의 자아로 직접 인지한다. 투리야는 만물에 퍼져 있다.

파탄잘리Patanjali (기원전 2세기) 현자, 《요가 수트라Yoga Sutra》의 저자. 이 산스크리트 경전은 라자 요가에 대한 권위적인 저서로 명상을 통해 깨우침으로 가는 길을 전한다.

프라나prana 인체와 우주에 있는 생명 에너지. 영어의 '에너지', 우리말의 '기氣'와 통하는 말이다.

프라티아비기아 흐리다얌 Pratyabhijna Hridayam '인식 교리의 정수'라는 뜻. 11세기에 쓰인 간결한 경전으로 카슈미르 시바교의 '자기인식' 학파가 전하는 가르침을 응축하여 담고 있다. 이 책은 어떻게 우주 의식이 세계와 수행의 길로 현현하는지를 보여준다. 이 수행의 길을 통해 인간은 자신의 각성과 지고의 각성이 하나임을 깨닫는다.

하타 요가 Hatha Yoga 신체를 정화하고 강화하며 쿤달리니를 일깨우고 프라나를 안정시키는 요가

추천 도서

요가 수행

《The Bhagavad Gita》, Winthrop Sargeant 번역
《The Concise Yoga Vasistha》, Swami Venkateshananda
《How to Know God: The Yoga Aphorisms of Patanjali》, Swami Prabhavananda, Christopher Isherwood
《I Am That: Talks with Sri Nisargadatta Maharaj》, Nisargadatta Maharaj
《Jnaneshwar's Gita: A Rendering of Jnaneshwari》, Swami Kripananda
《My Lord Loves a Pure Heart: The Yoga of Divine Virtues》, Swami Chidvilasananda
《Paths to God: Living the Bhagavad Gita》, Ram Dass
《Poised for Grace: Annotations on the Bhagavad Gita from a Tantric View》, Douglas Brooks
《The Upanishads: Breath of the Eternal》, Swami Prabhavananda, Frederick Manchester 번역
《The Wisdom of Yoga: A Seeker's Guide to Extraordinary Living》, Stephen Cope
《The Yoga of Discipline》, Swami Chidvilasananda
《Yoga Philosophy of Patanjali》, Swami Hariharananda Aranya
《The Yoga-Sutra of Patanjali》, Chip Hartranft
《The Yoga Tradition: Its History, Literature, Philosophy, and Practice》, Georg Feuerstein

카슈미르 시바파

• 기본 경전

《The Doctrine of Recognition: A Translation of Pratyabhijnahrydayam》, Kshemaraja, Jaideva Singh 번역
《The Radiance Sutras: A New Version of the Bhairava Tantra》, Lorin Roche
《Shiva Sutras: The Yoga of Supreme Identity》, Kshemaraja 주석, Jaideva Singh 번역
《The Stanzas on Vibration》, Mark S. G. Dyczkowski 번역
《Vijnana Bhairava, or Divine Consciousness》, Jaideva Singh 번역
《Vijnana Bhairava: The Practice of Centering Awareness》, Swami Lakshman Joo 주석
《The Yoga of Vibration and Divine Pulsation: A Translation of the Spanda Karikas》,

Kshemaraja 주석, Jaideva Singh 번역
《Spanda Nirnay》 Kshemaraja 주석, Jaideva Singh 번역

• 현대 연구서
《Consciousness Is Everything》, Swami Shankarananda
《The Doctrine of Vibration: An Analysis of the Doctrines and Practices of Kashmir Shaivism》, Mark S. G. Dyczkowski
《Nothing Exists That Is Not Shiva: Commentaries on the Shiva Sutra, Vijnanabhairava, Gurugita, and Other Sacred Texts》, Swami Muktananda
《The Philosophy of Sadhana: With Special Reference to the Trika Philosophy of Kashmir》, D. B. Sen Sharma
《The Splendour of Recognition: An Exploration of the Pratyabhijnahrydayam, A Text on the Ancient Science of Soul》, Swami Shantananda, Peggy Bendet
《Tantra: The Path of Ecstasy》, Georg Feuerstein
《The Tantric Heart of Shiva: Kaula Tantricism of Abhinavagupta in the Non-Dual Shaivism of Kashmir》, Paul Eduardo Muller-Ortega

쿤달리니 ────────────────────────────────
《Devatma Shakti: Divine Power》, Swami Vishnu Tirtha Maharaj
《Eastern Body, Western Mind: Psychology and the Chakra System as a Path to the Self》, Anodea Judith
《Kundalini Rising》, Sounds True 편집
《Kundalini: The Arousal of the Inner Energy》, Ajit Mookerjee
《Kundalini: The Secret of Life》, Swami Muktananda
《Play of Consciousness: A Spiritual Autobiography》, Swami Muktananda
《The Sacred Power: The Secrets of Tantric and Shaktic Yoga》, Arthur Avalon(Sir John Woodruffe)
《The Soul's Journey: Guidance from the Divine Within》, Lawrence Edwards

찾아 보기

인물

문헌

Meditation For The Love Of It

Copyright ⓒ 2011 by Sally Kempton
Copyright ⓒ 2011 Foreword by Elizabeth Gilbert

The original edition was published in English by Sounds True Inc., USA
Korean translation copyright ⓒ 2012 by Hanmunhwa Multimedia, Korea
This edition is arranged with Sounds True Inc.
through Best Literary & Rights Agency, Korea
All rights reserved.

명상

초판 1쇄 발행 2012(단기 4345)년 9월 21일
초판 3쇄 발행 2017(단기 4350)년 3월 30일

지은이 | 샐리 켐튼
옮긴이 | 윤구용
펴낸이 | 심정숙
펴낸곳 | (주)한문화멀티미디어
등 록 | 1990. 11. 28. 제21-209호
주 소 | 서울시 강남구 봉은사로 317 논현빌딩 6층(06103)
전 화 | 영업부 2016-3500 편집부 2016-3532
http://www.hanmunhwa.com

편집 | 이미향 강정화 김은하 최연실 진정근
디자인 제작 | 이정희 목수정
경영 | 강윤정 권은주, 물류 | 박진양 조애리
영업 | 윤정호 조동희, 물류 | 윤장호 박경수

만든 사람들
책임 편집 | 최연실, 디자인 | 오필민 디자인
인쇄 | 천일문화사

ISBN978-89-5699-312-6 03180